《萍乡概览》编纂委员会

主　　编：李昌清

副 主 编：陈为真　赖爱荣

成　　员：姚　萍　易文浩　刘　影　漆贺春　胡继超
　　　　　赵斯琴　李文正　周德林　韩　茜　李雅婷

地图编辑：魏　悦　刘　锬　崔亚如　彭　兵　郭剑平
　　　　　饶　君　曾翠云　付　聪　许　洁

《萍乡概览 芦溪县卷·萍乡武功山风景名胜区卷》编纂人员

芦溪县

统　　稿：陈为真　赵斯琴　易　津

撰　　稿：谭希瑶　段璐莎　贾永承　刘　诚　贺　笑
　　　　　王嘉怡　余文长　易如玺　刘　可

萍乡武功山风景名胜区

统　　稿：刘　影　朱　远　吴徐双　胡婉兰　林运钱

撰　　稿：朱　彤　王广豪　刘崇玲　刘添星

芦溪县卷
萍乡武功山风景名胜区卷

萍乡概览

中共萍乡市委史志研究室 编

编纂说明

一、《萍乡概览》以马克思列宁主义、毛泽东思想、邓小平理论、"三个代表"重要思想、科学发展观、习近平新时代中国特色社会主义思想为指导，深入学习贯彻落实习近平文化思想，客观、系统地记录萍乡市、县（区）、乡（镇、街道）、村（社区）各级基本情况概要，反映其自然、政治、经济、文化、社会的历史与现状。

二、本卷记述时间不设上限，尽量追溯到村落（社区）形成时，下限为2023年底，有少量村（社区）下限至2022年底。未标注年份的人口、面积等基础数据，芦溪镇为截至2021年底数据，宣风镇、上埠镇、银河镇、南坑镇、张佳坊乡、源南乡、麻田镇、万龙山乡为截至2022年底数据，长丰乡、新泉乡为截至2023年底数据。

三、本卷收录芦溪县芦溪镇、宣风镇、上埠镇、银河镇、南坑镇、长丰乡、新泉乡、张佳坊乡、源南乡共9个乡镇133个村（社区），以及萍乡武功山风景名胜区麻田镇、万龙山乡2个乡镇25个村（社区）简介。

四、概览分为地情概况、自然环境与资源、经济、基础设施、社会发展、特色地情等栏目，突出地方特色和历史文化，不求面面俱到，有则多记，无则不记。

五、本卷图片由芦溪县融媒体中心、各乡（镇）各村（社区）提供。

乡（镇、街道）图例

符号	名称	符号	名称
★	市政府		主要街道
◎	县（市、区）政府		次要街道
◎	乡（镇）、街道		一般街道
⊙	居委会		高速铁路
•	村委会		普通铁路
○	自然村		高速公路
1918▲金顶	山峰	G320	国道及编号
	大型水库	S311	省道及编号
	中型水库		县道
	小型水库		乡道
⋂	桥梁		村道
⊨=====⊨	隧道	—··—··—	省界
		————	设区市界
		—·—·—	县（市、区）界
		— — —	乡（镇）、街道界

附注：图内所有界线不作为划界依据。

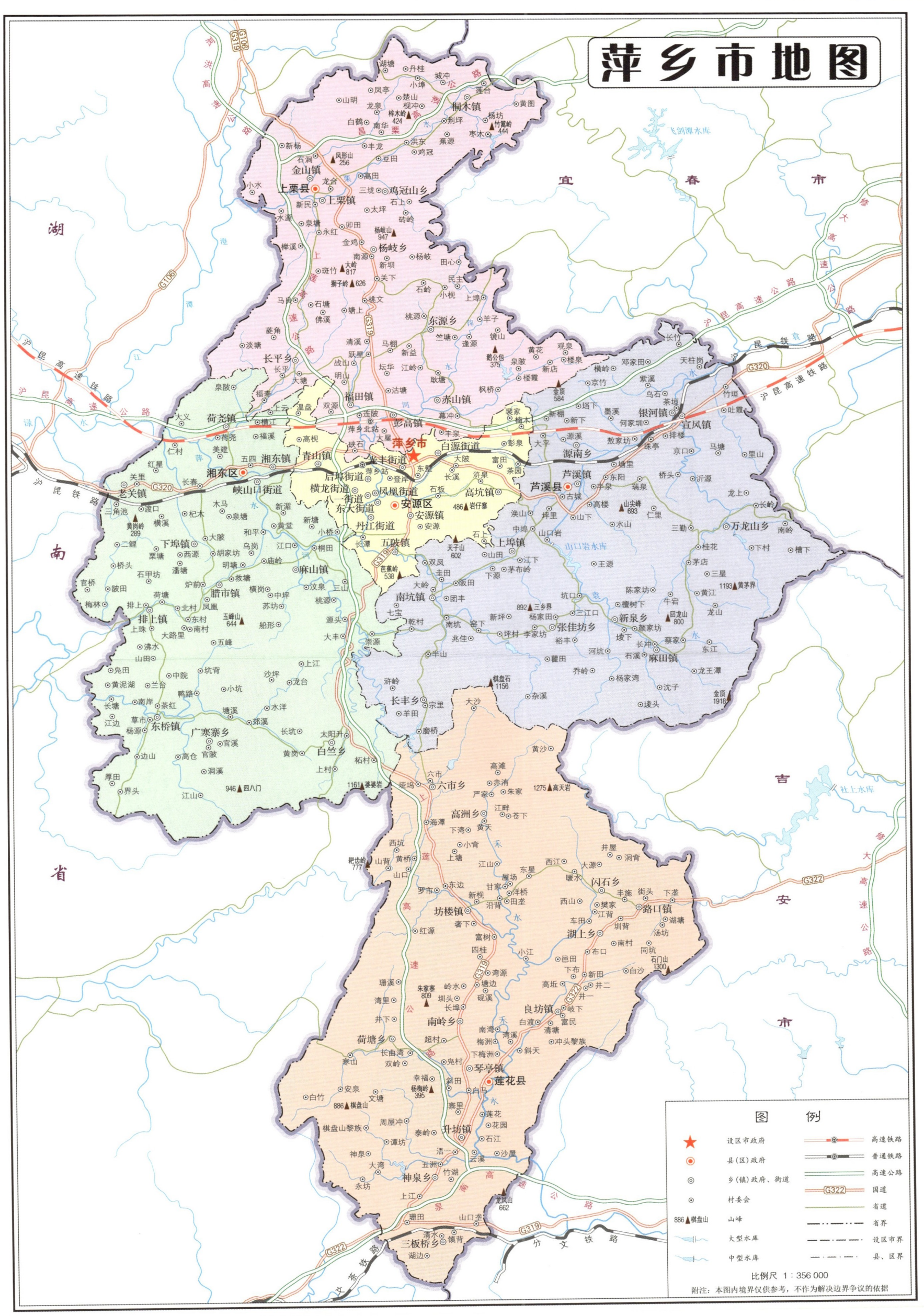

萍乡概况

历史沿革 远在5000年前的新石器时代,萍乡就有先民居住和生活,为百越族的一支三苗族。西周时,萍乡属扬州,春秋属吴国,战国时为楚地,汉时属豫章郡宜春县地。三国吴宝鼎二年(267)设萍乡县,属安成郡,县治设芦溪古岗(今芦溪古城村)。唐武德二年(619),县治从芦溪古岗迁至萍乡凤凰池。唐贞观元年(627),江南道分东西两道,萍乡属江南西道袁州。元至元十四年(1277),袁州安抚司改为总管府,隶属湖南行省,萍乡县属袁州总管府。至元十九年(1282),升袁州为路,隶属江西行省,萍乡县属袁州路。元元贞元年(1295),萍乡由县升格为州。明洪武二年(1369),萍乡由州改县,隶属江西布政司袁州府。1914年,属庐陵道。1926年,直隶于江西省。1932年,属第八行政区。1935年,属第二行政区。

1949年7月23日萍乡解放后,设萍乡市萍乡县,9月撤市留县,隶属袁州专区。1952年9月袁州专区和南昌专区合并为南昌专区,萍乡隶属之。1959年1月,南昌专区改名为宜春专区,萍乡隶属之。1960年萍乡撤县设市,由宜春专区代管。1970年3月10日,萍乡改为省辖市,延续至今。

行政区划 萍乡市辖芦溪、上栗、莲花3县,安源、湘东2区,共29个镇、19个乡、9个街道办事处、144个居民委员会和641个村民委员会。另市本级设有国家级萍乡经济技术开发区管委会和武功山风景名胜区管委会。截至2023年底,全市户籍人口1968083人,

萍乡概况

常住人口1801638人。

自然地理 萍乡市地处江西省西部,东接宜春市袁州区、吉安市安福县,西邻湖南省醴陵市、攸县,南连吉安市永新县和湖南省茶陵县,北毗湖南省浏阳市,位于北纬26°57′—28°01′、东经113°35′—114°17′之间,面积3830.42平方千米。

萍乡是江西的"西大门",素有"湘赣通衢""吴楚咽喉"之称。在赣西经济发展格局中处于中心位置,是湘赣两省唯一全境纳入湘赣边区域合作示范区的设区市。沪昆高铁、沪昆铁路横穿境内与京广、京九两大铁路动脉相连。319国道和320国道呈十字形在市区交会通过,沪昆高速公路、上莲高速公路贯穿全境。市中心城区距湖南长沙黄花机场仅120千米,具有优越的区位地理条件。

萍乡市地貌类型有中低山、丘陵、岗地和河谷平原四类。其中中低山和丘陵区分布广泛,面积分别为1535.92平方千米和1591.09平方千米,占全市总面积的40.08%和41.52%。境内山地、丘陵、盆地错综分布,地貌较为复杂。东部、南部、北部以山地为主,西部地势平缓。东南部有武功山脉,海拔一般在800～1900米之间,最高峰白鹤峰海拔1918.3米。北部杨岐山至大屏山一带地势险要,海拔在600～900米之间。西部萍水河河床最低点的海拔只有64米。中部偏东地势较高,成为洞庭湖水系和鄱阳湖水系的分水岭。

域内水系分属洞庭湖水系和鄱阳湖水系。全市主要河流有五条,即萍水、栗水、草水、袁水、莲水。袁水、莲水发源于武功山,汇入赣江;萍水、栗水、草水发源于武功山与杨岐山之间,最终注入湘江。主要支流有长平河、福田河、东源河、楼下河、高坑河、万龙山河、张佳坊河、金山河、大山冲河、鸭路河等。水资源十分丰富,地表水径流量为26.46亿立方米/年,地下水储量为4亿立方米。

萍乡市属亚热带湿润季风气候区,全年光照充足,雨量充沛,四季分明,极端最高气温达41℃,极端最低气温-9.3℃,年平均气温17.3℃。年平均降水量1596.7毫米。降水量时空分布不均,4—6月降水较为集中,占全年降水量的42%;空间上南部多于北部,东部多于西部,山区多于平原。

萍乡自然资源丰富、景色优美,全市森林覆盖率达67.27%,已探明的矿藏有36种,植物物种有1400余种。境内分布的陆生野生动物有两栖类20种、爬行类30种,有鸟类170种、兽类50种。境内亿年溶洞孽龙洞被誉为"天下第一洞""地下艺术长廊",大屏山、玉皇山、明月湖以及仙凤三宝、十里花溪、荷花博览园等一大批山水景观和乡村旅游点星罗棋布,共同构筑了山水形胜、风景如画的大美萍乡。

历史人文 萍乡历史悠久,文化底蕴深厚。田中古城为始建于商周时期的遗址,见证了萍乡3000余年的文明史。相传在春秋时期,楚昭王在此渡江得"萍实",乃"吉祥之物",萍乡也因此得名,意为"萍实之乡"。吴、楚文化的相濡浸染,孕育了独具萍乡风情的民风民俗和异彩纷呈的民间艺术,采茶俚调、民间灯彩、古朴漆画、春锣渔鼓等民间文化传承千年,历久弥新。

杨岐山是中国佛教禅宗五家七宗之一杨岐宗的发祥地,宗教文化源远流长,影响远播海内外。源于楚巫的傩文化被称为"艺术的活化石",萍乡傩面、傩舞、傩庙"三宝"俱全,被誉为"中国傩文化之乡"。

萍乡自古才俊辈出。古代有著名理学家刘元卿,"江西大器"刘凤诰,清代廉吏颜培天,"末代帝师"朱益藩,维新志士、文史大家文廷式等;近代以来涌现了二胡大家黄海怀、中国声乐事业奠基者喻宜萱,还走出了陈述彭、简水生、颜龙安等10位萍乡籍"两院"院士。

萍乡是中国近代工业文明发祥地之一。清邮政大臣盛宣怀于光绪二十四年(1898)在安源创办萍乡煤矿,光绪三十四年(1908)又创办了当时中国第一个股份合资企业——汉冶萍公司,修筑了株萍(至安源)铁路。萍乡煤矿为汉冶萍公司的重要组成部分,是江南最早采用西法机器生产、运输、洗煤、炼焦的煤矿,1916年就产原煤95万吨、焦炭25万吨,萍乡被誉为"江南煤都"。

萍乡是"工运摇篮"。1922年9月,毛泽东、刘少奇、李立三等老一辈无产阶级革命家领导的安源路矿工人大罢工,是中国共产党第一次独立领导并取得完全胜利的工人斗争。安源路矿工人运动持续近十年,开创了中国共产党最早的党校——安源党校、全国产业工人中最早的党支部——中共安源路矿支部、中国共产党领导下最早的经济事业组织——安源路矿工人消费合作社等全国之最。安源工运成为激励全国工人运动的一面旗帜,在中共党史、中国工人运动史、中国人民解放军建设发展史上写下了光辉的一页。在工运浪潮的鼓舞下,中国共产党领导的第一个少年儿童革命组织——安源儿童团在这里诞生,秋收起义在这里策源和爆发,引兵井冈山、开辟中国革命道路的伟大决策在这里作出,萍乡籍和安源走出去的将军就有30人。

萍乡是"户外天堂"。境内武功山是国家AAAAA级旅游景区,入选世界地质公园,获评国家级文明旅游示范单位、国家自然资源科普基地、国家体育旅游示范基地、全国非遗旅游景区。山顶十万亩高山草甸在世界同纬度名山中绝无仅有,被誉为"云中草原、户外天堂",为众多年轻人和户外运动爱好者所青睐,常年在各大旅游平台发布的山岳景区榜单中位居前十,每年都有超过100万人来此徒步、露营,欣赏壮观的云海、草甸、星空和日出的美景。

萍乡是"花炮故里"。花炮祖师李畋的故乡就在萍乡上栗。花炮制作传承发展至今1300余年从未中断,萍乡(上栗)烟花制作技艺入选了国家级非物质文化遗产名录。如今,萍乡是全国四大烟花爆竹主产区和转型升级集中区之一,"上栗花炮"获评中国地理标志商标。2023年,萍乡花炮产业实现产值超200亿元,产品远销60余个国

家和地区,产品销量占国内市场的27%、出口市场的22.7%。

萍乡是"中国辣都"。鲜辣椒规模种植面积1.6万亩左右,年产量约5840吨,市场推广应用品种20余个。"鲜辣"是萍乡饮食中最鲜明的印记,"萍乡十大碗"、莲花血鸭、萍乡小炒肉等辣味萍乡菜远近闻名。"花蝴蝶"麻辣豆皮、萍乡炒粉、麻辣嗦螺、盐果子等辣味小吃,种类繁多,各具特色,深受萍乡人和各地游客喜爱。2024年10月,萍乡市被全国生态食材评定中心评为"中国生态美食地标辣文化之都"、生态产品区域公用品牌。

经济发展　2023年,地区生产总值1151.66亿元,同比增长3.0%。一般公共预算收入112.2亿元,增长4.8%。一般公共预算支出325.7亿元,增长6.2%。规上工业总产值1092.66亿元,增长0.5%。规上工业增加值增长2.8%。城镇居民人均可支配收入46928元,增长3.6%。农村居民人均可支配收入25967元,增长6.9%。城乡居民年末储蓄余额1302.13亿元,增长17.26%。

目录

芦溪县卷

芦溪县概况	002

芦溪镇	012
古城管理处	014
华光社区	016
江霞村	018
芦洲园社区	019
年丰村	020
山下村	022
水山村	024
新田村	026
东渡村	027
东桥社区	029
东阳村	030
丰泉村	033
高楼村	034
葛溪村	035
更田村	037
花生岭社区	039
林家坊村	040
柳江村	042
路行村	044
麦园社区	045
仁里村	047
瑞泉村	048
沙湾社区	050
潭田管理处	051
塘里村	053
卫前社区	054
温埠管理处	056
阳谷陂村	057
洋田管理处	058
蔗棚村	060

宣风镇	063
茶垣村	069
竹垣村	070
吐霞村	073
盘田村	075
栗湾村	077
京口村	079
虹桥村	082
珠亭村	083
排楼村	085

沂源村	087
桥头村	089
马塘村	091
里山村	093
水府街社区、万寿街社区	094

上埠镇 097
山口岩村	101
王源村	104
中埠村	106
下源村	108
坪里村	111
茅布岭村	112
龙王桥村	114
九洲村	116
江下村	118
涣山村	119
茶园村	121
许家坊村	122
河口社区	123
板埠社区	124
解放路社区	125
南溪社区	125
上埠村	126
东方红社区	128
鸭塘村	128

银河镇 132
河下村	136
紫溪村	140

墨溪村	142
乌石村	144
陇田村	147
敖家坊村	148
邓家田村	150
何家圳村	153
京竹村	154
长竹村	157
天柱岗村	159
横岭村	160
银凤社区	162

南坑镇 164
南坑村	169
乾村村	172
窑下村	174
新坪村	176
兆佳村	178
双凤村	180
石灰岭村	182
大岭村	185
金钩湾村	187
新尤村	189
团丰村	192
七宝村	194
妙泉村	197
山田村	199
圭田村	202
团群村	204
阪田村	206

坪村村	208	张佳坊乡	259
南坑社区	210	杂溪村	262
		瞿田村	264
长丰乡	213	裕丰村	265
宗里村	216	朋乐村	267
磨桥村	218	三江口村	268
半山村	220	坑口村	269
浒岭村	223	报恩台村	271
羊田村	225	杨佳田村	273
		李家坊村	274
新泉乡	229	张佳坊村	276
市上村	232		
檀树下村	235	源南乡	280
新泉村	237	南溪村	283
陈家坊村	239	新下村	285
东安里村	241	新棚村	287
河坑村	243	源溪村	289
埈下村	245	大平村	291
乔岭村	247	龙泉村	293
新店社区	249	章家陂村	294
颜家坊村	250	石塘村	297
杨家湾村	253	垱下村	299
移民村	255	石北村	300

萍乡武功山风景名胜区卷

萍乡武功山风景名胜区概况	304	沈子村	317
		石溪村	319
麻田镇	311	龙王潭村	321
埈头村	314	大江边村	323

麻田村	325	黄江村	348
月形社区	327	龙山村	351
株木村	327	三星村	353
东江村	330	东坑村	355
蔡家村	332	长岭村	356
长冲村	334	龙上村	358
		南岭村	359
万龙山乡	338	槽下村	361
茅店村	340	下村村	363
牛宕村	343	新龙社区	365
桂花村	345		
三勤村	346	**后记**	367

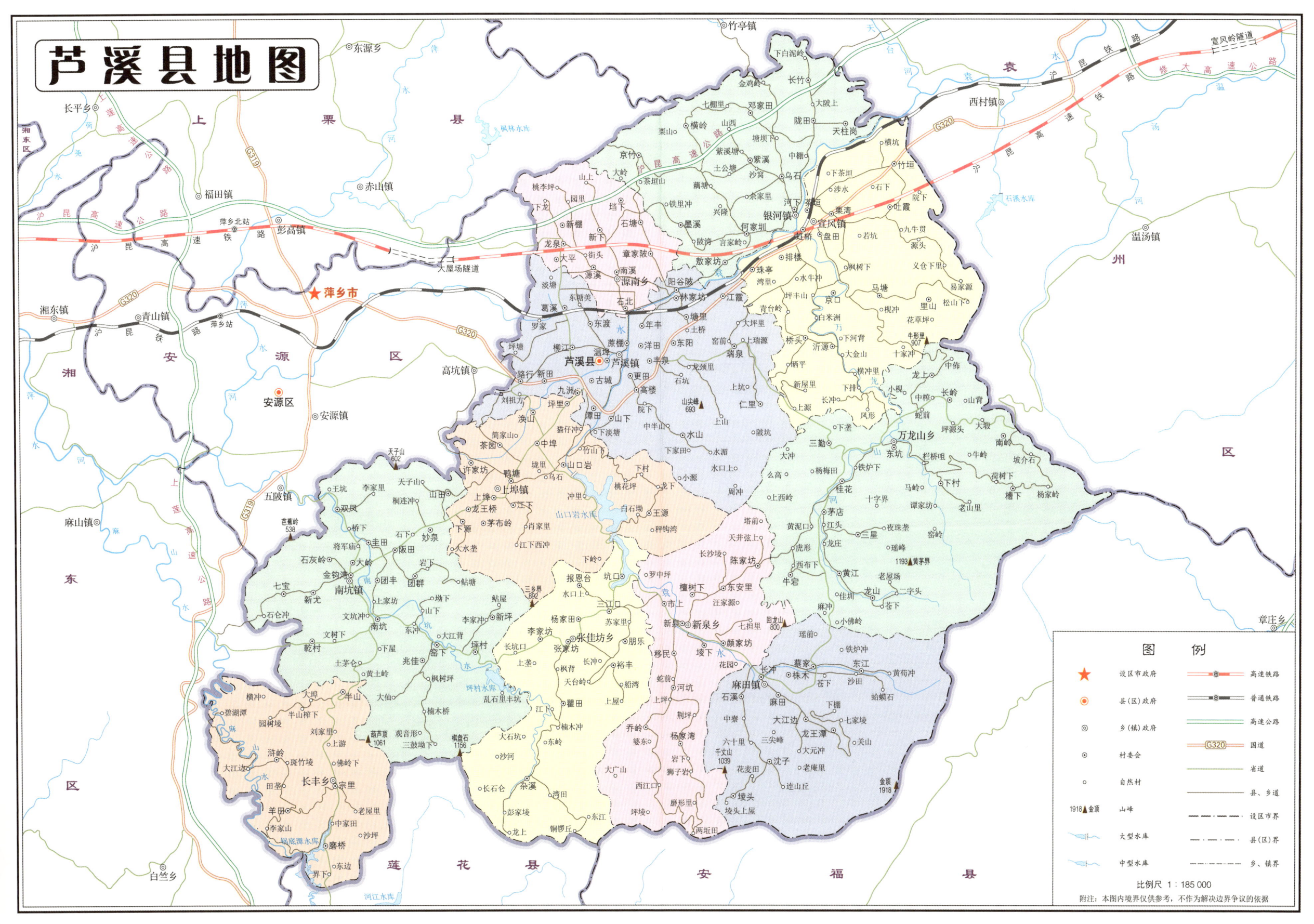

芦溪县卷

芦溪县概况

政区概况

芦溪县位于萍乡市东南部、袁水河上游流域，东邻宜春市，西接安源、湘东二区，北靠上栗县，南毗莲花、安福二县。县人民政府驻地芦溪镇距萍乡市区22千米，距省会南昌250千米。地处东经113°55′至114°16′，北纬27°25′至27°47′之间。东起明月山，西至碧湖潭，北始银河镇长竹村，南及长丰乡磨桥村，总面积959.50平方千米。

在距今5000多年前的新石器时代，先人已经在芦溪大地上生产劳动，繁衍生息。

春秋时期，芦溪属吴。战国时期，芦溪属楚。秦始皇统一中国后实行郡县制，芦溪属长沙郡。西汉时期，分天下为13州，芦溪属扬州豫章郡宜春县。三国时期，芦溪属吴国，东吴宝鼎二年（267），吴国国君孙皓，将宜春西部的广袤之地划出，设立萍乡县，置县治于芦溪古岗（现芦溪镇古城村）。芦溪成为萍乡地区的经济、政治、文化、军事之中心，经历三国、两晋、南北朝、隋、唐等朝代，唐武德二年（619），县城迁到现萍乡市城区凤凰池。芦溪作为萍乡历史上的早期县城，历经8个朝代353年。县城搬迁之后，在唐、宋、元、明、清、中华民国时期，芦溪仍然不失萍乡县的重要经济、文化地区的地位。

1949年新中国成立后，芦溪属萍乡县。1960年，萍乡撤县设市，芦溪属萍乡市。1970年萍乡市为省直辖。翌年，芦溪设市辖区,为萍乡市芦溪区。1997年,经国务院批准,芦溪撤区设县,为江西省芦溪县,隶属萍乡市管辖。

芦溪县辖芦溪镇、宣风镇、上埠镇、银河镇、南坑镇、麻田镇6镇,长丰乡、新泉乡、张佳坊乡、源南乡、万龙山乡5乡(其中麻田镇、万龙山乡由武功山风景名胜区管委会代管)。

芦溪镇辖年丰村、洋田管理处、林家坊村、阳谷陂村、塘里村、江霞村、瑞泉村、仁里村、丰泉村、高楼村、更田村、山下村、潭田管理处、东阳村、古城管理处、温埠管理处、蔗棚村、东渡村、柳江村、新田村、路行村、葛溪村、水山村、麦园社区、东桥社区、华光社区、卫前社区、花生岭社区、芦洲园社区、沙湾社区。

宣风镇辖栗湾村、盘田村、京口村、虹桥村、珠亭村、排楼村、桥头村、沂源村、马塘村、吐霞村、茶垣村、竹垣村、里山村、万寿街社区、水府街社区。

上埠镇辖鸭塘村、江下村、上埠村、茶园村、许家坊村、涣山村、中埠村、坪里村、九洲村、山口岩村、茅布岭村、龙王桥村、下源村、王源村、解放路社区、南溪社区、东方红社区、板埠社区、河口社区。

银河镇辖河下村、乌石村、陇田村、天柱岗村、长竹村、紫溪村、邓家田村、京竹村、墨溪村、敖家坊村、何家圳村、横岭村、银凤社区。

南坑镇辖大岭村、双凤村、石灰岭村、金钩湾村、新尤村、七宝村、乾村村、南坑村、团丰村、窑下村、兆佳村、团群村、阪田村、圭田村、妙泉村、山田村、新坪村、坪村村、南坑社区。

长丰乡辖宗里村、磨桥村、浒岭村、半山村、羊田村。

新泉乡辖陈家坊村、东安里村、檀树下村、市上村、新泉村、颜家坊村、埌下村、移民村、河坑村、乔岭村、杨家湾村、新店社区。

张佳坊乡辖张佳坊村、李家坊村、杨佳田村、三江口村、杂溪村、朋乐村、裕丰村、瞿田村、坑口村、报恩台村。

源南乡辖章家陂村、石塘村、垱下村、新下村、南溪村、石北村、源溪村、大平村、龙泉村、新棚村。

截至2021年末,全县总人口307857人,人口自然增长率为2.42‰,人口出生率为6.78‰,出生人口性别比为116∶89。

截至2021年末,芦溪县常住居民共26个民族,分别是汉族、畲族、土家族、壮族、苗族、侗族、布依族、白族、藏族、朝鲜族、土族、哈尼族、回族、景颇族、拉祜族、黎族、傈僳族、满族、毛南族、蒙古族、仫佬族、水族、维吾尔族、瑶族、彝族、仡佬族。

自然环境与资源

芦溪县地势由东南向西北倾斜,全境之内,东南部为山岭,北部和西部为丘陵。

中部是河谷平原，武功山脉绵亘于南部大地。地形可明显分为南部低山丘陵区和北部低丘平原区两部分。整个地形概括为"七山半水分半田，一分道路和庄园"。主要地形有山地、丘陵、河谷平原三种。

年平均气温约17℃，年均降水量1621.8毫米，年日照时数1601.4小时，年平均风速为1.9米/秒，年最多风向为东北偏东风向。

芦溪县共发现各类矿产23种，已开发利用的矿种有9种，主要有煤炭、铁、矿泉水、水泥用灰岩、冶金用白云岩、高岭土、陶瓷土、建筑石料用灰岩、建筑用花岗岩。全县已设采矿权18处，其中煤炭1处、铁矿3处、矿泉水3处、水泥用灰岩1处、冶金用白云岩1处、高岭土1处、陶瓷土1处、建筑石料用灰岩5处、建筑用花岗岩1处、建筑用砂1处。

芦溪县植物品种资源丰富，种类繁多。已查明全县境内分布有维管植物193科1427种。其中蕨类植物28科102种，裸子植物9科30种，被子植物156科1295种。有水生高等植物38科、122种。常见的乔木有松树、杉树、樟树、梓树、泡桐、油桐、梧桐、法国梧桐(悬铃木)、乌桕、枫香、棕榈(棕树)、柳树、杨树、柞树、苦楝树、女贞(蜡树)、油茶树、桂花树、板栗树、梨树、桃树、柚树、柑橘树、柿树、枇杷树、枣树、李树、杨梅树、鹅掌楸、木荷、石榴树、杜英、含笑、槐树、檀树、杜仲、雪松、南酸枣、构树、合欢树、椿树、桤木、广玉兰、紫玉兰、白玉兰等，灌木有檵木、杜鹃(映山红)、夹竹桃、茶(茶叶)、南天竹、荆柴、小叶女贞、黄杨、黄栀子、紫珠、冬青、桑树、马荚子、茉莉、蔷薇、乌饭、海桐等，藤蔓植物有猕猴桃、葡萄、葛藤、爬山虎、雷公藤、薜荔(凉粉果)、金银花等，竹类有毛竹、黄竹等，草本植物有芭蕉、美人蕉、紫苏、淡竹叶、菊芋(洋姜)、湖芋、苎麻、辣蓼、水芹菜、马唐、狗牙根、丝茅、冬茅、看麦娘、稗草、车前草、夏枯草、鱼腥草(臭牡丹)、麦冬、半夏、薄荷、菖蒲、艾草、野燕麦、蒲公英等。

芦溪县有分布的国家重点保护植物有24种。其中国家一级保护植物有银杏、水杉、穗花杉、珙桐、南方红豆杉、苏铁、伯乐树、资源冷杉等8种；国家二级保护植物有金钱松、鹅掌楸、白豆杉、花榈木(花梨木)、福建柏、厚朴、凹叶厚朴、香樟、润楠、闽楠、浙江楠、旱莲木、观光木、落叶木莲、罗汉松、紫楠等16种。列为珍稀濒危植物的有福建柏、穗花杉、凹叶木兰、天目木兰、黄山木兰、沉水樟、闽楠、钱线莲、短萼黄连、八角莲、野大豆、红豆树、钟萼木(伯乐树)、银鹊树、银钟花、香果树、独花兰等19种。

芦溪县被列入《江西省重点保护野生植物名录》的植物有100多种。其中，江西省一级保护植物有细萼无柱兰、白及、广东石豆兰、虾脊兰、钩距虾脊兰、独兰花、杜鹃花、建兰、蕙兰、多花兰、春兰、寒兰、石斛、大花斑叶兰、小斑叶兰、绒叶斑叶兰、鹅毛玉凤花、镰翅羊耳蒜、大唇羊耳蒜、石仙桃、独蒜兰、绶草、小花蜻蜓兰等；江西省二级保护植物有南方铁杉、罗汉松、大叶冬青、刺楸、八角莲、华杜英、杜英、冬桃、薯豆、山杜英、杜仲、沉水樟、紫薇、南紫薇、乐昌含笑、白桂木、血党、桂花、短萼黄连、银钟花等；江西省三级保护植物有三尖杉、粗榧、竹柏、柳杉、三角槭、樟叶槭、五裂槭、鸡爪槭、枸骨、铁冬青、黄杨、草珊瑚、猴欢喜、云锦杜鹃、江西杜鹃、长蕊杜鹃、东方古柯、重阳木、饭甑桐、赤皮椆、大叶青冈、多穗柯、青檀、蕈树(阿丁枫)、长红槛木、水丝梨、天师栗、青钱柳、野核桃、华南桂、阴香、细叶香桂、黑壳楠、豹皮樟、华东润楠(薄叶润楠)、红楠、湘楠、紫荆、香槐、黄檀、天目木兰、黄山木兰、紫玉兰、紫花含笑、金叶含笑、深山含笑、赤楠、三叶赤楠、华檀梨、无患子、华中五味子、银鹊树、红花油茶、全缘红花山茶、杨桐(红淡比)、紫茎、厚皮香、小果石笔木、实心竹、白花前胡、天门冬、七叶一枝花等。芦溪县种子植物区系中的本地原产植物有安福槭、江西杜鹃、武功山短枝竹、全缘叶红山茶、武功冬青等5种。

已查明芦溪县境内有分布的野生动物有两栖类2目4科20种，爬行类3目8科30种，鸟类10目18科170种，兽类7目17科50种。常见的有野猪、野兔、鹿、刺猬、豪猪、黄鼬(黄鼠狼)、中华竹鼠、蛇、蝙蝠、山龟、鳖、虎纹蛙、蟾蜍、蜥蜴、壁虎、野鸡、斑鸠、猫头鹰、麻雀、燕子、喜鹊等及鹤类候鸟。芦溪县境内有分布的野生动物中，有国家二级保护动物水鹿、河麂、猕猴、藏酋猴、穿山甲、斑林狸、鬣羚、大鲵(娃娃鱼)、虎纹蛙、草鹗、鸳鸯、白鹇等12种；江西省级保护动物豹猫、野猫、狸子、黄鼬(黄鼠狼)、果子狸、尖吻蝮(五步蛇)、乌梢蛇、黑眉锦蛇、金环蛇、银环蛇、眼镜蛇、黑斑蛙、喜鹊、画眉、寿带鸟、灰胸竹鸡、鹧鸪、伯劳、翠鸟等19种。

域内主要有干旱、洪涝、冰雹、冰冻等自然灾害。

经济概况

2021年，芦溪县农林牧渔业总产值36.9亿元，比上年增长10.0%。粮食种植面积17015.9公顷，增长0.1%，其中谷物种植面积14974.6公顷，增长3.9%。油料种植面积3535.5公顷，增长10.4%，其中油菜籽3155公顷，增长12.3%。蔬菜种植面积5872公顷，增长0.7%。

全年全县粮食产量113010吨，比上年增长2.0%，其中谷物产量106642吨，增长4.1%；豆类产量3796吨，下降2.3%；薯类(折粮)产量2572吨，下降42.7%。油料产量6702.2吨，增长7.8%。蔬菜及食用菌产量149642吨，增长4.4%。茶叶产量419吨，下降12.5%。园林水果产量6693吨，增长56.2%。

全年全县猪牛羊禽肉产量41290吨，比上年增长17.3%。其中，猪肉产量32199吨，增长21.9%；牛肉产量984吨，增长5.0%；羊肉产量789吨，下降0.8%；禽肉产量7318吨，增长4.3%。禽蛋产量1783吨，下降10.5%。牛奶产量3962吨，下降1.5%。水产品产量11295吨，增长1.8%。年末生猪存栏17.5万头，比上年末增长12.2%；生猪出栏39万头，增长27.7%。

2021年，全年全县工业增加值46.45亿元，比上年增长8.4%，占地区生产总值比重35.1%，对经济增长的贡献32.5%。规模以上工业增加值增长10.7%，分轻重工业看，轻工业增长15.6%，重工业增长10.3%；分经济类型看，股份合作企业增长27.8%，股份制企业增长13.0%，私营企业增长19.4%，外商和港澳台商投资企业下降1.7%，其他经济类型企业增长23.9%；分行业看，19个行业大类中，15个实现增长，占比78.9%。新产业加速发展。高新技术产业增加值占规模以上工业增加值比重为51.3%，比上年提高2.4个百分点；装备制造业增加值增长34.4%，高于规模以上工业增加值增幅23.7个百分点，其中计算机、通信和其他电子设备制造业增长109.6%，电气机械和器材制造业增长15.7%。传统行业转型升级。六大高耗能产业(石油加工、炼焦和核燃料加工业，化学原料和化学制品制造业，非金属矿物制品业，黑色金属冶炼和压延加工业，有色金属冶炼和压延加工业，电力、热力生产和供应业)增加值比上年增长7.2%，低于规模以上工业增加值增幅3.5个百分点；高耗能产业占规模以上工业增加值比重为81.8%，较上年下降1个百分点。

全县规模以上工业企业实现营业收入172.83亿元，比上年增长21.1%；实现利润总额10.41亿元，下降24.1%。

2021年，全县社会消费品零售总额42.05亿元，比上年增长19.8%。限额以上单位商品零售额中，日用品类比上年增长32.6%，粮油、食品类增长36.7%，金银珠宝类增长34.5%，建筑及装潢材料类增长33.1%。

2021年，芦溪县金融机构人民币存款余额162.59亿元，比年初增加13.95亿元，增长9.4%，其中住户存款余额101.64亿元，比年初增加10.1亿元，增长11.0%。金融机构贷款余额213.03亿元，比年初增加26.34亿元，增长14.1%，其中短期贷款余额66.95亿元，增长14.8%；中长期贷款余额130.8亿元，增长11.5%。

基础设施

全县公路路网布局为"两环两横四纵"，总里程2085千米，其中水泥混凝土路和柏油路总里程2064千米。沪昆高速穿境而过，有挂线与县城相接；浙赣铁路复线横贯东西且设有芦溪火车站。全县乡镇建制村通客运班车率为100%，建成了2个县级物流集散中心、9个乡镇物流服务中心和9个邮政乡镇邮政所、70余个村级电商快递服务网点和116个邮政村级服务点，形成了完善的县、乡、村三级物流体系。

芦溪县邮政分公司全县有代理金融网点5个，普遍服务自营网点10个、代办网点1个。建投递段道18条，其中城市投递段道6条、乡邮投递段道12条，邮路总长586千米。村邮乐购站点47个，投递网络覆盖了全县各乡镇、街道和行政村。

中国电信芦溪县分公司下设城区营业部、城郊营业部、政企营业部，以及宣风、上埠、南坑、武功山4个农村营业部，县本部设有办公室、销售服务部、网络部3个部门，已建社会渠道网点近50个,实现电信合作营业网点遍布全县各乡镇。

2021年,按照"一所一规划"开展配网规划和项目储备,累计滚动储备项目210个。推进110千伏虹桥变重点工程,解决35千伏宣风变、银河变重过载问题,新建10千伏线路10条,改造10千伏线路25条,增加线路131.47千米,新建改造配变58台,增加配变容量13.4兆伏安,户均容量提升至3.12千伏安。

加强城镇污水处理厂运行管理,做好污水进水、出水台账记录,确保污水处理厂正常运行。加快推进生活污水收集处理设施建设和改造,扩大污水收集范围,分批分期将县城周边村庄纳入污水收集范围。针对重点区域,如学校、医院、生活小区、人流密集区域的污水进行收集排放,2021年针对芦中家属区、移民小区、康馨花园等6个小区进行老旧小区改造,在项目实施过程中,对有条件实行雨污分流的区域落实了改造措施,基本上做到了雨污分流能改则改,切实提高城镇生活污水处理效能,确保给排水情况正常。

全县建成各类水利工程2706座。有小型水库40座,总库容4107万立方米,其中小(1)型水库10座,小(2)型水库30座,山塘2130口(总蓄水量1472.47万立方米),其中5万立方米以上重点山塘81口;引水工程156座,千亩以上引水陂坝21座,年引水量2800万立方米;提水工程63座;中型灌区3座,小型灌区91座,渠道总长约1260千米;有万亩以上圩堤2处,长29.66千米;建设县城城区防洪河堤21千米;小水电站67座,总装机5万千瓦;安全饮水工程154处,解决16.94万人的饮水问题。

2021年,在全县9个乡镇、72个行政村推进97个新农村点、3个美丽示范片的建设,重点抓好村庄基础设施"四建三整"工作。全县各村点已完成道路整治62.4千米,排水渠道整治35.2千米,水塘整治7口,整治垃圾、废弃物等1528吨,新增绿地、覆绿面积2.6万平方米,拆"三房"(空心房、危旧房、违建房)面积1829平方米,改造民居民宿35栋。2021年1月,芦溪县新农村建设促进会获"江西省新农村建设最佳促进会"荣誉,县乡长说唱移风易俗《萍乡春锣·赞紫溪新风》,被农业农村部推选为全国优秀节目,在央视等全网平台直播。通过持续改善乡村基础设施,农村民俗民风整体提升,老百姓幸福感、获得感显著增强。

社会发展

芦溪县学前教育全国知名。"芦溪县构建提高农村幼儿园保教质量'教研+'联动模式的成功实践"获评全国基础教育优秀工作案例,为全省唯一学前教育获评案例,芦溪县学前教育发展成效入选全国第十个学前教育宣传月主题宣传片。

芦溪县是全省唯一连续6年高质量考评稳居三甲的县区,是全省唯一连续8年获江西省百县青少年田径运动会团体总分一等奖的县区,是全省唯一入选全国劳动教育典型案例的县区。

芦溪县先后获评国家电瓷高新技术产业化基地、国家农业科技园区等国字号荣誉,全县有国家级国际科技合作基地1家,省级重点实验室1家,省级引进共建高端研发机构1家,省级工程技术研究中心5家。芦溪县3个省级特派团、5位省级特派员帮助7家合作社、7家企业入驻江西省科技特派员管理服务平台,入驻率100%。全县瞪羚企业2家,入选绿色技术创新企业培育1家,入库科技型中小微企业59家,优秀高新技术企业61家。与清华大学、武汉大学、湖南大学等50余所高校和科研院所建立了战略合作关系,获江西省科技进步奖5项,国家科技进步提名奖1项。

芦溪县连续8年获江西省百县青少年田径运动会团体总分一等奖,欧阳玉环入选国家女子足球队,参加女子U17世界杯;芦溪县五人制足球队代表江西省参加2021年第十四届全运会荣获男子乙组第8名的成绩,创造了江西省足球的历史;芦溪连续多年被评为全省青少年业余训练"三十精品县"。

全县建设体育惠民工程103个,健身站点169个,乡镇覆盖率100%。

芦溪县下辖医疗卫生单位252个,其中有5家县直医疗卫生单位(县人民医院、县中医院、县妇幼保健院、县疾控中心、县卫生健康综合监督执法局),4所中心卫生院(宣风镇、上埠镇、新泉乡、南坑镇),5所乡镇卫生院(芦溪镇、银河镇、张佳坊乡、长丰乡、源南乡),9个乡镇防疫保健站(芦溪镇、宣风镇、银河镇、上埠镇、南坑镇、张佳坊乡、新泉乡、长丰乡、源南乡),1所一级民营医院(芦溪仁和医院),1所未定级民营医院(芦溪县弘济精神康复医院),206个村卫生室(其中109个为公有产权村卫生室),18个个体诊所(含4个中医备案诊所),3个医务室,编制床位1242张。

全县卫生健康工作先后获全国卫生应急综合示范县、全国卫生系统先进集体、国家卫生县城等国家级荣誉,获全省卫生应急综合示范县、全省农村卫生工作先进县、全省农村中医工作先进县、全省妇幼卫生工作与妇幼安康工程先进县、全省卫生系统实施妇女儿童发展纲要先进集体、省级妇幼健康优质服务示范县等省级荣誉。

截至2021年底,全县参保人数达202930人,参保率95%。社会保障服务向基层延伸,基层平台机构建设和服务功能持续刷新。强化失业保险政策服务,积极落实工伤保险政策,切实维护职工权益。严格执行社会保险基金会计制度、社会保险基金财务制度,加强基金管理监督。

打造县、乡、村、组四级服务网格,推动公共就业服务提质增效。投入基层平台建设经费120余万元,有效地提升了全县乡(镇)、村(居委会)基层公共就业服务平台的硬件设施与办事窗口的环境。

全县国控、省控以及县界断面水质全面达标,水质优良率100%,县级及4个农村集中式饮用水源水质达标率100%;芦溪县城区空气质量实现了"一降一升"持续改善的良好态势,$PM_{2.5}$年均值下降到29微克/立方米;空气优良率为95.1%;受污染耕地安全利用率和受污染地块安全利用率100%。全方位开展袁河流域综合治理,强化饮用水安全治理,对袁河流域37个入河排污口进行溯源排查整治,实现全县境内水质稳中保优。截至2021年底,全县医疗废物无害化处置率达100%。

全县建成区面积973公顷,建成区绿地面积340.69公顷,绿地率35%;建成区公园绿地面积121.68公顷,人均公园绿地面积24.19平方米;公园绿地服务半径覆盖的居住区用地总面积258.52公顷,建成区总居住区用地面积311公顷,公园绿地服务半径覆盖率83.13%,拥有古城公园、芦洲公园2个综合性公园;建成区乔灌木覆盖面积323.99公顷,建成区绿化覆盖总面积390.17公顷,城市建成区绿化覆盖面积中乔、灌木所占比例83.04%;县建成区新建、改建居住区小区16个,新建居住区绿地达标率100%,改建居住区绿地达标率100%。

截至2021年底,县建成区主次干道道路长度18898.42米,道路绿地达标率100%。县建成区共有3个公共停车场,其中林荫停车场2个,林荫停车场推广率66.6%。全县建成区共建防护绿地面积83.14公顷,县城建成区防护绿地实施率为100%。

特色地情

三国吴宝鼎二年(267)萍乡设县,县署治所在芦溪古城村。1971年芦溪设为市辖区,1997年撤区设县。土地革命战争时期,芦溪为湘赣红军的重要根据地,毛泽东、彭德怀、陈毅等一大批革命家曾在此战斗过,秋收起义总指挥卢德铭牺牲在境内山口岩。

芦溪县境内拥有江西最早书院之一的濂溪书院,为北宋时期在此任监税的周敦颐创建。

芦溪县有特色旅游商品33种。分别是葛溪蛋,艾米古,万龙松针茶叶(芦溪镇);王源蜂蜜,武功一叶(上埠镇);付老爹米酒、谷酒,沂源菊花,石斛,木瓜,火龙果,紫红米,宣风萝卜,腊味板鸭(宣风镇);土麻哩盐果子,傅太粽子,南坑红掌门腊鹅(南坑镇);杜仲系列产品,五马峰金丝黄菊,大富乳业乳制品(银河镇);麓水蜂蜜,干竹笋(长丰乡);东安里常宴酒庄"香甜娘"紫红米酒,新泉豆腐乳、水豆腐等豆腐制品,九龙紫红米,月池矿泉水,金线莲(新泉乡);一村食品,豫章拓梯田大米(张佳坊乡);龙泉米酒,妈咪辣酱,妈咪豆皮(源南乡)。

萍乡古城城墙遗址,位于芦溪镇古城村,遗址长约450米,宽约330米,面积15万平方米(含城墙)。圣岗寺,位于芦溪镇温埠村,为纪念甘卓将军所建,经唐、宋、元、明、清、民国而不衰,现建筑为1986年由当地百姓集资重修,2000年扩建。城隍庙,位于古城村,复建于1999年,现遗有清光绪年间的石柱、对联、石狮等文物。郑公陂,位于芦溪镇卫前街社区袁河中段,系北宋宣和七年(1125)时任萍乡知县的郑强修建。

芦溪老石桥，位于芦溪镇沿河路中段袁河之上，始建于1935年，该桥为萍乡与宜春的主要通道，是芦溪县城的标志性建筑之一。禅师台，又名禅台寺，位于芦溪镇东阳村禅台山上，距县城东3千米，原寺始建于明洪武三年（1370），为后唐袁州府判吏、东阳吴姓始祖吴怀民第十三代嗣孙倡建。刘凤诰宗祠，为清探花刘凤诰祖祠，位于源南乡源溪村，始建于宋元，扩建维修于清，为三进穿斗式硬山顶内天井砖木结构，据考，屋柱联多为刘凤诰亲撰与手写。兴文塔，位于宣风镇茶垣村与庙下交界处（袁河南岸），始建于清道光二十三年（1843），塔高36米，占地面积30平方米，为市内最高古塔。欧阳琮墓，位于芦溪镇温埠村，立墓碑一通，墓碑两旁立石狮一对，有一只残，碑文竖刻"唐刺史欧阳琮公墓"。

芦溪先后获"中国农民画画乡""中国现代民间绘画之乡""农民铜管乐之乡""灯彩艺术之乡"等称号。芦溪县非物质文化遗产被列入保护名录的项目共有23项，其中国家级1项（萍乡耍傩神），省级4项（芦溪年丰狮舞、芦溪古城独角缩龙、上埠牛带茶、南坑傩舞），市级4项，县级14项；有省级代表性传承人5人。

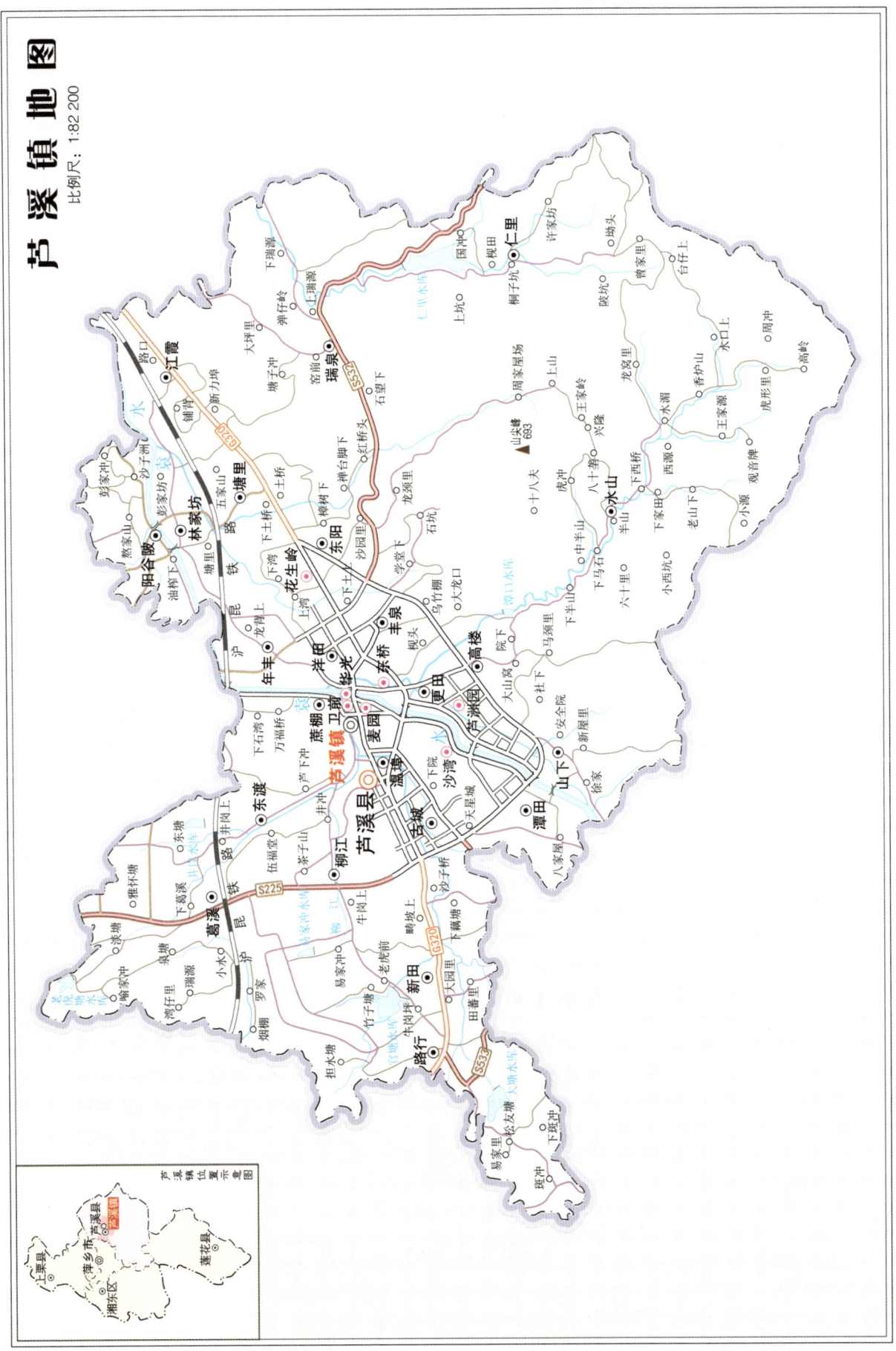

芦溪镇

芦溪镇地处芦溪县西北部,系芦溪县城所在地,东连宣风镇,南接上埠镇,西邻安源区,北毗银河镇、源南乡。芦溪镇辖区面积104.64平方千米,辖7个社区,4个管理处,19个行政村。据2021年第七次全国人口普查结果,全镇总人口74474人,总户数23638户。

芦溪镇古为山溪交汇、芦茅丛生、鹭鹤栖息、洪水泛滥的荒洲,人们开沟引溪、垦洲辟田而定居。因源于武功山和登岗山的两条山溪在芦苇中汇合,芦溪之名由此而来。民国时期为萍乡县芦溪乡和泉岗乡、上埠乡的一部分。新中国成立初为芦溪区的芦溪街和蔗棚、东葛、源南、新下、高楼、林家坊、仁里、古城、东阳、观霞等乡。1956年合并为芦溪镇,属芦溪区。1958年改称芦溪公社,1968年改制为芦溪镇,1971年属芦溪区,1997年底改属芦溪县。

芦溪镇为2021年中国中部百强镇(第61位)、江西省综合实力前100位乡镇(第19位)、全国生态文明先进镇、2020全国文明村镇、全省五型政府建设先进集体、全省十大秀美乡镇、平安江西建设示范乡镇(街道)。

自然环境与资源　境内东南部重峦叠嶂、青翠葱郁,最高山峰为棋盘石,海拔980米。西北部丘陵起伏,田林相间。芦溪镇属亚热带季风湿润气候,气候温和,四季分明,年均气温为17.2℃,年均降水量为1625.6毫米,全年无霜期约270天。地下矿藏以煤炭、瓷土、石灰石、石英砂为主。此外,还有铁、钨、金等金属矿藏。

芦溪镇有林地面积6533公顷,森林覆盖率69.8%,耕地面积2380公顷。

经济概况　2021年，芦溪镇有规模以上企业80家，其中工业35家、建筑业5家、批零住餐16家、房地产业18家、服务业6家。2021年实现财政总收入6.77亿元。2021年全镇纳税100万元以上企业73家、300万～1000万元企业30家、1000万元以上企业12家。江西高强电瓷集团等4家电瓷企业获评国家专精特新"小巨人"企业称号。全镇有工业企业412家。

2021年，粮食生产总面积2.6万亩，粮食产量2400万斤，油菜种植1万余亩，抛荒整治1340亩。采取"四型"模式推动43个发展壮大村级集体经济产业项目落地见效，有龙头企业8家、农业专业合作社43家、家庭农场21家，全镇经营性收入超20万元的村占比91.3%。

有四星级酒店1家、商业综合体1家、房地产公司18家，有东阳、水山等乡村旅游休闲基地、飞天"互联网+"等电商产业园。

基础设施　建成31个新农村点，全面推进农村"四好"（建好、管好、护好、运营好）公路建设，做好了全镇248.5千米村道和46.9千米乡道的日常养护，基本实现城乡公路硬化、美化全覆盖，完成袁河河道治理。

聚力城乡融合发展，抓好城市基础设施建设，在"治、建、管"上下功夫。芦溪镇获评全国文明镇，东阳村获评全国文明村。完成温埠小区等5个老旧小区改造，着力优化推进全镇村庄规划布局、基础设施建设，成立7个社区党委，全部完成社区办公场所改造提升，进一步优化社区服务功能布局。新建了芦溪三小、芦溪镇第二中心幼儿园、濂溪中学、芦溪外国语学校等校的新校区。

社会发展　芦溪镇有中心学校、特殊教育学校、九年一贯制学校等10所，有村小10所，公办幼儿园、私立幼儿园20所。义务教育阶段在校学生共13297人，其中小学8218人、初中4969人、特校110人，幼儿在校共3294人。全镇在岗在编教师数共1061人。

有文化和体育队伍100余支、农家书屋23个、阅览室7个、文化大舞台6个、文化体育广场50个。

有镇卫生院1家、村卫生所32家。2019年新建成芦溪镇卫生院，设置床位30个，有医护人员52人。

2021年，新增城镇就业人员558人，新增农村劳动力转移445人；安排公益性岗位（扶贫专岗）194人，合计发放公益性岗位补贴129.79万元。完善社会保障，做好城乡低保和社会救助等工作，全镇城镇低保957户1434人，农村低保1003户1460人。开展临时救助共计853人次，累计发放救助金额45.1万元。

PM$_{2.5}$年均值降为29微克/立方米,空气质量优良率95.1%。袁河流域国控断面水质均值达Ⅱ类,全县饮用水源水质达标率100%。

芦溪镇有安全生产重点监管企业单位20家,其中重点企业非煤矿山2家(停产1家)、烟花爆竹3家(停产1家)、烟花爆竹零售网点2家、加油站12家、燃气企业1家。

2021年,选派3个驻村工作队、20个帮扶工作组、219名帮扶责任人,实现结对帮扶对象全覆盖,脱贫户及监测对象共计516户1462人,就业率88.12%。财政资金对乡村振兴的投入力度不断加大,衔接专项资金项目共18个,涉及金额837.82万元,投资总额增长44.1%。投入美丽宜居示范建设及管护资金480万元,建设了16个新农村点。改造提升古城管理处沙子桥至挂线段等5条农村公路10.3千米。水山村获评"江西省森林乡村",东阳村被列为省级"红色名村"。2021年全镇23个村集体经济收入均超10万元。

特色地情　芦溪镇有着"中国农民画之乡""灯彩之乡"的美誉。古城独角缩龙、年丰狮舞等被列入省级非物质文化遗产名录,农民画多次进京展览。《渔翁戏蚌》古典戏剧舞蹈自明朝末年流传至今,保留蚌壳舞的原始风貌。

古城管理处

村情概况　三国东吴宝鼎二年(267)萍乡设县,县署治所设在此地,因此称为古岗,又称古城。古城管理处位于芦溪县东南部,距县城约1.5千米,属于城乡接合部,面积为2平方千米。截至2021年底,常住人口2636人,居住人口以汉族为主,辖区23个村民小组,5个自然村(月山下、安全院、下院、伞树下、沙子桥)。域内主要姓氏有傅、欧阳、张、贺、冯、姚等。

经济概况　农业主要作物为水稻和蔬菜,种植面积约200亩。村集体收入约55万元。收入主要来源是古城管理处商贸流通综合楼租金50万元/年,物流仓储出租收入4万元/年,其他帮扶收入1万元/年。

基础设施　乡村公路(水泥路)全覆盖。交通运输便利,辖区内有1个城市客运站,周边主要交通要道有320国道、武功山东大道、古城路、武德路等。全村供电用户650户,实现全村快递服务、网络全覆盖,村庄供水、供电全覆盖。

社会发展　辖区内有初级中学1所(濂溪中学),占地面积约95亩,可容纳学生约

古城鸟瞰

2750人。有小学1所（古城小学），始建于1968年，占地面积约4000平方米，现有师资15人、学生230人。

古城管理处蓝精灵文艺队成立于2013年，其军鼓舞队参加了县军鼓比赛获得了2次三等奖，舞蹈队参加了县、镇等举办的比赛获得了二等奖、三等奖的好成绩。

古城管理处综合文化服务中心拥有1个百姓大舞台、4个休闲健身广场、多功能活动室，1个农家书屋。

有村级医疗卫生所2个，医生2位，从事常见病、多见病、传染病等诊疗活动，同时从事公共卫生服务。

特色地情 古城城隍庙，始建于三国吴宝鼎年间（266—269），在萍乡县治建立后修建，后塑甘卓将军像为城隍神像。

古县城城墙遗址，为县级文物保护单位。

古城独角缩龙，为省级非物质文化遗产。缩龙为独角，造型独特，龙头重达30千克，龙身长30米，直径0.5米，制作一条缩龙要用500千克竹木等材料，全套缩龙表演需150人。有《金龙闹海》《盘灯绕柱》《真

古城城隍庙

龙报春》等节目,压轴"团龙"表演,圈圈窜动、层层盘旋,甚为壮观。2008年5月被列入江西省第二批省级非物质文化遗产名录。

华光社区

社区概况　华光社区位于芦溪县城东,辖区面积1.5平方千米。1984年因居民人口增加,为便于管理,成立华光街居委会,2003年更改为华光社区。有12个居民小组,2805户,常住总人口约8428人(其中户籍人口5881人,残疾人86人)。管理住宅小区5个,巷道5处。人口较多的姓氏有陈、李、曾、刘、王姓。

先后获得全国"无邪教创建示范社区"、"省级民主法治示范社区"、全省"绿色社区、美丽家园"示范社区、"安全社区"、"科普示范社区"、"就业星级示范社区",全市"平安家庭"创建先进示范点、"十大和谐社区"、"廉政文化示范社区"、"三八红旗集体"等荣誉和称号。

经济概况　社区内有便利店(菜店)和综合超市,提供蔬菜、水果、生鲜、日常生活用品等销售服务;有邮政快递末端综合服务站、智能快递箱等邮件和快件寄递服务设

华光社区鸟瞰

龙灯表演

施;有理发店、洗衣店、药店、维修店、家政服务网点、餐饮店以及便民综合体等其他便民商业服务设施。

基础设施 社区辖区内有公交车,设置了多处站台,交通便利。通信宽带安装户数约2700户。全社区供电用户2805户,年用电量约368万千瓦时。全社区自来水管网全部铺设。

辖区内有现代城广场、金鹰小区广场、金鹰小区篮球场、洋田小区门球场等健身场所,空间大,环境优美;建有新时代文明实践站,建筑面积约800平方米,设有多功能厅、志愿者服务站、社区阅览室、宣讲室、体育健身室、棋牌室、未成年活动室等,是集文化宣传、阅读博览、展览展示、教育培训、健身休闲为一体的多功能活动中心;有建筑面积约500平方米的老年人活动中心,为老年人、残疾人提供保健、文化娱乐等服务。

社会发展 华光社区内或邻近区域有芦溪二小、特殊学校1所、幼儿园2所。引进芦溪镇第二中心幼儿园,设15个班,建筑面积约7900平方米,占地面积的20亩。

有低保户159户254人,特困人员2户,支出型困难家庭2户2人。

文化体育设施有现代城健身广场、金鹰小区健身广场、金鹰小区篮球场、洋田小区门球场、新天地健身广场。社区内建有新时代文明实践站。有医院1个。

特色地情 有一支女子龙灯队伍,名为华光社区女子缩龙布衣队,有15名队员,3名锣鼓手。

江霞村

村情概况 江霞村位于芦溪县城东面,距离县城4千米,辖区面积4平方千米,320国道、浙赣铁路、袁河穿村而过。辖7个自然村(江霞屋场、路口、山下里、铺背、台里上、新力铺、滕壁里)11个村民小组,共566户,总人口2124人,居住人口中以汉族为主。全村主要姓氏为彭姓和易姓。

自然环境与资源 江霞村属丘陵地区,土地肥沃,地质偏酸。有石灰石矿藏。植物资源以樟树、松树、杉树为主。每年上半年雨季来临,全村80%的作物易受洪涝灾害侵袭。

江霞村林地面积1536亩,森林覆盖率为30.81%,森林蓄积为2602立方米。

经济概况 江霞村耕地面积1014亩,其中水稻种植面积约830亩,年产量约350吨。

辖区内有芦溪南方水泥厂、日江水泥厂、芦溪县鑫坚建材有限公司、芦溪县芦溪镇江霞品宏鞋厂、芦溪县同发长益采石场等企业,安排村民百余人实现家门口就业。

2021年村集体经营性收入约12万元,主要来源是税收返还11万元,江霞村委会

江霞村鸟瞰

一楼店租1万元。

基础设施　320国道穿村而过,域内长约2千米,村委会至林家坊村路长约1.5千米,村主要出入路均为水泥路。宽带安装户数566户。全村供电用户566户,年用电量约100万千瓦时。全村自来水全部安装到户。村里建设有木塘水库、龙潭水库、杨梅塘、介子塘、白泥塘、山塘等,用于农田灌溉。

社会发展　江霞村有1所小学,内设幼儿园,1988年创办。占地面积1300平方米,现有教师12人、学生75人。在村内文体广场投入30余万元建设篮球场。村内设有2个卫生所。共有438人享受居民养老保险,其中16人为失地农民保险;低保人员56人。

特色地情　江霞村是彭树群烈士家乡。彭树群,1905年12月出生,1926年6月加入中国共产党,曾任中共北京市委委员、东区区委书记兼北京大学党支部书记,北京市总工会组织部部长,1927年10月因叛徒出卖被捕入狱,10月25日英勇就义,牺牲时年仅22岁。其父亲彭汝颜是前清秀才,号镜吾,清末留学日本早稻田大学,先后加入了兴中会和同盟会。辛亥革命前夕随孙中山回国从事革命活动,中华民国成立后,出任江西省议会议员,兴办实业,捐资助学。

江西芦溪江霞彭氏古宅群,东西走向,长约500米,宽250米,似船形。彭氏祖籍河南彭城,于明朝迁徙芦溪江霞。古宅为砖木结构,外围墙用宽厚泥砖,内房间用圆柱、木板组装成蓬门,上有精致窗格、花格、鸟兽图案,为客家风格。古宅在名称上各有来由、特色。

芦洲园社区

社区概况　芦洲园社区成立于2020年5月,因芦洲湿地公园而命名,位于芦溪县中心沿河以东,东至高楼路,南至武功山大道(320国道),西至袁河东路,北至日江西路,总面积约1.5平方千米。社区有常住人口1889户6304人,有低保人员16人。辖区内有小区7个(丰源淳和、公园一号、天悦城、玺悦城、五环星城、碧桂园、尚贤苑),其中3个在建小区(玺悦城、碧桂园、尚贤苑),划分为4个网格。

基础设施　辖区内有各类小型商店600多家,大型日常生活超市1个,大型农贸市场1个。社区内宽带安装户数约1889户。全社区供电用户1889户,年用电量约387万千瓦时。

芦洲园社区鸟瞰

社会发展 社区辖区内有芦溪第四中心学校。在湿地公园有一个文体休闲广场,在兴文路有一个功能齐全的体育馆。有室内健身场所1个(芦溪县工人文化宫)、室外健身场所1个(芦洲湿地公园法德广场)、电子阅览室2个(社区电子阅览室、天悦城智慧书房)、老年人活动中心(内设棋牌室、多媒体室),社区整合资源利用节假日开展形式多样的文体活动。

2020年社区对社区办公楼进行整体装修,内设有党群服务中心、综合文化服务中心、新时代文明实践站、学雷锋志愿服务站、老年活动室、社区儿童之家、职工活动中心、科普功能室、心理咨询室、便民服务中心等,2021年新增一个约78平方米的老年人中心。

芦洲园社区为萍乡市民主法治示范社区,曾获芦溪县三八红旗集体、2021年度"卫生健康和防疫工作"先进单位、2021年度全县优秀新时代文明实践所(站)先进单位、2022年度三星幸福社区、2022年度四星级新时代文明实践站等荣誉。

年丰村

村情概况 宋朝年间胡氏家族最先居住于此,名为两江边。宋朝末年彭氏家族先居住在石北村,后搬迁于此。新中国成立后,全国农业劳动模范易瑞生通过向上级建议更改村名,当时萍乡县县长盛朴遂命名该村为"年丰村"。

年丰村位于芦溪县城北郊,紧挨320国道和县城外环线,与源南乡石北村、洋田管理处、华光社区、林家坊村、塘里村相邻。辖区面积3平方千米。有11个村民小组,4个自然村(胡家坊、龙背上、井头洲、新安洲),526户2086人。居住人口中以汉族为主。全村主要姓氏有彭姓、胡姓。

自然环境与资源 年丰村地处平原地带,地势平坦,人口密度大,村落密集。四季分明,气候温和,光照充足,霜期短,作物生长期长。袁河穿村而过,流向赣江。

经济概况 年丰村有农田面积546亩,山地面积680亩。村内有各类小型商店8家,另有小型饼厂1家。2023年村级集体经济收入15万元。

基础设施 年丰村交通便利,境内有芦溪火车站,县北环路、沪昆电气化铁路穿村而过,村主道全面完善道路,水泥路户户通。宽带安装户数550户。全村

年丰狮舞

供电用户526户,年用电量约700万千瓦时。自来水管网安装到户,年用水量约2600吨。村里建设有三八路水渠、罗渠、新河水渠、水文站水渠等。

2021年对新安洲和胡家坊进行新农村改造,315户1150人受益。

社会发展 现有幼儿园1所。2019年创办,占地面积1300平方米。有师资6人、学生50人。村内文体广场建有篮球场。村内设有2个卫生所。

2023年共有251人享受居民养老保险,其中享受农保192人,失地农民59人,低保人员50人。

特色地情 易瑞生(1907—1999),第一、二、三届全国人大代表,全国农业劳动

年丰村鸟瞰

模范。

省级非物质文化遗产年丰狮舞。年丰狮舞始于清康熙年间,相传村民为求平安,从外乡引入。年丰狮造型酷似真狮,一般是8个人表演,其中4人舞狮,1人耍绣球,3人伴奏。雌狮雄狮成对出现,狮头上有红结者为雄狮,有绿结者为雌狮。年丰狮属北狮一派,又融文狮和武狮为一体。在配乐方面,以京钹、京锣、京鼓为主。年丰狮舞以其广泛的群众性和普遍的娱乐性成为当地人民群众欢庆节日、开业庆典的必备节目,更是活跃城乡文化生活的一种重要艺术形式。年丰狮舞于2010年被列入江西省第三批省级非物质文化遗产名录。

山下村

村情概况　山下村位于芦溪县城南近郊,距县城1.5千米,背靠罗霄山脉,与袁河相伴,辖区面积6.7平方千米。有10个自然村(下淡塘、楼下、社下、横陂上、平木头、新屋里、老屋里、黄陈陂、安全院、徐家里),设有17个村民小组,共648户。人口较多的姓

山下村

山下村水稻种植

氏有刘、徐、何、冯、王等。

自然环境与资源　山下村地处丘陵,整体地势东南高西北低,背山面水。有耕地580余亩,山地3600余亩。

基础设施　320国道穿村而过,为县城前往武功山风景区主要交通道路。袁河东大道途经山下村直达卢德铭烈士陵园、袁水源红色历史教育基地。另有进出芦溪镇、上埠镇乡道。村内主干道长1.7千米,各村小组水泥路户户通。部分村民饮用水源来自山泉水,城市集中供水户户通。

社会发展　村集体经济有1个100千瓦光伏发电项目,其收入加上铁塔公司租金、村集体店面租金,年收入7万余元。

学校有山下小学、山下幼儿园。公共卫生服务方面,有医疗所2所,居家养老服务活动中心1所,农家书屋1所,文化活动中心4个。

特色地情　山下村,是毛泽东领导的秋收起义部队途经地,打造有红色革命旅游线路(从更田村秋收起义宿营地起,经过山下村刘文宗烈士墓、红色纪念广场、忠字纪念桥等红色景点,至上埠袁水源)。

万公祠,系山下村刘氏先祖万廷公之专祠,始建于清道光六年(1826),择后龙山蛇形之头前,依山傍水而建,背南面北,前临田垄,有袁水穿垄而过。苏维埃时期,万公祠是革命活动重要场所,聚集了一大批革命先驱,如革命烈士刘斗祥等。新中国成立后,万公祠先后为农会的办公地、山下学校、大礼堂、鞭炮厂等。2016年,由族人筹资,将其改建成钢筋混凝土结构的徽派仿古建筑。

水山村

村情概况 1979年,原水山大队分为水湄村、兴隆村、半山村。2002年,水湄村、兴隆村、半山村三村重新合并,改为萍乡市芦溪县芦溪镇水山村。

水山村位于芦溪县城东南部,东邻华云乡,南靠上埠镇王源村,西与芦溪镇的高楼村接壤,北接仁里村、东阳村。全村总面积19.8平方千米,有27个村民小组,6个自然村(龙窝、水湄、新源、老山下、半山、兴隆),共432户1603人,居住人口中以汉族为主,还有畲族及壮族等少数民族。

全村主要姓氏有吴、易、刘、丁、谢、张、芦、龙、李、陈、汪、宋、贺、徐、林、章等。

自然环境与资源 水山村属山林地区,土地肥沃,土质偏酸。王家岭、水湄、老山下三条小溪汇成潭口河,流向袁河。林地面积5.2万亩,森林覆盖率为92.15%,森林蓄积为32800立方米。林地多数为天然竹林。

经济概况 水山村耕地面积1590亩,90%以上种植水稻。辖区内有芦溪县香香生态农业发展合作社、江西一德药业发展有限公司以及龙窝民宿、合丰蛋鸡、光伏发电等产业。

水山村为"十三五"贫困村,脱贫攻坚中村级基础得到很大改善,村里涌现一大批致富带头人,有的办起了农家乐,有的成了蜂蜜大户、养牛大户、养羊大户,村民的生

水山村水稻种植基地

水山村民居

活得到逐步改善。2022年村级集体经济收入24.6万元。

基础设施 村内主干道长5.5千米，宽5~6米；主要村组路为东阳至兴隆，长2.5千米，宽3.5米。全部为水泥路面。宽带安装户数88户。全村供电用户432户，年用电量约19万千瓦时。村里建设有老龙潭水渠、上半山水渠、香炉山水渠。

全村有4个新农村建设点，其中龙潭新农村点投入资金约60万元，全村160户566人受益；水湄新农村建设投入资金约30万元，32户126人受益；龙窝新农村建设投入资金30万元，46户138人受益；上半山新农村投入资金30万元，16户52人受益。

社会发展 村内有文体广场2个，配备了舞台、篮球架等设施。有农家书屋1个，医疗所1个，居家养老服务中心1个。医疗保险和社会保险参保率100%。

特色地情 村内保存有老民居，房子结构为土木结构，外围墙用泥坯筑成，内房间用圆柱、木板组装成蓬门，上有精致窗格、花格、鸟兽图案。水山村地少人稀、田少山多，有红豆杉、古香枫树等多种珍贵树种。

土地革命战争时期，曾是苏维埃政府的联络站，红军烈士刘世连、张保初生前长期在水山村开展革命活动。

新田村

村情概况　1973年从路行大队分出,取新勘下自然村和田番里自然村地名的第一个字命名为新田村。新田村位于芦溪县城西郊,距县城2千米,辖区4平方千米。下辖10个自然村(老鸭坪、太园里、新岗下、茅屋里、院前、畴陂上、藕塘、狗毛冲、田番里、下湾),14个村民小组,共738户、2898人。有五保户8人、低保户69户127人。主要姓氏有陈、刘、谢、赖等。

先后获全市"红旗村党支部"、市"文明单位"、市"先进党支部"、县"富裕、和谐秀美乡村示范村"等荣誉称号。

经济概况　耕地面积1027亩。村内有企业12家,规模以上企业8家,其中年产值超亿元的有3家,就近安排劳动力700多人。2022年村级集体经济收入11万元。

基础设施　320国道和芦万武公路贯穿其中,交通便利。有一个邮政快运点,通信网络全覆盖。2020年完成供电农网改造工程,村庄内设有11台变压器。自来水安装入户率100%。2023年对藕塘河连塘坝、院前上板塘坝、胡子塘坝及部分灌溉水渠进行了修复,满足农作物灌溉需求。

社会发展　辖区内有新田幼儿园,有幼师8人、幼儿116人。设有1个农家书屋、5个新农村健身广场、2个老年活动中心。村内有藕塘严家冲传承缩龙纪念馆。有1个村级卫生服务室,有1名医生。有1个就业服务站。村内设有1个垃圾压缩站、14个垃圾回收点,有保洁员21人(服务范围含320国道卫生)。绿化面积280余亩。

新田村

新田村春节舞龙

特色地情 明代内阁首辅严嵩之后裔严清凡自京城还家时将独角缩龙带回藕塘严家冲,传承至今已有450余年的历史。1995年成立藕塘严家冲传承缩龙灯会,并按图扎做缩龙起舞表演,恢复和发扬藕塘严家冲独角缩龙的历史文化遗产。

新田藕塘严家冲独角缩龙全国罕见,其形态逼真,造型独特,形体庞大,威武雄壮,龙身拉长约33米,身围直径约0.6米,龙头重约30千克。相传该独角缩龙被明代嘉靖皇帝封为"神灯",并在龙头上敕书"王"字。该灯头顶金色独角,金口银牙,有扶正祛邪、五谷丰登、百业兴旺,确保挥舞之处吉祥安康、兴旺发达的美好寓意。

东渡村

村情概况 民国时期属萍乡县东葛乡,1956年属萍乡县芦溪区东葛乡东渡大队,1966年为芦溪公社东渡大队,1971年为芦溪区芦溪公社东渡大队,1984年改制为芦溪镇东渡村。以境内东塘美、渡溪岭两个自然村村名各取首字而得名。

全村总面积约5平方千米。东与蔗棚村交界,南与温埠管理处交界,西与柳江村交界,北与葛溪村交界。沪昆铁路贯穿全村。

有22个村民小组,4个自然村(沙塘下、井岗上、渡溪岭、东塘美)。全村共527户1967人,居住人口全部是汉族。全村主要姓氏有李、吴、刘姓。

自然环境与资源 东渡村为丘陵地带,四面环山,森林覆盖面积达60%。水塘有

东渡村鸟瞰

井岸水库,占地28亩,灌溉水田600余亩;荷叶塘占地9亩,灌溉水田200余亩;高依山塘,占地5亩,灌溉水田60余亩;旱塘占地5亩,灌溉水田60余亩。树木以樟树、松树、杉树为主。

经济概况 农业主要作物为水稻,种植面积1050亩,每年可收稻谷70万斤左右。境内有各类小型商店、批发部40余个。2022年村级集体经济收入15万元。

基础设施 原老铁路改建的村道为村内主要干道,长3.2千米,宽8米。主要村组路为进田社至陈家里,长1千米,宽5米,均为水泥路面。宽带安装户数523户。全村供电全覆盖,年用电量大概80万千瓦时。村里建设有陈家里—伍福塘水渠、渡溪岭水渠、方家里水渠、黄家水渠、井岸水渠、门楼里水渠。对全村4处进行新农村点改造,其中沙塘下新农村建设,投入资金约240万元,185户560人受益;移民安置地新农村建设,投入资金约90万元,110户300人受益。

社会发展 村内有东渡小学,创办于1983年,现有教师8人、学生86人。在村内文体广场投入30余万元,建设休闲广场及添置音响,健身器材等。村内设有1个卫生所,有乡村医生1人。

有380人享受居民养老保险,376人享受失地农民保险,有低保人员93人。

环保方面,对辖区内11个厂区不定时查验排污情况。整治人居环境,拆除老屋28栋,粉刷旧房9处近2000平方米。

特色地情 有老樟树2棵,均有200余年树龄。

东桥社区

社区概况 1984年前称东桥片,1984年4月更名为东桥街居委会,2003年成立东桥社区。

东桥社区地处芦溪县城繁华路段,东北以人民路为界面临袁河,南到日江西路,总面积约1.5平方千米,是芦溪县经济、文化、商业中心区域。现有2428户7897人,分为15个居民小组,6个网格。辖区内主要姓氏有王、郭、黎、周、刘、彭、邹、李、魏、邓、黄、蓝等姓。

辖区内有各类小型商店607余个。比较重要的商贸超市为曾家祠农贸市场、鸿运超市。

基础设施 320国道经过社区境内,长4千米,为沥青路面。宽带安装户数约1600户。全社区供电用户2428户,年用电量约332万千瓦时。

社会发展 辖区内有中小学校4所,分别是芦溪中学、芦溪镇中学、周敦颐实验中学、芦溪镇第二中心学校。在民俗文化街有文体休闲广场、虚名观篮球场、青少年活动中心。辖区内有芦溪县妇幼保健院,有中医院东桥门诊诊所1个,田心、更田卫生所2个。有1276人享受社保,其中低保人员402人。社区有老年食堂1个。

郑公桥灯光水幕

东桥街夜景

特色地情 社区内有东桥街、老石桥、彭家大屋。东桥街百年前属官道,以水运交通而闻名,是江西通往湖南等地的货物运转的重要交通航道。20世纪30年代是芦溪主要商业地带,以官道为依托,经营鞭炮、蜡烛、药品、山货等手工业品店铺,还有布匹店、饭店、铁匠铺等。东桥街有一座百年老屋彭家大屋,是当地非常有名的商业店铺。有民俗文化街,传统民俗有茶花灯。

社区荣誉 江西省百姓大舞台大型公益文化活动优秀组织奖,全省建设气功优秀站点,市、县文明单位,市级民主法治社区,全市巾帼文明岗,全市群众体育先进单位,全市军鼓比赛一等奖和广场舞比赛二等奖。

东阳村

村情概况 公元923年,吴东约定居该村,取村名为东约村。清嘉庆九年(1804)改名为东阳村。千百年来,吴氏人弘扬家风在这里繁衍生息,重文崇武,建功立业,先后出了3名进士、3名将军。

东阳村位于县城东郊,面积4.4平方千米,耕地面积1578亩,辖10个自然村、28个村民小组,户数720户,总人口3330人。有吴、曾、李等26个姓氏。320国道、武功山旅游公路穿村而过，交通便利、区位优越、青山绿水、环境优美、人文荟萃、乡风文明，先后获全国卫生模范村、全国先进基层党组织、全国美丽休闲乡村、全国文明村镇等9个国字号荣誉，为江西省AAAA旅游景点。

经济概况　采取"党支部+合作社+基地+农户"模式，发展秋雪蜜桃、草莓、太子参、脐橙、沃柑、火龙果等7个特色农业产业1205亩。领办合作社，建立了一个果蔬药材种植基地。引进了"5020"项目百世德等装备制造有限公司，整合资源引进北京多美好等企业联营精品民宿等3家企业。做到了一、二、三产业融合发展，带动126名群众实现家门口就业。2022年村级集体经济收入53.3万元。

社会发展　辖区内建有东阳小学，有113年历史。有1个卫生所。建有"党建+幸福"食堂，村里80岁以上的老人可以在这里免费用餐，对于行动不便的老人安排专人上门送餐。有合唱队、舞蹈队等文化队伍12支，共268人。东阳书院二楼设有同心大讲堂、乡贤馆和农民画工作创作室，周末安排党员、乡贤为小孩教国学，创作并教授农民画等。

发展全域旅游，将"三让门""丹桂第"等20余处保存较为完好的古建筑修缮开发为旅游景点。

特色地情　东阳村历史悠久，人文荟萃，各类名人达380余人。素有"千年古村、长寿东阳"美誉，现有90岁以上长寿老人26人。村内有千年古樟7棵，据说是开村祖

东阳村

东阳村东阳书院

吴东约按照北斗七星的布局排列的。

东阳书院,始建于宋代,以"重德、笃学、躬行"的办学理念,培养出3个进士、283个秀才。

吴楚风博物馆,位于东阳村红军交通站旧址,分为红军交通站和民俗馆两个展厅,民俗馆展厅收集并展陈有大量民俗文物。

芦溪东阳红军交通站,设立时间大约是1931年。1930年9月,萍乡县苏维埃政府迁至芦溪麻田大江边,10月,萍乡县第一次工农兵代表大会召开,成立邮政局和贸易局。此后,在全县建立交通站,东阳交通站为其中之一。该交通站的主要任务是为红军搜集情报、转移干部、传送文件和物资等。东阳村涌现出不少革命烈士,如吴坎元、吴锦才、吴廷庆、吴定财等。2017年该红军交通站进行了修缮,2018年被列为江西省文物保护单位,成为当地爱国主义教育基地。

禅师台,又名禅台寺,市级文物保护单位,位于东阳村禅台山上,占地面积100亩,建筑面积4000平方米。禅师台有时代久远的道教立庙历史,早在东晋年间建有蝉台庵,后因山名改为禅台山,庵名也改为禅台庵。明洪武三年(1370),东阳吴氏家族将禅台庵原址改建为东阳吴氏家庙,后逐步扩建,经历代完善,至清嘉庆二十年(1815)已构成前栋康王殿的布局,后栋玉皇殿,祀玉皇和文昌等神。左隔壁为观音堂。清同治九年(1870)又兴建魁星阁、孔圣殿,门悬"敬圣堂"匾,并在右方立老坛龙王庙,形成总体一阁二堂三庙七殿,以道教为主体的儒、释、道三家共庙。1999年,禅师台改名禅台寺。禅台寺有保存完好的清代硬山式、风火墙建筑——清代石门架,清道光年间所刻"禅师台"石牌匾等众多文物。

丰泉村

村情概况 丰泉村,位于芦溪县城东部,东邻东阳村,南界高楼村,西连更田村,北隔华光社区和洋田管理处。区域面积5平方千米。全村分为羊古老、刘家里、土上、雷公碓下4个自然村,共有村民小组19个、759户,辖区内户籍人口2529人,户籍外常住人口768人,居住人口以汉族为主,还有畲族、布依族等少数民族。丰泉村得名缘由:20世纪70年代东阳大队拆分,土上片区与羊古老片区合并为新生产大队,又逢连年干旱,少雨缺水,取羊古老主水渠源头丰收陂和土上片区泉塘水池首字合称为丰泉,寓意粮食丰收、风调雨顺。全村主要姓氏有吴、黄、刘、廖、赖等,人口超过200人的姓氏有吴、黄、刘等姓。

自然环境与资源 丰泉村属丘陵地带,土地肥沃,地质偏酸。林地面积7536亩,占国土面积35%,森林覆盖率为40.81%,森林蓄积为2602立方米。耕地面积380亩,主要种植水稻。

经济概况 丰泉村属城乡接合部,濂溪路以及金鹰南路、日江东路、站前一路区域商户林立,各行各业约有大小商户276户。村集体经营性收入约45万元。

丰泉村

基础设施　距离沪昆高速芦溪互通出入口10千米,芦万武旅游公路和320国道穿村而过,区位优势明显,交通非常便利。村内已实现通信网络全覆盖。电网实现户户通,自来水管网已全村覆盖通达。丰泉渠道和八一渠道建成已有多年,能够充分保障村内农业生产需要。雷公碓下片区完成污水管网改造和道路"白改黑"工程,全村共建设新农村点2处,公共运动场1处。

社会发展　辖区内有芦溪镇中学、芦溪镇第二中心学校、芦溪县第二保育院,有公益性电影放映点1处、篮球场2处、健身点2处。设有丰泉村卫生室,村民基本实现社保全覆盖。

特色地情　丰泉村石坑龙王庙建成于清朝光绪年间,已有逾百年历史。

高楼村

村情概况　新中国成立之初为高楼乡,1958年称芦溪公社永丰大队,1982年称芦溪镇高楼村。

高楼村位于芦溪镇东南部,全村总面积4.8平方千米,东接丰泉村,南至水山村,西接山下村,北至更田村。有20个村民小组,8个自然村(庙湾里、榨下里、塘坝上、上霞岭、潭口里、王家里、肖家里、枫树下),725户,户籍人口2635人,居住人口以汉族为主,另有畲族6户,侗族1户。全村主要姓氏有王、易、刘姓。

高楼村

自然环境与资源 高楼村为丘陵地带,西北紧邻芦溪县城,东南部环山,山岭2600亩。境内潭口河由潭口水库向北一路汇入袁河。境内潭口水库水面60亩,灌溉水田600余亩;大山窝山塘水面5亩,灌溉水田80余亩。

经济概况 主要作物为水稻,耕地面积848亩。无工业企业。境内有小型商店6个。村集体经营性收入约15万元。

高楼村缩龙表演

基础设施 320国道穿村而过,主干道铺设沥青路面。宽带安装户数687户。全村725户全部通电通水。村里建设有大山窝水渠、院下水渠、七组水渠等。新农村建设点7处,分别在枫树下(2处)、徐家里、老协、圳垱上、院下、农会里。

社会发展 境内有小学1所、幼儿园1所。高楼小学创建于1911年,是一所历史悠久、文化底蕴深厚的农村小学,学校占地面积4487平方米,建筑面积2131平方米。高楼村幼儿园占地面积约2945平方米,共开设2个班级,在园幼儿42名,教职工6人,每班配齐"两教一保"。

有老年活动中心1处、农家书屋1处、门球场1个、篮球场3个、健身广场6处(枫树下、肖家里、大龙口、王家里、院下、徐家里)。村内设有1个卫生所,配备1名医生。有380人享受居民养老保险。村内设幸福食堂1处。

特色地情 王逢公祠,建于清朝时期,为县级文物保护单位。非遗文化有"缩龙""高跷傩舞"等。辖区内有马颈里红色徒步路线。

葛溪村

村情概况 新中国成立之初为芦溪区的东葛乡葛溪大队,1983年改制为芦溪镇葛溪村。

葛溪村位于芦溪县城西面,距县城3千米,管辖面积7.5平方千米。全村农户685

葛溪村

户,总人口2860人,辖13个自然村(烟棚里、花园里、罗家里、瑞源冲、台上、小水、泉塘、上葛溪、淡塘、凤形里、张木坳、下葛溪、雅怀塘)、26个村民小组,常住及流动人口3500余人。

经济概况 耕地面积1380亩,以种植水稻为主。特色农产品有葛溪正太富硒有机鲜鸡蛋,产品通过无公害农产品认证、中国有机产品认证。

截至2023年,葛溪村共征用储备土地2000余亩,县级专业电瓷检验检测中心大楼坐落在该村雅怀塘十六组,周边形成以新能源新材料、电瓷电气为双首位产业,电子信息为重点产业的"2+1"工业产业体系。辖区内有5家国企、20余家知名民企。这些企业带动该村的就业劳动力有500余人。2021年村集体经营性收入约35万元。

基础设施 浙赣电气化铁路、沪昆高速横贯本村。网络、供电、供水全村覆盖。有山塘22口,标准化水渠8000米,水

葛溪小学

坝4座。

自2010年起有计划、有步骤地实施村民集居工程、村庄美化工程。葛溪安置小区位于芦溪镇葛溪村委会右侧，沿线周边有饭店、超市、卫健室、农家书屋、篮球场、文化大舞台等一系列生活设施。

社会发展　村内有小学1所，占地面积900余平方米，有师资7人、学生76人。有老年活动中心1处，健身广场9处。有舞蹈队、军鼓队，队员40余人。

村内有1个卫生所。全村有低保人员72人，特困对象7人，享受城乡居民养老保险340人，职工养老保险260人。

特色地情　上葛溪有一株古树罗汉松，树龄超过600年。

更田村

村情概况　更田村位于芦溪镇中部，面积约2.7平方千米，东连丰泉村，西接潭田管理处，南邻高楼村，北毗虚名观自然村。有7个自然村（更田屋场、虚名观、小古岭、枧头、江仔口、王家坊、园塘），设19个村民小组，共有住户805户，户籍人口2987人。

经济概况　为配合芦溪县城镇化发展需要，更田村2000多亩农田被政府征收，余下不足百亩。辖区内无工业企业。更田村主干道两旁店铺林立，辖区内注册公司100余家，个体300余家。村集体经济经营性收入约10万元，主要来自店铺出租、田心幼儿

更田村

秋收起义芦溪宿营地旧址展览馆

园屋顶光伏发电等。

基础设施 村内道路已全部硬化,主干道铺设沥青。全村通网络,宽带安装户数805户。水利设施有分洪闸2个,位于潭口河更田中桥和小古岭。新农村建设点4处,分别在更田小区、更田七一路、更田屋场、园塘里。

社会发展 田心幼儿园,占地面积约2亩,教师15名,幼儿约110名。芦溪镇第三中心学校,占地50亩,总建筑面积24976平方米,设小学部、初中部,有高标准的现代教育教学设施,可容纳学生2500人。

有老年活动中心1处、农家书屋1处、篮球场4个、健身广场5处(虚名观篮球场、更田七一路、园塘里、欧阳宗祠坪、秋收起义部队芦溪宿营地旧址展览馆坪)、党性教育教学点1处(秋收起义部队芦溪宿营地旧址展览馆)。

辖区内有村级卫生所1个,配备医生1名。除卫生所外,配备专人从事公共卫生服务,服务内容包括65岁及以上老人,孕产妇保健,高血压、糖尿病以及精神病患者等群体的服务工作。医疗保险和社会保险参保率100%。村民自主开展清洁工作,村委会定期组织党员、组长和志愿者开展人居环境卫生整治,确保环境宜居、宜业。

特色地情 1927年9月,毛泽东率领秋收起义部队途经芦溪镇时,先在芦溪街安顿宿营,后转移到更田村一带,在更田村宿营的主要是师部和第一团,分别驻扎在庐陵世第老宅、欧阳宗祠、王家坊和象形里沈家祠堂等处。

更田村利用庐陵世第老宅陈展秋收起义芦溪宿营历史,打造芦溪镇党性教育基地。庐陵世第是位于更田屋场新屋里一栋典型的江南民宅,建于1922年,距今已有102年历史,大小房屋共计13间,总建筑面积约680平方米。

花生岭社区

1966年,由上海江宁机床厂吴国栋副厂长率领的内迁队伍,以郝正修为首的13位福州军区军转干部和省机械厅抽调的18位管理干部等3支队伍在芦溪镇花生垅创建江西机床厂,此地由此繁荣起来。1983年成立花生垅居委会,后更名为花生岭居委会。

花生岭社区地处芦溪县城东,距县城约1.5千米,与东阳村、洋田管理处相邻。有12个居民小组,总户数2001户,常住总人口3696人。低保户82户128人。辖区有行政企事业单位4个(其中学校2所),各类临街门店约60家(其中医疗服务门店2家),管理住宅小区4个,院落约100处。主要生活区地势比城区高出3~5米,处于丘陵地带,百年樟树、桂花树较多。

辖区内有生产企业20多家,主要生产服装、门窗、家具、家电、机械配件。有个体户60余户,主要以餐饮、百货、五金为主。有2所幼儿园即江机幼儿园、芦溪县第二保育院,紧邻芦溪县第二中心小学、第三中心幼儿园、特殊教育学校、芦溪镇镇中、芦溪中学。居委会设有服务大厅、综治警务室、图书阅览室、学雷锋志愿服务站、退役军人服务站、新时代文明实践服务站、日间照料养老中心。有老年活动中心1处、图书馆1处、健身广场3处。

花生岭社区

林家坊村

村情概况 林家坊因早年林氏族人迁居此地而得名。1971年为芦溪区芦溪镇林家坊大队。1984年改制为林家坊村。2003年原彭家坊村并入林家坊村。村委会驻地林家坊五房里。位于芦溪县东部,全村面积3.6平方千米。距离县城4千米,东与江霞村交界,南与塘里村交界,西与年丰村交界,北与阳谷陂村交界。全村共有14个村民小组,彭家坊、五房里、李家坪、河边上、洲上坪5个自然村,总人口620户2350人,以汉族为主,还有少数仡佬族、傈僳族。全村主要姓氏有林、陈、李、彭姓。

经济概况 林家坊村耕地面积1260亩,95%以上种植水稻。村集体经营性收入约15万元。辖区内有芦溪县利众种养专业合作社、萍乡瑞诚环保科技有限公司、芦溪县星马包装有限公司、芦溪县蔗棚加油站等企业。

基础设施 经过村境内的有三八路、快利公路两条主要干道,各长3千米。主要村组路有:易家里至林家坊桥,长1千米,宽5米;彭家坊村组路,长2千米,宽4米;五房里村组路长3千米,宽4米;洲上坪村组路长3千米,宽4米;李家坪村组路长3千米,宽4米;均为沥青路面。

宽带覆盖率97%。自来水管网铺设覆盖全村。

新农村建设方面,二场里广场投入资金约10万元,43户158人受益;洲上坪广场

林家坊村

林瑞笙烈士纪念广场

投入资金约9万元,150户560人受益;下屋广场投入资金约12万元,53户206人受益;村委会门口新农村点投入资金约30万元,99户360人受益;周家里新农村点投入资金约30万元,62户212人受益;塘坝上广场投入资金约10万元,57户196人受益;河边上广场投入资金约15万元,120户480人受益。

社会发展 境内有中小学1所,创办于20世纪50年代末,现占地面积25000余平方米,有教师28人、学生247人。建有1个农家书屋供农民群众阅读学习。设有林家坊村卫生所。共有291人享受居民养老保险,283人享受社保,其中191人为失地农民保险。有低保人员44人,设有居家养老服务中心1个。

特色地情 革命烈士林瑞笙(1908—1935),字焕然,号一新,芦溪镇林家坊村人。1922年考入萍乡中学,1923年参加安源路矿工人运动并加入社会主义青年团,1925年5月16日加入中国共产党。1927年参加南昌起义,后组织鄂北暴动,暴动失败后被派赴苏联学习。1930年回国任中央巡视员,派往中央苏区从事组织工作。1931年初,任湘赣省委常委、组织部部长。1932年9月,任湘鄂赣省委书记。1934年中央红军长征后,他留在湘赣苏区继续指导萍乡县委工作。1935年春牺牲。

村内有林瑞笙烈士纪念广场,一座12米高的英烈纪念碑矗立中央,纪念碑正面镌刻着"永垂不朽 林瑞笙烈士墓"十个醒目的金色大字,并配有红色文化墙等宣传教育平台。

柳江村

村情概况　1950年属芦溪镇,1958年为芦溪公社柳江大队,1968年为芦溪镇柳江大队,1970年与东渡村合并。1976年为芦溪镇柳江村。村委会驻地左家坪,境内有一条溪水流经杨柳湾,因而得名柳江。

柳江村位于芦溪县西南方向,距县城2.5千米,面积4.5平方千米,东与东渡村交界,南与古城管理处交界,西与新田村、路行村交界,北与葛溪村交界。有11个村民小组,井冲、茶子山、五里牌、左家冲、牛岗上、龙塘冲、七里店、彭塘冲、老虎前、枫树下、易家冲11个自然村,432户1734人。居住人口中以汉族为主,还有少数畲族、土家族的少数民族人口。全村主要姓氏有刘、李、陈、曾姓,人口均超过100人。

经济概况　柳江村耕地面积560亩,90%以上种植水稻,村集体经营性收入约15万元。辖区内有芦溪县柳枫农业合作社、芦溪县安比合作社、高速达有限公司、信昌制造有限公司。

基础设施　经过村境内的有高速挂线、腾飞大道两条主要干道,各长1千米。主要村组路七里店至易家冲水库,长1千米,宽6米;七组至路行牛岗坪,长2千米,宽8米;牛岗上村组路长0.5千米,宽6米;均为沥青或水泥路面。

柳江村鸟瞰

柳江村关圣庙

宽带覆盖率99%。全村供电用户432户，年用电量约134万度千瓦时。

村里建设有易家冲水库、龙塘冲水库、彭塘冲水库、燕子冲水库、烟脂塘、方塘、牛毛塘等；河道建设为袁河支流五里牌段。自来水管网覆盖全村。

新农村建设方面，七里店投入资金约50万元，45户180人受益；易家冲投入资金约55万元，38户150人受益；老虎前文化大舞台投入资金约45万元，80户240人受益；牛岗上投入资金约70万元，50户180人受益。

社会发展　境内有小学1所，占地面积2000平方米，现有师资3人、学生25人。村内文体广场投入50余万元建设文化大舞台。有1个农家书屋。柳江村卫生所从事常见病、多见病、传染病等诊疗活动，同时从事公共卫生服务。

共有380人享受居民养老保险；176人享受社保，其中65人为失地农民保险；低保人员56人。有居家养老服务中心1个。

特色地情　关圣庙，原为西竺庵。始建于汉平帝刘衎元始元年(1)，历史上曾多次重建。乾隆四十年(1775)修复此庵，庵内尚存有一块记载捐款善士名单的石碑。清末，当地村民在西竺庵设立关公神位，后改名叫关圣庙。

龙虎古寺，传说原为供奉一位古代将军而建，外围墙用泥坯筑成，内房间用圆柱、混泥板组装成蓬门，上有精致的窗格、花格、鸟兽图案。

路行村

村情概况 地名来历有两种说法。一是清朝康熙年间,翰林院编修查慎行(浙江海宁人氏,进士出身)经湘东驿至芦溪路过此地,作诗云"黄花古渡接芦溪,行过萍乡路渐低"因诗句藏有"路""行"两字,取为地名。二是此地原有一条石板路的古道,道路两侧地区名为路岗埠。民国时期在老路50米外新修了一条马路,两条道路将路岗埠屋场夹在中间。新中国成立后划定行政区域时,拟将路岗埠及周边村落统归一个乡,因路岗埠是中心区块,先取"路"字为头,再者因这一区段两路相向而行,故而又取"行"字,命名为"路行"。

路行村位于芦溪县的西边,东与新田村接壤,南与上埠镇涣山村接壤,西与安源区高坑镇新华村接壤,北与安源区高坑镇茶垣村接壤,面积6.1平方千米。现有18个村民小组,温埠、沙湾、油行、圣岗4个自然村,764户2764人。主要姓氏有刘、吴、张、李、曾、易姓。第十七组均为畲族,人口85人。

自然环境与资源 路行村属于丘陵地带,南、北边森林环绕。境内主要河流是新华河,流入袁河。

经济概况 境内有工业企业25家。自2016年以来集体收入约40万元。

基础设施 村级主干道长6.5千米,4.5米宽,辅道2千米,均水泥硬化。境内有官塘、大塘两座小(2)型水库,库容均为80万立方米。大塘自然蓄水;官塘是新华村化工厂门口引水至库,长1500米。有山塘20口。有邮政代办点1个,宽带安装约500户。

路行村

全村供电用户764户。

社会发展　2019年新建路新学校,投资约4000万元,占地面积37.9亩。

特色地情　路行村有一棵罗汉松,树龄200多年;路岗埠有一棵古樟树,树龄200多年。

朝谒古庵,位于马鞍岭,始建于唐朝,历史上曾多次被破坏又重建,现占地2400平方米,有戏台、将军殿、观音殿、圣帝殿等13位大神殿位。四洲庙在十字街,始建于明朝。

路行村十七组班冲蓝家里系畲族少数民族村组,班冲依山傍水,四面环山,树木葱郁。班冲畲族群属畲族蓝姓一支,祖先从原始居住地广东省潮州凤凰山几番迁徙,于1819年6月来到路行班冲这个小山窝,傍山结茅,沿坡而居,形成村落。

麦园社区

村情概况　麦园社区位于芦溪县城中心地带,管辖面积约2平方千米。有小区17个,院落22处,分为26个居民小组。居民2892户,户籍人口5500人。社区内有袁河、

麦园夜景

荆柴王

新华河经过。金顶大道西靠320国道挂线，集商、住于一体，是芦溪县政治、文化、商贸中心。

基础设施 麦园社区综合文化服务中心共有320平方米办公及活动面积，设有党群服务中心便民服务窗口、新时代文明实践站、党建活动室、未成年人活动室、图书阅览室、综治工作室、廉洁工作平台、退役军人服务站、学雷锋志愿服务站、多功能文体活动室、家长学校、市民教育、科普教育、普法教育、宣传文化等各类多功能室。

经济概况 辖区内有行政企事业单位14个。有各类超市、酒店餐饮、商贸建材店2300余家。

社会发展 辖区内有小秀才幼儿园和古城家园幼儿园。有5个篮球场、3座健身广场、1个儿童游乐场，总活动面积约15000平方米。社区夕阳红艺术团成立于2003年，包括舞蹈队、太极队、门球队。

辖区内有1个卫生所、4个口腔医院和16个药房。

社区低保人员321人，特困人员3人，残疾人78人。社区内设有幸福食堂和养老院，老年人80岁以上均享受养老补贴，享受高龄补贴103人。

特色地情 千年荆柴王，位于筱山石岩石之上，县级文物保护单位。此树树干高18米，树冠直径13.2米，树胸围2.1米，树龄约1500年。史料记载，北宋哲学家、文学家、理学创始人周敦颐曾在芦溪办过盐务，见此树赞叹不已，并作《咏筱山石黄荆树》（黄荆树即山牡荆树）："筱山石上荆柴王，世间只此别无双。久经沧桑风骨在，苍劲挺拔傲风霜。"此树甚奇，一奇是生长在岩石上，竟也如此枝繁叶茂，历经千余年风霜雨雪仍傲然于世；二奇是此树生两种叶子，虽属落叶乔木却不落叶。

芦溪老石桥，位于凯景花园步行街道，横跨袁河，为5孔石拱桥，长约50米，宽7米，县级文物保护单位。老石桥修建于1935年，当时为主要交通要道，后因街道行人密集，桥面较窄，经常堵塞，就另修建了一座大桥。2002年，县政府修建袁河路时，恢复了老石桥旧貌。

仁里村

村情概况　仁里村因战争年代士兵曾在村里安营扎寨,曾命名为营里,后谐音改为仁里。

仁里村地处芦溪镇偏远山区,与瑞泉村、宣风镇桥头村相邻。全村总面积8.9平方千米,耕地面积1370余亩。有14个村民小组,6个自然村(国冲村、枧天村、仁前村、许家坊村、学校队村和高峰村)。主要姓氏有刘、曾、张、吴、黄、易等,其中曾姓先祖由江西安福迁至该地,易姓先祖于明朝年间从山西太原迁至该地,插旗为界,以易姓迁居此地最早,此山脉称为易家旗山。2022年末,有户籍人口1100人,非户籍人口8人。居住人口中以汉族为主,还有侗族等少数民族。

自然环境与资源　仁里村属山林地区,村内绿树成林,水质优良,空气清新,环境优美,宜人宜居。芦万武旅游公路穿境而过,交通便利,地理位置得天独厚。

仁里水库水面面积约400亩,水库四面群山环抱,峰峦叠嶂,碧水如镜,青山浮水,

仁里村鸟瞰

仁里村革命烈士纪念碑

倒影翩翩,两岸景色犹如百里画廊,是清心养神的好去处。

经济概况　生产经营以农业种养为主,村民主要种植水稻、油茶、脐橙,总耕地面积约1300亩。种植油茶100余亩,种植脐橙400余亩,还有沃柑等。养殖猪牛羊鸡鸭等畜禽,其中牛羊上千头,猪数千头。嘉鲜农业发展有限公司生态养殖鱼类产品。

基础设施　有省级示范公路芦万武公路从仁里水库旁经过。主干道763乡道接芦万武公路,过仁里水库坝,沥青路面,村组路5米宽的路面基本贯通,入户路基本为水泥路。户户通电,网络全覆盖,家家安装了自来水。

社会发展　有医疗诊所1个,居家养老服务中心1个。医保参保率95%以上,社会保险参保率100%。有低保户46户80人。有居家养老服务中心1所。

特色地情　有许家坊楠木群、蛇神里瀑布、紫家冲瞭望台旧址、福神祠、华山庵等。

仁里村是湘赣苏区的一块红色革命基地,土地革命战争时期,刘山国、贺陆生等革命前辈于1930年8月在高峰寒婆岩成立了八区十二乡苏维埃政府,当时有赤卫队员80余人,在白色恐怖下从事革命活动。残酷的斗争中,刘山国、贺陆生等20余名革命先辈英勇牺牲。为了缅怀革命烈士,在寒婆岩建有纪念碑。

瑞泉村

村情概况　1956年由年塘大队和水源大队两队合并成瑞泉大队。1975年,改为瑞泉村。全村总面积约9.6平方千米,位于芦溪县东南部,距离县城5千米。东、南与

瑞泉村

仁里村交界,西与东阳村交界,北与宣风镇珠亭村交界,地形属丘陵,芦万武旅游线(S314)贯穿全村,宣武公路贯穿上瑞源、下瑞源两个自然村。有15个村民小组,5个自然村(下瑞源、上瑞源、南边、大坪里、年塘),492户1722人,居住人口中以汉族为主,还有少数土家族等少数民族。全村主要姓氏有李、刘、钟姓,均超过100人。

自然环境与资源 瑞泉村四面环山,区域内多为丘陵地区,四季分明,气候温和,光照充足,霜期短,作物生长期长。全村水塘面积约28亩,灌溉水田800余亩。瑞泉村山林面积广,动植物品类繁多,有兔子、野猪、山鸡等各类动物,山上主要植物是毛竹和桐树。

经济概况 农业主要作物为水稻,种植面积849.5亩。有工业企业1家。村内有8家便利商店。2021年村级集体经济收入10万元。

基础设施 经过村境内的314省道和宣武公路为主要干道,村内分别长3.5千米、2千米。主要村组路为大坪里至南边,长2千米,宽6.5米;下瑞源至上瑞源,长2千米,宽4米;年塘至石屋下,长1.2千米,宽6米;均为柏油或水泥路面。

瑞泉村百年枫树

全村宽带安装率85%。全村供电全覆盖,年用电量约7.2万千瓦时。

村里建设有大坪里水渠、南边水渠、上瑞源水渠、下瑞源水渠、年塘水渠、曾家坊水渠等;河道建设为上瑞源至下瑞源。自来水管网铺设覆盖全村。

上瑞源新农村建设,投入资金约30万元,54户183人受益;弹子岭新农村建设,投入资金约30万元,48户180人受益。

社会发展　村内设有1个卫生所,共有236人享受居民养老保险;96人享受社保,其中86人为失地农民保险;低保人员102人。

有小学(含幼儿园)1所、农家书屋1处、健身广场6处、新农村点5处。

特色地情　有百年树龄的枫树1棵。

沙湾社区

沙湾社区成立于2020年6月12日,因居委会驻沙湾自然村而得名。辖区面积约1.5平方千米,东至袁河东路,南至武功山东大道(320国道),西至古城山公园,北至金顶大道。辖区内现有9个小区,总户数1889户,户籍人口1830人。

社区建有综合文化服务中心,有700余平方米办公及活动用房,设有"一站式"便民服务窗口、新时代文明实践站、党员活动室、图书阅览室、书法室、多功能文体活动室、学雷锋志愿服务站、未成年人活动室、四点半课堂、普法室、科普室、综治工作室、家长学校等多功能室。

辖区内有中小学3所,分别是芦溪小学、芦溪濂溪学校、芦溪四小。芦溪县图书馆在辖区内,该馆建于2023年12月,地理位置、设施条件优越,是芦溪县的新地标。

辖区内有古城山公园,于2020年8月建成,占地面积近千亩,是集极生态、休闲、娱乐、运动、文化为一体的综合性公园。

沙湾社区综合文化服务中心

潭田管理处

村情概况 潭田管理处位于芦溪县南部,因地近袁河,古有深潭,后袁河改道成沙洲,又被人们辟为水田,故称潭田,又称潭潜,寓意潭潜蛟龙。古代潭田村为萍乡县名惠乡惠津里二保二图(清康熙二十九年即1690年以前属萍乡县永宁乡)之境。民国时期属萍乡县芦溪乡。新中国成立后,1950年属萍乡县芦溪区观霞乡。1958年为萍乡县芦溪公社潭田大队。1961年为萍乡市芦溪区芦溪公社潭田大队。1962年为萍乡市芦溪区古城公社潭田大队。1965年为芦溪公社潭田大队。1968年属芦溪镇永忠大队。1972年为芦溪区芦溪镇潭田大队。1984年改制为芦溪镇潭田村。1997年为芦溪县芦溪镇潭田村。2004年为芦溪县芦溪镇潭田管理处。曾获市红旗村党支部、市治安模范村称号。

潭田管理处南临山口岩水库,与山下村、古城管理处、温埠管理处、山口岩村、坪里村相邻,离县城1.5千米,袁河西大道延伸至村境内,总面积4平方千米,其中耕地面积800余亩、山林面积400余亩。境内交通便利,320国道穿境而过,村组道路均为水泥路。

共有4个自然村(崇福庵、岭仔上、潭田屋场、八家屋场),23个村民小组,农户572户,总人口2172人,居住人口以汉族为主。主要姓氏有刘、张、冯、罗、朱等姓,又

潭田航拍

潭田牌坊

以刘姓最多。

自然环境与资源 地处丘陵地带,境内袁河穿流而过。全村用于灌溉的水塘有2个,平均面积5亩,没有水库。周边青山环绕、绿水清澈,环境优美,居住宜人,为芦溪县城乡一体化的规划区。

经济概况 全村经济过去以农业为主。因靠近袁河,土地肥沃,九社陂圳引山口岩水源灌溉便利,确保年年粮食丰收。随着县城规划建设的扩大,村民纷纷"上岸"进城。

芦溪县潭田返乡创业园于2022年建成,2023年开始经营,为一栋综合大楼,占地1400平方米,共12层,用于商业经营、培训、酒店租售等,每年产生效益10万元以上。

社会发展 境内有1个卫生所、1所学校,并有农家书屋、村史馆等。医疗保险参保率100%。

2018年7月以来,新农村建设全面展开,重点打造岭仔上广场、岭仔上百姓大舞台、潭田屋场、崇福庵、八家屋场等多个示范点,呈现出村容整洁、文化丰富、环境优美的新农村风貌。

为提升村民素质,培育文明乡风,管理处制定美丽乡村文明公约,组建村级文明卫生宣传志愿服务队,开展环境整治攻坚"净化"行动。2019年潭田村民自发组建一支文艺文化志愿服务队,参加各种公益演出、志愿活动等。

特色地情 潭田即潭潜,《潭潜八景诗》作者罗元亮(1874—1936),又名罗云,字亨复,号秋似,郡庠生(晚清秀才),芦溪县芦溪镇潭田管理处人,其毕生从教,曾受聘于下九洲、中埠、砂子桥等私塾学堂任教,在泉塘区校、观山社区校任教员、校长。曾任芦溪镇自治局议事会议员、名誉董事,著有《随意斋稿》存世。

境内有九社陂圳、福余义仓、永安桥、十八板、百岁牌坊、崇福庵、太公庙、观山社等古迹。

塘里村

村情概况 塘里村于1988年从当时的林家坊大队分离出来。因村辖区内有两口池塘,故取名塘里村。

塘里村位于芦溪县北部。全村总面积8平方千米,辖5个自然村(塘里、江家塘、伍家山、塥上、荷叶坪)。有13个村民小组,其中1个外来组,农户342户,总人口1306人,居住人口以汉族为主。全村主要姓氏有林、阳、彭等。

自然环境与资源 塘里村林地面积10亩,森林覆盖率为25.8%,森林蓄积为1602立方米。

经济概况 塘里村耕地面积约630亩,90%种植水稻,其他种植经济作物。辖区内有芦溪南方水泥厂、越超物流有限公司、中石化加油站、东顺驾校、欧迪制衣等企业。村集体经营性收入每年约3万元。

基础设施 浙赣铁路穿境而过,320国道与快利公路在境内交错而过。新农村建设有7处,受益村民近1200人。村辖区内路面硬化全覆盖。

塘里村

社会发展　辖区内有运动健身场地7个,居家养老中心1个,老年活动中心1个,方便村民洗衣安装洗衣棚7个,自2019年以来安装路灯近350盏。境内有小学1所,因人口较少,目前闲置对外招租。村内文体广场投入50余万元建设文化大舞台。建有1个农家书屋供农民群众阅读学习。

设有卫生院1所。共有280人享受居民养老保险;105人享受社保,其中15人为失地农民保险;低保人员28人。

特色地情　辖区内有寺庙2座,分别是黄坊社古寺、杨泗庙。有百年以上的老民居2处,分别在江家塘及堪上。

卫前社区

社区概况　2003年,卫前街、正大街、狮子岩合并成立卫前社区。

卫前社区位于芦溪县城中心地段,东至袁河,南穿街心大道与麦园居委会相邻,西至武功大道沿线与320国道交界处,北至老浙赣线与蔗棚村、柳江村相邻,横穿温埠管理处、古城管理处,辖区面积3平方千米,划分为6个网格,11个居民小组,1594户,

卫前社区

卫前社区宗濂桥

总人口5051人。居住人口中以汉族为主,还有少数畲族、土家族、壮族等少数民族人口。

经济概况　辖区内有各类小型商店360余家。经济收入情况一般,境内解决就业人数占比约80%。2023年转移支付经济收入13.5万元,老社区出租每年租金收入5000元。

基础设施　有公交车经过辖区,设置了多处站台,交通便利。通信网络实现全覆盖。全村供电用户1594户,年用电量约295万千瓦时。自来水全覆盖到户,直饮水在各小区安装到位。

2011年完成杨家巷下水道疏通以及路面硬化,2012年依次完成了亭子下、一排、二排、三排地段下水道疏通及路面硬化,2015年完成了抄箕冲、牌坊下路面硬化,2017年完成了宗濂桥至清华河地段的休闲广场基础建设和路灯亮化工程,2020年9月份完成了社区办公大楼"三化"建设改造。

社区大街小巷所有路面都已"白改黑"以及路灯亮化,老旧房屋外墙进行刷白、屋顶翻新,老旧小区电梯加装,燃气到户,智能安防到位。

社会发展　辖区内有芦溪县保育院、芦溪小学。

芦溪县保育院创办于1987年,2005年成为省示范性幼儿园。现有15个班,60多名教职工,600多名幼儿,全院占地面积6667平方米,建筑面积6816平方米。

芦溪小学创办于1901年，前身为濂溪高等小学堂，历史悠久。现为集小学教育、特殊教育、幼儿教育、艺术教育四校一体的集团办学模式学校，履行芦溪镇中心学校的行政职责，管辖下设的11个村小日常工作。

在社区内文体广场投入25余万元设置健身器材。辖区内设有2个卫生所，分别是人民西路诊所、城市首府小区诊所。

境内共有3210人享受居民养老保险，1841人享受社保，低保人员408人。社区内设有红十字会博爱家园，老年人可以在红十字会博爱家园开展棋牌娱乐活动和免费体检。

特色地情　2017年政府为保护好老街的文化，恢复三排老街原有的建筑和古迹。三排青石板街道蜿蜒曲折，一间间商铺静默于时光中，庄严而厚重。

《渔翁戏蚌》舞蹈自明朝末年流传至今，保留蚌壳舞的特点，每逢佳节举办庆典大会、游乡等活动都有这个代表性舞蹈登台演出。

温埠管理处

村情概况　1968年属于芦溪镇永忠大队，1972年改制为芦溪区芦溪镇温埠大队。1984年改制为芦溪镇温埠村，2004年改为芦溪镇温埠管理处。

温埠管理处位于芦溪县城西郊，境内大部分地域为县城的一部分，东、北二向紧靠县城，西接东渡村，南邻人民西路，地理位置优越，交通便捷。全村总面积约4平方千米，有15个村民小组，4个自然村（温埠片泉塘下、圣岗片仁场里、沙湾片沙湾、油行片油行里），共586户1635人。居住人口中以汉族为主，还有少数畲族人口。主要姓氏有杨、唐、罗、阳、李、卢等。

经济概况　有耕地212亩，分布在圣岗片革马塘与杨柳湾。主要农作物为水稻。村内有各类小型商店5个。2023年村级集体经济收入40万元。

基础设施　宽带网络基本实现全覆盖。全村供电用户586户。温埠新村、圣岗片、沙湾片排水设施基本完成。2023年对全村进行新农村点改造，圣岗片实施了新农村建设，160户620人受益。

社会发展　境内有幼儿园1所，为小秀才幼儿园。该园创办于2013年，占地面积600余平方米，现有师资16人、学生129人。在村内投入85余万元建设文体广场，有篮球场、门球场。村内设有2个卫生所，分别是温埠村卫生所、温埠村沙湾卫生分所，有

温埠管理处

药店1家。

共有998人享受居民养老保险;78人享受城乡居民养老保险,886人为失地农民保险;低保人员72人,老年人保障享受失地职工养老保险、城乡居民养老保险。

特色地情 建勋寺,又称圣岗寺,坐落在芦溪县城西北圣岗岭,始建于唐贞观年间(627—649),芦溪百姓为纪念东晋时期甘卓将军而建。"文化大革命"期间寺院全部被拆毁。1986年后当地百姓集资重建,2000年扩建三大殿堂。2008年,又在寺庙周围征地50亩,使寺庙占地面积扩大至60多亩。

唐代欧阳琮墓,位于芦溪狮子岩,市级文物保护单位。墓堆边直径3米,墓碑文字为"唐欧阳琮公墓",墓侧原有碑石,上书"天下第一墓"。墓主欧阳琮,唐代吉州刺史。乾隆二十七年(1762)欧阳氏子孙进行了维修,立石狮子于墓前,左右各一。

阳谷陂村

村情概况 位于芦溪县城东北部,距县城3千米,与银河镇、源南乡相邻。总面积4平方千米,辖5个自然村(彭家冲、冻头岭、阳谷陂、渡堰、油榨下),9个村民小组,全村总户数369户,人口1548人,居住人口以汉族为主。

自然环境与资源 气候属亚热带季风湿润气候,气候温和,光照充足,四季较为分明,雨水充沛,年平均气温17℃。

林地面积1000余亩,以种植油茶为主。

经济概况 农业主要作物为水稻及油菜,种植面积880余亩。2023年村级集体经

阳谷陂村

济收入20万元。阳谷陂村内企业主要有乾坤烟花厂、鑫兴制衣厂、明胜塑料有限公司等。

基础设施　境内交通便利,村组道路均为水泥路连接成网。全村供电用户369户,居民用水均为自来水。通信网络和宽带基本实现全覆盖。

村镇建设综合文化服务中心有600余平方米用于办公、居家养老中心及活动用房。室内设有"一站式"便民服务窗口、新时代文明实践站、党员活动室、图书阅览室、书法室、多功能文体活动室、学雷锋志愿服务站、未成年人活动室、四点半课堂、普法室、科普室、综治工作室等各类多功能室。

社会发展　现有幼儿园1所,该园创办于2016年12月,占地面积500余平方米,现有师资11人、学生123人。

近年来在该村投入约100万元用于新农村建设,分别为阳谷陂新农村点、彭家冲新农村点、油榨下新农村点,建设有文化广场、篮球场等。

有村卫生室1所,占地面积230平方米。

特色地情　阳谷陂村有军鼓队,共有队员12人,均为女性。龙舟队共有队员26人,均为男性。

洋田管理处

村情概况　洋田管理处位于芦溪县城东南方向,20世纪60年代前取名为东风大队,后来与蔗棚、年丰合并为年丰大队,20世纪80年代初期改为洋田村。20世纪90年代因县城扩建,改名为洋田管理处。

属城乡接合部,区域面积2.6平方千米,与花生岭居委会、华光居委会、东桥居委会、卫前居委会、年丰村、蔗棚村、更田村相邻,距县城和镇政府所在地1千米,320国道穿境而过,距高速公路互通口5千米。

有20个村民小组,5个自然村(梅园路村、贺家坊村、老火车站村、上湾村、下湾村),总农户503户1735人。

居住人口中以汉族为主,还有少数畲族。全村主要姓氏有刘、曾、杨、陈、蓝等。

自然环境与资源　洋田管理处地处丘陵,地势平坦,土地肥沃,作物生长期长。

经济概况　农业主要作物为水稻,种植面积117.96亩。辖区内有芦溪县玉城环境景观工程有限公司、芦溪芦美环保有限公司、芦溪县芦溪镇华展鞋厂、芦溪县鑫扬建材有限公司、萍乡市鸿图门窗有限公司、萍乡天一通风设备有限公司等企业。2022年村级集体经济收入15万元。

基础设施　经过村境内的320国道为主要干道。宽带安装户数475户。全村供电用户503户,年用电量约106万千瓦时。建设有贺家坊水渠、湾里水渠。自来水入户率100%。

有新农村点2个。贺家坊新农村点,投入资金约30万元,65户280人受益;湾里新农村点,投入资金约30万元,168户580人受益。

社会发展　有特殊教育学校1所、幼儿园1所;有体育健身场所3个,分别在贺家坊屋场、老火车站、湾里。村内设有1个卫生所。

共有373人享受居民养老保险,其中315人享受失地农民保险,58人享受城乡居民养老保险;低保人员35人;村内设有居家养老服务中心1个、老年活动中心1个。

特色地情　芦溪东桥,县级文物保护单位。始建于宋宣和年间(1119—1125),清

洋田管理处

芦溪县特殊教育学校

咸丰八年（1858）由萧姓补修。为一座三孔石拱桥，见证了赣湘古驿道的沧桑。

洋田缩龙，相传源于明代，它形体庞大，形状逼真，造型独特，是芦溪县优秀的民间艺术。

洋田管理处有男子龙舟队、女子龙舟队，于2005年由村民们自发组织成立，屡获佳绩。女子龙舟队在芦溪举办的龙舟赛活动中获得女子第一名。男子龙舟队在2018年芦溪县举办的"中国·芦溪天悦城杯第二届端午龙舟赛"中获冠军，在2019年芦溪县举办的"中国·芦溪菲儿·江山御景杯第三届端午龙舟赛"中获季军，在2023年芦溪县第四届端午龙舟赛中获得了季军。

洋田管理处舞蹈队、军鼓队，成立于2005年，以女性为主，平均年龄45岁，主要以民间舞蹈、广场舞、民间军鼓等文艺节目表演为主，活跃在社区文艺演出舞台上。

蔗棚村

村情概况 蔗棚村地处袁水河畔，古时称萍乡县名惠乡惠津里，1912年后属萍乡县芦溪乡，1950年属芦溪区蔗棚乡。1956年属芦溪区年丰乡，1958年为芦溪公社蔬菜园艺场，1961年为芦溪公社蔗棚大队，1968年属芦溪镇年丰大队，1974年从年丰大队析出，恢复蔗棚大队，1984年改制为蔗棚村。

蔗棚村

全村面积3平方千米，有9个自然村（郭家里、上石湾、杨家里坪前、屋场里、贺家里队上、塘屋里、洲仔上、万福桥、肖家里），20个村民小组，总人口3020人，居住人口中以汉族为主。

经济概况 蔗棚村耕地面积500余亩，是芦溪县无公害蔬菜基地，村民90%以上以种菜为业。主要产品有辣椒、丝瓜、毛豆、芹菜等。以蔬菜为主导产业，种植的蔬菜远销长沙、南昌、广州等地，尤其以一年四季种植的芹菜育秧而闻名。有5家营业店面，开设了超市、物流收置点。村集体经济收入方面，原村委会办公楼2楼年租金3.5万元，老年人领取养老金服务点年租金1.5万元，村卫生所每年定期赞助村里基础设施建设0.7万元，将冷链企业傍村闲置地进行开发利用收入2万元。

基础设施 蔗棚村有农家书屋1处，健身广场5处（杨家里坪前、河边上、陈家祠堂、万福桥、肖家里），新农村点3处（河边上、万福桥、刘家里）。

社会发展 蔗棚村有幼儿园1所，卫生室1所。全村共有78人享受居民养老保险；497人享受社保，其中479人为失地农民保险；低保人员68人。

宣风镇地图

比例尺：1:80 300

宣风镇

宣风镇位于萍乡市东部,紧邻宜春市,素有"萍乡东大门"之称。320国道、浙赣铁路复线和沪昆高铁穿境而过,西距萍乡高铁站30千米,东距宜春明月山机场25千米。

宣风镇历史悠久,古称"仙风",以"仙界风景胜地,凤凰择栖之所"而得名。数万年前,就有古人类在此生活,宣风镇京口村竹山园山洞曾发现一批动物化石和一件打制石器。虹桥村曾发掘出一批商周时期的石斧、砺石、陶范、陶拍、陶垫等文物。

宣风集镇驻地附近昔为界子山,当时古木参天,茂林修竹,风景秀美,历为驿站所在。南面京口的坪峰山棋盘石相传为仙人临风娱棋之地,尚留有棋盘残局。相传东汉初有一茂才赴京应试,道经此地,停轿小憩,慨然曰:"真可谓仙界风景胜地也。"从此后人习称"仙风"。又据《昭萍志略》记载:明朝万历年间(1573—1620),知府郑淳典将此驿站改建为公馆,名曰"宣风公馆",故原来的"仙风"逐渐演变成"宣风"了,并一直沿用。

宣统二年(1910)实行地方自治,为廷风乡。民国时期属萍乡县廷风乡。新中国成立后,1950年属萍乡县宣风区,境内划分为珠亭、茶垣、京口、竹垣、里山、沂源6个乡和宣风街。1952年属萍乡县宣风区,境内划分为珠亭、芥子、茶垣、盘田、京口、竹垣、吐霞、里山、沂源、观山10个乡和宣风街。1956年属萍乡县芦溪区,境内划分为盘田、吐霞、沂源3个乡和宣风镇。1958年3乡1镇合并,成立宣风公社。1961年属萍乡市芦溪区,境内划分为宣风、沂源2个公社和宣风镇。

1966年宣风公社、沂源公社合并为宣风公社。1968年宣风公社、宣风镇合并为宣风镇。1971年为萍乡市芦溪区宣风镇,1997年为芦溪县宣风镇。

宣风镇总面积99.6平方千米,城镇建成区面积1平方千米。下设珠亭、排楼、虹桥、茶垣、盘田、栗湾、京口、竹垣、吐霞、里山、马塘、沂源、桥头13个村和万寿街、水府街2个社区,277个村民小组。总人口3.8万人,主要为汉族,并有满族、壮族、高山族、畲族、苗族等11个少数民族,以畲族人口居多,主要分布在桥头村。

2021年,辖区内的江西健航实业有限公司营运部获评"全国工人先锋号",江西武功实业有限公司党支部获评"2021全国企业党建创新优秀案例"。宣风镇获评第十二届"江西魅力乡镇20强",吐霞村获评第二批"江西省森林乡村",栗湾村获评第七批"江西省民主法治示范村(社区)"。

自然环境与资源 全镇地形南高而北低。南部沂源、马塘、里山一线属山区地形,群山峻岭,重峦叠嶂。中部京口、吐霞一线属丘陵地带,山坡圆浑,土质肥沃。北部属袁河上游平原,自珠亭至竹垣,农田片片,村落点点。发源于武功山脉的袁河支流沂源河,流至境内的黄洲水库,自南向北,经沂源、京口、盘田,于虹桥汇入袁河。沂源河流经之处,或为山谷盆地,或为垅田阡陌。全镇最高处为境南的牛形里,海拔907米。最低处为境东北的杨村,海拔109米。

全境气候温和,四季分明,雨量充沛,光照充足,年均气温16.9℃,年均降水量1650毫米。全年无霜期约270天。

矿产资源以石英砂、石灰石的藏量丰富。石英矿有中型矿床1处,矿点3处。其中何家塘矿床位于宣风吐霞,储藏总量1059.4万吨;栗源矿床位于洋村,储藏总量500万吨;山下矿点位于茶垣,储藏总量120万吨;青苔岭矿点位于青苔岭,储藏总量40万吨。石灰石有珠亭山矿点,位于快活岭至珠亭山一带,储藏量701万吨。地表资源主要有南部山区的森林资源和沂源河的水力资源。全镇工业企业主要有水泥、烟花爆竹、农机、水电、造纸、农产品加工、运输等。

境内有野生兽类动物如猴、獐、獾、野生斑鸠、野鸡、白鹭、水鸭、水鹿、野猫、山牛、野山羊、麂子、野兔等,两栖类动物如虎纹蛙、大鲵(娃娃鱼)、肥螈、蟾蜍、石蛙、龟等。植物有南方红豆杉、伯乐银杏、香果树、杜仲、白豆杉、青钱柳、香樟等种类。

经济概况 耕地面积约3万亩。2021年,宣风镇早中晚稻种植面积3.47万亩,粮食产量2.05万吨。蔬菜种植面积1.78万亩。建成芦溪县富硒富锌展示中心,打造高产油茶、富硒水稻、热带水果、中药材等10个千亩基地,火旺火龙果、吐霞葡萄、子健石斛等10个产品通过富硒产品认证。打造盘田精品花卉基地,宣风镇花木产业年综合收入达3亿元。

宣风镇有新能源、新材料、烟花爆竹、建材、鞋业等产业。2021年，财政预算总收入10284.67万元，完成税收14369万元，同比增长12.76%，其中实有税源7863万元，占收入比重54.7%。16家规上工业企业完成工业增加值32621万元，同比增长11.7%，增幅全县排位第三；固定资产投资完成106257万元，同比增长6.6%，其中工业投资完成90198万元，同比增长16.7%，增幅全县排位第二；新增"四上"企业4家。培育省级农业龙头企业3家，市级龙头企业12家，农民专业合作社90余家。江西省萍乡市科隆石化设备填料有限公司获评2022年省级专精特新企业。

基础设施　浙赣铁路复线、杭南长高铁、芦万武旅游公路穿境而过，县乡公路连通各村。为加快全镇交通路网建设，先后启动320国道拓宽改造，杨岐山至宣风、排楼至万龙山、宣风产业园至芦万武、国道至里山等公路建设，其中：320国道至里山、宣风产业园至芦万武等公路建成通车。25户以上自然村通水泥公路项目完成了56条、31.44千米。虹桥至黄土墈、盘田小学至若坑、桥头至芦万武等12条道路进行窄路面拓宽改造。虹桥、桐桥、黄洲桥、巷下桥、涧口桥、新西湾桥、老西湾桥等7座危桥先后进行了维修改造。

辖区内快递有邮政、中通、顺丰、圆通、申通、京东、韵达；每个村有一个快递代收点（菜鸟驿站），投递网络基本覆盖全镇各行政村。

境内流域均属袁河流域，共有2条主要河流，袁河、万龙山河共长45.5千米。小(1)型水库2座，分别为田心水库、黄洲水库；小(2)型水库3座，分别为示范水库、芦贯塘水库、合作化水库。

社会发展　宣风镇有即中学1所宣风镇中学，另有宣风镇中心学校、茶垣小学、竹垣小学、吐霞小学、里山小学、珠亭小学、排楼小学、京口小学、桥头小学、沂源小学等11所小学，宣风镇中心幼儿园、吐霞村幼儿园、竹垣村幼儿园、桥头村幼儿园、珠亭村幼儿园、小秀才幼儿园、排楼村幼儿园、京口村幼儿园、涧口幼儿园等9所幼儿园。

耕地面积3万亩，森林覆盖率高达82.7%，花木种植面积4.5万亩，是闻名遐迩的"中国花卉苗木之乡"。依托花卉苗木基地和芦溪县国家级"一园一区"核心区发展优势，整合仙凤三宝田园综合体、农林资源及花木产业、园林工艺，围绕花木产业和花木文化休闲游双轮驱动、双业并重，打造集林地主题旅游、文化体验、文创产业、运动康养度假于一体的中国花木特色旅游小镇——凤栖小镇。

2018年投入资金3000万元，打造省级新农村建设点28个，覆盖6个行政村。围绕320国道沿线、国家现代农业示范园区和凤栖特色小镇，集中打造了吐霞村下屋—瓦丘美丽示范村庄，连片打造了珠亭、排楼、盘田、马塘、竹垣等新农村建设点。2019年继续投入资金930万元，扩大新农村建设覆盖面，打造省级新农村建设点31个，覆盖

10个行政村。打造格局显著、整齐划一、干净整洁、清爽靓丽、富有美丽宣风与绿色家园特色的新农村景观带,达到"环境整洁、景观优美、面貌全新"的目标,全镇坚持高起点定位、高水平规划进行村点环境整治,乡村面貌焕然一新。

特色地情　宣风镇是革命老区。土地革命战争时期,全镇三分之二的地域属于苏区。彭德怀曾多次率红军途经宣风。宣风是宜(春)萍(乡)两地交通要冲的中心点,也是萍北红军通往井冈山的一条交通线,红色根据地的物资、信件经此运输和传递到苏区根据地。新民主主义革命时期,宣风镇为革命献身的烈士有172名,在盘田村涧口建有涧口烈士纪念碑。

明清时期,宣风镇盛行武术,一是锻炼身体,增强体质,二是保家护村,维护当地治安。宣风镇马塘村笆箕窝以武术著称。相传清代乾隆年间(1736—1796),广东著名拳师李德和的扁脚功夫108式,驰名粤赣湘,他以武会友,来到萍乡。其弟子来到宣风笆箕窝黄氏家族传授武术,此后,黄氏家族代代相传,习武成风。

宣风镇地处袁河两岸,端午节有举行龙舟赛的习俗。竞赛的龙舟,船头安装着系上红布的龙头,船尾安装着龙尾,船身绘上鳞片,船身中间安装"门"字形木架,从船头经木架之上至船尾用软篾索(1985年后用粗尼龙索)紧紧地连接着,木架上插上红旗,索上挂着不同颜色的彩旗,参加划船的运动员,每船人数相等,一般约20人,各持划板分坐两边,另有指挥1人,手持"令旗",锣鼓手各1人,舵手1人,一声令下,运动员以整齐的划水动作划水,龙船破浪向前,胜者将获得酒肉、包子、粽子、草帽、毛巾等奖品,1985年以后,改为奖金。1995年起,女子也参加龙舟赛。2000年端午节,县城举行"信合杯"龙舟赛,23个代表队参赛,其中女子代表队5个。平时龙舟不下水,20世纪50年代以前,放在寺庙中保管,60年代以后,由镇文化站保管,待来年农历五月初一下水时,整修一次。

历史人文　北伐名将易简(1889—1926),号卫权,宣风镇竹垣村人。易简自幼聪颖,好文爱武,7岁入宣风镇廷宣小学读书,成绩超群,先后就读于南昌豫章陆军小学、金陵陆军中学、武昌陆军预备学校、保定军官学校。1911年辛亥革命爆发后,随部参加九江光复之役。1926年7月任国民革命军第十四军暂编第一师师长,10月率部攻打江西抚州城时,身先士卒指挥作战,10月20日在作战中阵亡。1927年12月被南京国民政府追赠陆军中将军衔。1984年被中华人民共和国民政部追认为革命烈士。

大渡河英雄李德才(1904—1960),宣风镇沂源村人,红军长征强渡大渡河英雄之一,河北军区保定军分区原司令员。李德才自幼家境贫寒,祖辈世代务农,与外界很少接触。1926年,李德才参加萍东农民自卫军,1930年6月参加红军,从此戎马一生,奋战疆场,先后10余次负伤。1933年加入中国共产党。1955年被授予大校军衔。

1960年6月,因心脏病复发病逝,终年56岁。

自卫反击战英雄刘萍华(1955—1979),又名刘平华,宣风镇人。他的祖父和曾叔祖都在保卫湘赣革命根据地的斗争中英勇牺牲。刘萍华1976年入伍,1979年参加对越自卫反击战,3月5日在战斗中牺牲,生前所在部队为他追记三等功。遗体安葬于广西烈士陵园。

湘剧名艺人周文湘(别名秋桂),宣风镇下街人。在长沙湘剧界,一提到他,健在的老艺人会不约而同地竖起大拇指说:"文湘先生,湘剧界的好佬、同春园的名角。"周文湘一生往来于湘、赣两省湘剧班社,为促进两省艺人的艺术交流做出了贡献。

良师益友彭其球(1921—1990),宣风镇人,中学特级教师,芦溪中学副校长。1941年,彭其球中学毕业后,家境艰难,无力再资助其升学求知,20岁便在家乡农村小学教书。新中国成立后,1950年任宣风区润口小学校长,工作认真负责,积极开展教学活动,为芦溪中学的恢复和发展起到了重要作用。1990年2月,彭其球病逝,享年70岁。

"乡村判官"杨斌圣(1957—2014),男,汉族,中共党员,宣风镇原副镇长、首席人民调解员。作为基层一线的人民调解员,1983年以来,几十年如一日,他始终用真诚对待事业、用真情关爱群众、用真心化解难题,成功调解各类矛盾纠纷3700余件,为农民工挽回经济损失累计3600余万元,解答群众法律咨询2万余次,其中有效地防止和处理了恶性案件、群体性、突发性事件320件,无一起矛盾纠纷因调解不当或调解不及时转化为刑事案件和上访事件。

"最美教师"胡燕飞,女,原萍乡市芦溪县宣风镇中学英语老师。自1998年毕业后分配至宣风镇中学参加工作,扎根乡镇,服务学生,以高度的爱心、责任感和事业心,勤勤恳恳、扎扎实实地做好基层教育的各项工作,得到了学生、家长、同事的充分肯定及高度赞扬。2016年12月9日因心血管破裂晕倒在讲台,抢救无效,于12月14日去世,年仅40岁。

名优特产　宣风谷酒、宣风板鸭、宣风萝卜被称为"宣风三宝"。宣风谷酒,享誉赣西,以香、清、纯、烈为其主要特色,酒精度在52度至60度之间,酿造已历千余年。宣风板鸭历史悠久,口味独特,价格适中,是赣西闻名的特色农副产品,更是馈赠亲友之佳品。宣风萝卜味道鲜美,甘甜爽口,有"小人参"之称。

名胜古迹　易简故居,位于宣风镇中街桥嘴头,系宣风传统式古民居,为硬山顶抬梁式砖瓦建筑结构,材料为砖、木、石、三合土混合使用。内有天井一处,主体建筑面阔一间,进深三间,面宽5.5米,进深36米。大厅走廊三间木板相隔,底层共有五大间,屋面为青瓦覆盖,二层木质楼板。一进屋顶已坍塌,天井被潮泥杂土填平,长一树,高出屋顶,西边墙体上半部分为土砖所砌,室内白泥砖墁地。有较高的历史研究与保护价值。

李德才故居,位于江西省宣风镇沂源村大坪前组,坐北朝南,始建于清,系硬山顶内天井带封火墙的砖瓦结构建筑,面宽20米,进深14米,面积280平方米。大门额榜书"南山拱秀",配联:"讴吟□野金坛□□,栋梁文阖冠冕□□。"由于年久失修,建筑物受损较为严重,屋面瓦块有部分掉落,导致雨天漏雨,波及墙体。李德才参加过长征、平型关战役、百团大战和抗美援朝战争,是我国老一辈无产阶级政治家、革命家、军事家,1955年被授予大校军衔,其故居有重要的保护价值。

民俗风情 宣风庙会。宣风每年农历九月二十八日的庙会(赶集),源自为华光菩萨拜寿。宣风中街华光庙供奉华光大帝,相传其诞辰日为九月二十八日。每年农历九月二十八日,周边百姓来华光庙拜寿的、烧香的、看戏的、看热闹的来往不绝,街上人山人海。商家借此机会大发市利,庙会就自然地演变成赶闹。

后来规模逐渐扩大,每年农历九月二十八日,南昌、汉口、湘潭、株洲、吉安、新余、宜春,以及萍乡本地芦溪、上埠、高坑、大安里、万龙山、茅店、长竹、竹坪、西村等地的商人都来宣风买卖山货(土产品)。赶闹一般是农历九月二十七日至九月二十九日三天,以九月二十八日赶闹的人数最多。宣风至今还流传着"日有千人烧香,夜有万盏明灯"之说,可见当时的热闹程度非同一般。

新中国成立后,为了破除封建迷信,将庙会改为物资交流会,时间仍定在每年的农历九月二十八日,并同样请戏班来唱戏。"文化大革命"期间中断,1979年恢复,当时的物资交流会主要由宣风供销社筹办,既搞物资交流,也唱戏、放电影、出故事。从2000年起,每年由宣风镇政府组织庙会(物资交流会),没有请戏班、放电影,主要从事物资交流,时间看天气和交易状况而定,有时7天,有时十多天,有农副产品、百货、五金、鞋帽服装等,大都是中低档产品。每次庙会物资丰富,人山人海,热闹非凡。

茶垣村

村情概况 民国时期属萍乡县廷宣乡廷训里,1954年为若干互助组,1957年成立初级社,1958年为宣风人民公社宣风大队、上茶垣大队、下茶垣大队、涉水大队等4个大队,1968年冬4个大队合并为茶垣大队,1990年改为茶垣村。

全村面积为9.6平方千米,东与竹垣村交界,南临栗湾村,西靠街道水府社区,北临袁水河,浙赣铁路、320国道从东至西穿过,杨宣公路穿村而过。

全村有33个村民小组,1223户5035人,居住人口中汉族居多,有少数畲族人口。全村主要姓氏有周、陈、易等,人口均超过500人。

自然环境与资源 属于丘陵小平原地形。境内袁河沿着全村北边一路向下流向宜春市。山塘18座,占地40亩,灌溉面积500多亩。村内有煤炭、白泥、高岭土等丰富的矿产资源。

经济概况 农业主要作物为水稻,种植面积2861亩。村内有各类小型商店7家。2021年村级集体经济收入5.2万元。

基础设施 经过村境内的老320国道为主干道,村道为道口—洲上—庙下、马井里—上茶垣—下茶垣、夏家—320国道。全村供电用户1223户。村里建设有茶垣主渠道3.2千米,灌溉面积2000亩,庙下抽水机灌溉120亩,山塘灌溉520亩。自来水占全村30%,其他为压水井。有新农村建设点4个,全村10%人口受益。

社会发展 村内建有文体广场,设有3个卫生所。享受居民养老保险737人,低

茶垣村兴文塔

茶垣村赣西野生动物王国

保人员85人。

特色地情 兴文塔，省级文物保护单位，位于茶垣村庙下组。道光二十九年（1849）邑绅敖星煌建。麻石结构，七层八棱，各层有卷顶窗孔4个，共28个。顶为葫芦形。塔的正门朝西向，与萍乡县城遥遥相对，门上方是半圆形，门楣上刻"兴文塔"三个楷体字。

竹垣村

村情概况 竹垣村是萍乡的东大门，与宜春交界，全村辖区面积10平方千米，共有30个村小组，有农户1028户，人口总数4328人，全部为汉族。主要姓氏为甘、阳、易、黄等。

自然环境与资源 竹垣村地处袁水河下游流域，境内丘壑相间。境内有耕地3006亩，山林6001亩。有桐村河道、杨村河道、横坑河道和栗源河道。水塘15个，总占地约90亩，灌溉水田2800余亩。村内有石英砂矿产资源。常见植物为松树、茶树等。

经济概况 农业主要以种植水稻为主，种植面积2800亩。自2019年起开展高标准农田改造，使传统的种植业提质增收。

境内有200亩国家级现代农业示范区、1800亩国家AAAA级景区仙凤三宝园、80亩省AAAA级乡村旅游点火旺火龙果园等。建成玻璃大棚100余亩，聚集了健航实业、竹垣红等农业企业10余家，全村形成以热带水果和有机蔬菜为主，集种植、采摘、体验为一体的现代生态休闲观光旅游农业产业。成功举办了"中国首届火龙果节"和"2017年中国宣风热带水果狂欢节"等节庆活动。解决当地村民200余人正式就业，临时就业村民每月总计不低于400人次，提供公益性岗位就业2人，产业扶贫500户。

境内有各类小型商店50余个。带动全村解决就业村民100余人，临时就业村民每月总计不低于200人次。

依托现代生态休闲观光旅游农业产业，自2020年以来，村集体经济收入以每年20%的增速逐年递增，2023年，村集体经济收入15万元，农民人均纯收入2.3万元。

基础设施　经过村境内的314省道为主要干道，长3千米，主要村组路为竹垣至茶垣交界，长3千米，宽8米；均为沥青或水泥路面。村内实现组组通公路，全村进组路、串户路硬化率100%，亮化工程覆盖全村。

宽带安装户数900余户。全村供电用户1028户，年用电量约202万千瓦时。村里建设有横坑水渠、窑下水渠、桐村水渠、栗源水渠、杨村水渠、石水潭水渠等。

全村有5处进行新农村点改造。其中栗源新农村建设，投入资金约30万元，68户340人受益；竹垣组新农村建设，投入资金约30万元，60户288人受益。

社会发展　竹垣村有小学及幼儿园各1所。竹垣村幼儿园是一所公办村级独立园，成立于1996年，总占地面积3921平方米，建筑面积3494.73平方米。开设了4个班级，在园幼儿124人，教职工15人。园内设有美工室、图书室、多功能室，每班配备空调、一体机电脑、电钢琴等现代化设施设备。竹垣小学创立于1927年，又名芦溪县卢

竹垣村

德铭红军学校，是芦溪县内两所卢德铭红军学校中的一所。学校占地面积8132平方米，建筑面积2189平方米。2021年末，学校在校教职工13人，在校学生219人。学校教学区、功能区、运动区分布合理，多媒体教室、图书室、活动教室等各室设备齐全。

村内投入10余万元建设了1个新农村健身休闲广场，组织开展形式多样的传统特色文化和体育类竞技活动。设有4个卫生所，分别是罗伟诊所、赣商爱心诊所、竹垣诊所、分界诊所。

城乡居民社会养老保险参保率100%，低保及特困人员做到了应保尽保。2020年村委会自筹20余万元资金，在栗源组修建了颐养之家幸福食堂、老人活动中心，以及在桐村组修建了妇女儿童之家，内设棋牌室、阅览室、健身室、活动室。

特色地情　易简烈士是竹垣村人。

代表性特产小吃有宣风萝卜、宣风谷酒、宣风板鸭。萝卜作为当地的特产，口感脆甜，生吃、凉拌、红烧、炖汤、制成萝卜干食用皆可。宣风谷酒酿造工艺传承千余年，酒精度通常为52度至60度之间，以香、清、纯、烈为其主要特色，享誉赣西。宣风板鸭外形美观，皮薄肉嫩，味香可口，蒸、炖、炒等做法皆宜。

境内有仙凤三宝农业休闲观光园，是集苗圃基地、旅游观光、休闲娱乐、餐饮住宿、商务会议、运动竞技、户外拓展、康养田园社区、教育服务与购物于一体的旅游综合体。开放面积约1800亩，园区设有沙湖湾湿地沙滩、生态帐篷酒店、房车酒店、皮划艇、彩虹滑草、奇幻镜宫、拓展培训、冰雪世界、恐龙乐园、跑马场、浪漫四季花海、松鼠部落、丛林鸟园、暮光森林、舌尖美食长廊、游艺主题乐园、绝地求生越野车、追风乐园卡丁车、三宝农业体验区、呦呦牧场、鹿宿树屋度假酒店等项目。获评国家AAAA级旅游景区、全国休闲农业与乡村旅游5星级企业（园区）、江西省AAAAA乡村旅游点、

竹垣村仙凤三宝园景区

江西省AAAAA级农家乐、江西省林业龙头企业、江西省农业产业化龙头企业、江西省服务业龙头企业、江西省生态文明示范园、江西省十佳乡村旅游示范点、江西省休闲农业示范点、江西省返乡创业示范企业、江西省科普教育基地、江西省中小学生研学旅行实践教育基地等诸多荣誉和称号。

吐霞村

村情概况 吐霞村原名吐峡村，1920年改为吐霞村。1952年属宣风区吐霞乡，1956年属芦溪区吐霞乡，1958年为宣风公社吐霞大队，1968年为宣风镇吐霞大队，1984年改制为宣风镇吐下村，2016年更名为吐霞村。

吐霞村位于宣风镇东部，东与宜春市西村镇毗邻，南邻马塘村、里山村，西邻盘田村、栗湾村，北邻茶垣村、竹垣村。总面积21平方千米。全村31个村民小组，38个自然村庄，1183户，人口5169人。主要姓氏有陈、方、邹、钟、李、刘等。全村以种养业为主。曾获江西省"万元村"、"省级生态村"、省级农民专业合作经济组织，市级"红旗村党支部"、"文明村"、"美德在农村示范点"等荣誉。

自然环境与资源 吐霞村是一个半平原半山区行政村，境内丘壑相连。耕地面积4868亩，旱地面积6000余亩，林地面积1.7万余亩。境内群山叠翠，林木葱郁，风光秀丽，森林覆盖率72.3%。境内有田心水库，水塘面积800余亩，灌溉水田2800余亩。矿

吐霞村

吐霞村瓦丘新农村建设点

产资源有石英砂。常见植物为松树、茶树等。

经济发展 吐霞村主导产业为无公害蔬菜瓜果（吐霞牌礼品西瓜）、花卉苗木、紫红米特色农业、高产油茶苗培育和名贵药材等种植。高产油茶林、无土蔬菜栽培基地曾在2003年至2015年获得省级"江西省无公害农产品（蔬菜）基地"称号。

社会发展 村内有老年人活动中心、农家书屋。有军鼓队、腰鼓龙灯队、健身健美舞队。新农村建设示范点有10个，其中瓦丘新农村建设点获得全省金奖，石下新农村建设点被列为省、市观摩示范点。

特色地情 村内有蝙蝠洞、铜壶滴漏、九牛推磨、双鹤挽鲤等景点，傩神庙、土坑弥陀庵、花台弥陀庵等古迹，还有很多民间传说和当地典故。

九嶷山上曾建有九牛庵，占地面积3000多平方米，气势磅礴，白天香火旺盛，夜晚灯火通明。民间传说九牛庵两只守门的石像大神龟，每逢夜深人静，偷跑出来找食，损害老百姓的庄稼，当地老百姓损失很大，到道观朝拜告状，惊动了先人（雷神老爷），雷神老爷放雷鸣、闪电火，在两龟背上打两个方正小洞，从此两只龟再也不会下田损害庄稼。两只石龟至今有一只存在，保存在芦溪县文化馆。

"铜壶滴漏"是宣风九嶷山的一个天然景观。在九嶷山有一座形似铜壶的山，山下有一个小洞，每两分钟便掉下一滴水来，长年不息，十分准时。更为神奇的是，这水滴掉在那宕里，会发出悦耳的金属之声。当地百姓便叫这个景观为"铜壶滴漏"。

"九牛推磨"呈现了一个美丽的传说。传说上古尧舜时期，为平定苗民之乱，舜帝亲领大军过关斩将来到九嶷，但运粮水道被敌军给截断了，于是舜的军粮成了问题，然后舜将文武大臣召集起来商量派人去找百姓收粮。不久，收购的粮食堆积成山，可是伙夫却叫苦不迭。如何将收上来的稻谷加工成米？文武百官集思广益，决定做大磨，这磨做了七七四十九天，终于做成了一架小山似的大磨。因磨盘太大，用了九头牛推动,才解决了稻谷加工问题。"九牛推磨"的故事由此而来。这个传说也反映了当时吐霞村的土地肥沃,百姓勤劳,五谷丰登,加工稻谷都需要九头牛来推。

"双鹤挽鲤"是利用原有的池塘因地制宜打造的景点。相传舜帝平定三苗时路经宣风九嶷山,在此处得到了两只仙鹤的相助,双鹤叼鱼嬉戏,琴瑟相鸣。舜帝见此景后就把两只仙鹤嬉戏玩鲤的场景定格了下来,于是这两只鹤就永远停留在九嶷冲的溪水两边,成了"双鹤挽鲤"的美景。溪边亭子的四根柱子上面写有"双鹤挽鲤"的一首藏头诗:"双双鸥鹭下水田,鹤立无依自亭然。挽却流霞看明月,鲤戏浮萍碧波间。"

盘田村

村情概况 盘田村位于宣风镇中部偏北,距离县城约10千米,东连吐霞村,西接虹桥村,南邻京口村、马塘村,北邻栗湾村。盘田村总面积5.5平方千米,其中耕地面积约2308.5亩,山林面积2000多亩,境内下辖14个自然村民小组,有农户726户,人口总数3119人,全部为汉族,主要姓氏为黄、刘、李、郭、彭等。

属于丘陵小平原地形,境内沂水流向宜春。

经济概况 主要种植水稻作物,2023年上半年油菜种植面积450亩,早稻种植面积365亩。引进山东寿光蔬菜种植产业、江西花景农业发展有限公司、足康鞋厂、夹子厂、颗粒燃料厂、京龙电站,年产值总计1000万元,促进了农民就业和增收,解决100人就业问题。境内有小型商店3家。

采取"支部+公司+合作社+农户"方式,发展壮大村级集体经济,打造"一蔬一

盘田村

果一花"特色产业。发展精品花卉经济,依托"中国花木之乡"品牌优势,流转土地新增精品花卉种植400余亩。发展大棚蔬菜经济,利用富硒富锌土壤优势,引进山东信诚蔬菜产业、一德农业等企业,流转土地500余亩种植冬暖式大棚蔬菜。发展采摘经济,流转土地600余亩,推进核桃基地、盘甜果园、草莓种植等集观光采摘为一体的特色果园建设。2022年村级集体经济经营性收入16万元,带动100余名群众实现家门口就业,村民人均年增收1800元以上;带动脱贫户38户,户均年增收7500元以上。

基础设施　村内硬化路里程达39.5千米,实现组组通硬化公路,基本实现户户通硬化路。完善涧口河堤防汛修复工程、王家坊县级新农村点、盘田村沿河徒步路线、公共照明设施、"党建＋幸福家园"等民生项目。组建环境监督队3支,广泛发动党员群众参与美丽乡村建设、公共基础设施管护、人居环境整治和农村生态环境保护等任务,获评江西省"绿色社区、美丽家园"示范社区荣誉。

社会发展　有幼儿园1所,即涧口幼儿园,为公办村级独立园,总占地面积577.65平方米,建筑面积313.18平方米,户外面积220平方米。在上盘田、王家坊、枫树下3个自然村各建群众活动中心1处,总建筑面积800平方米。村内设有1个卫生所,有医生2人。

群众养老保险参保率80%以上,低保人员做到了应保尽保。共有514人享受居民养老保险,低保人员70人。为了帮助解决空巢老人生活困难问题,2021年村委会修建

盘田村涧口革命烈士纪念塔

了村老人活动中心和幸福食堂,内设棋牌室、阅览室、健身室。

特色地情 盘田村涧口建有革命烈士纪念塔。1929年,中共萍乡县委书记刘振来等人来到宣风涧口、京口地区,发展地下组织,领导农民革命。在他们的宣传带动下,当地农民积极响应,为红军传递情报,购买食盐、药材等急需物资,并灵活机动地开展游击战,为红军作战提供了很大帮助。但同时也付出了巨大的代价,一大批革命志士相继牺牲。1951年,宣风第九区人民政府在烈士们的殉难地——涧口建造了一座革命烈士纪念塔,以此缅怀先烈。

2010年,14岁的盘田村女孩肖玉玲为救同学失去右腿,在爱心人士的支持和鼓励下,她装上假肢重新站了起来。此后十余年来,肖玉玲尽己所能,积极帮扶留守儿童、开展志愿服务,先后获第四届"全国道德模范提名奖"以及"2010年度中国好人榜""中国大学生自强之星标兵""中国大学生自强之星提名奖""全国优秀共青团员""全国见义勇为英雄模范""全国十佳自强女孩""江西省优秀共青团员""江西青年五四奖章""江西道德模范"等诸多荣誉称号。

栗湾村

村情概况 民国时期属萍乡县廷风乡。新中国成立后,1950年属萍乡县宣风区京口乡,1952年属宣风区盘田乡,1956年属芦溪区盘田乡,1958年属宣风公社盘田大队,1961年为芦溪区宣风公社栗湾大队,1968年属宣风镇盘田大队,1978年为芦溪区宣风镇农科所,1984年改制为宣风镇栗湾村,1997年为芦溪县宣风镇栗湾村。村委会驻吴家里。村名取自麻栗园之栗湾。全村经济以农业为主。

栗湾村位于芦溪县宣风镇中部,总面积5.5平方千米,东距宜春市区20千米,西距芦溪城区10千米。交通便利,浙赣铁路、320国道穿村而过。

全村共有7个村民小组,472户1792人,其中低保19户32人,有残疾证15人,参加合作医疗人数1792人,参加养老保险人数865人,参加城镇职工养老保险87人。全村主要姓氏有陈、陶、黄、彭、邹、吴、李、付、林等。

自然环境与资源 栗湾村是典型的赣西村落,依丘陵半山而建,村落前是成片的农田。气候温和,雨量充沛,适合花卉苗木生长。常见的植物有樟树、杨梅树、杉树、竹子、枫树等。常见的野生动物有斑鸠、麻雀、野兔、黄鼠狼等。

经济概况 农业主要作物为水稻,种植面积388.02亩。有砖厂、石厂、竹席厂、木炭厂、洗涤厂、碎石加工厂、化工厂、加油站各1家及汽车维修厂,较大的企业有武功实业、江西建鸿新型建材等。有各类小型商店10余家,较大的商贸超市是栗湾超市。2020年村级集体经济收入约35万元。

栗湾村花卉苗木产业发达,先后引进落户福义实业、立新园林、协同生态园林等多个花卉苗木品牌基地,全村70%农户通过产业基地实现岗位就业。

基础设施 320国道为主要干道穿林而过,村内长3千米。主要村组路为陶家组至麻里园,长1千米,宽5米;彭家里至吴家里、山园里、林家里,长3千米,宽5米;均为沥青或水泥路面。网络宽带覆盖率99%。全村供电用户472户,年用电量约141.6万千瓦时。全村自来水管网铺设472户,每月供水量7100吨。村里建设有沙背窝渠道、联坡圳渠道、石陂圳渠道、田心水库至南渠道、林家里暗渠、巴扣里渠道等水利设施。对全村3处进行了新农村点改造。陶家里新农村建设,投入资金约60万元,58户228人受益;吴家里新农村建设,投入资金约30万元,67户274人受益;山园里新农村建设,投入资金约33万元,58户248人受益。

社会发展 栗湾村辖区建有公办初中和小学,分别是宣风镇中学、宣风镇中心学校。有一所私立学前教育机构宣风小秀才幼儿园。宣风镇中学是萍乡市农村初级中学规模最大的学校,现有27个教学班,有1193名学生,占地面积43299平方米,建筑面积10413平方米。宣风镇中心学校(又称宣风镇上海隆波第三希望学校)占地面积45亩,有教室28间,2020年5月,被命名为"全国家庭教育创新实践基地"。宣风小秀才幼儿园于2017年秋季开办,是一所市级示范普惠性民办幼儿园,占地面积2879.45平方米、室外游戏场地面积865.83平方米、幼儿活动用房建筑面积2159平方米、建筑面积2439.19平方米,目前开设大班、中班各2个,小班1个,在园幼儿人数166名,教职工

栗湾村

栗湾村山园里新农村建设点

20人,每班均配备了"两教一保"。

在村内文体广场投入200余万元并设有篮球场。村内设有1个卫生所,即栗湾村计生服务室,有1个诊所,医生、设备设配一应俱全。全村共有185人享受居民养老保险;130人享受社保,其中35人为失地农民保险;低保人员20户共32人享受低保。打造居家养老服务中心,内设有幸福食堂、文化服务室、休闲室、活动室,形成"为老服务便民圈",为农村老人提供日间用餐和精神慰藉等服务。

京口村

村情概况 宣风镇京口村,因沂源河对岸屹立怪石,形似金鸡(人称鸡冠石),村对口兴建,古称"金口",后演变成"京口",沿用至今。据《彭氏族谱》载:彭五九于南宋宝庆年间(1225—1227)从息州迁此。元至大二年(1309)李姓由张佳坊乡杂溪迁此。

京口村总面积为6平方千米,耕地2000余亩,旱地60亩,林地3000余亩,森林覆盖率85%,京口村位于宣风镇西南3.5千米的田垄中。东为山,北为田垄,南靠沂源河。自北向南的乡村公路从村中经过。宣风产业园至芦万武公路贯村而过。共辖18个村民小组,528户,1835人。居住人口以汉族为主,主要姓氏有李、赵、彭、陈、颜等。

自然环境与资源 京口村为丘陵地貌,三面环山绕水。水资源丰富,沂源河成"S"形穿村而过,村内水域面积500余亩,可满足农业灌溉所需用水。峰峦叠翠,有京陇庵、竹山下、棋盘石、金鸡石等自然景观。2022年获得"江西省乡村森林公园"称号。

经济概况 京口村耕地面积2000余亩,村民以农业生产为主。2022年粮食播种面积1500亩,油菜种植面积900亩。辖区内有企业4家(其中省级龙头企业1家,市级龙头企业1家),合作社8家,培育了家庭农场3个、职业农民22人。2023年京口村新型经营主体带动村级集体经济收入增长1.58万元,吸收村民就近就业22人,人均增收2000元以上。2023年京口村村集体收入21.16万元。

基础设施 京口村内交通便利,水泥、沥青道路共30余千米,18个自然村全部实现了入户道路水泥硬化。沂水河京口段完成河堤建设3.8千米。村内有邮政代办处1处,宽带安装户数528户;全村供电用户528户,年用电量158400千瓦时。18个自然村组中已有3个自然村实现城乡供水一体化,15个自然村组在布管安装自来水,计划2024年达到全村城乡供水一体化。通过农村饮水安全工程建设,改水538户,改水率100%,饮用水卫生合格率100%,供水保证率100%。截至2022年底,完成5个精品村庄、10个新农村点建设,农村生活垃圾分类设施覆盖率80%,农村户厕改造率100%,污水收集处理率80%,打造了京口村河边组、山西组新农村示范点。

社会发展 京口村有小学及幼儿园。京口小学于新中国成立初期创办,1998年建设新校区,占地1000平方米,现有教师7人,学生70人;京口幼儿园占地面积200平

京口村千亩稻田

方米,有幼师3人,学生21人。京口村设置综合文化服务中心,有青少年活动室、老年人活动室,建设室外文化广场6处,包括篮球场、健身休闲广场。

有100人享受社保(其中失地农民保险12户28人),有39户62人享受低保。村内有老年活动中心1个、幸福食堂1个。

实现垃圾处理设施与方式标准化,有专职保洁员6名,每户配备2个垃圾桶。开展农村人居环境整治行动,建成生活垃圾集中处理设施2个,农村卫生厕所538个,拆除整治"三房"(违章房、危旧房、废弃房)、残垣断壁3000平方米,建设"三园"1100亩、铺设管网(排水排污)6200米,污水收集处理设施覆盖8个村小组。

特色地情 船形山上满山遍布奇石,其中一块大石头上面留有棋盘痕迹,人称棋盘石,相传为仙人临风娱棋之地。据传说,原来的棋盘石有24床晒谷子用的竹垫子大,约300平方米,仙人们隔三岔五在此弈棋。偶有一日,两个路过的妖精看到如此奇景,也想一沾仙气,便偷坐在棋盘石上弈棋,雷公大仙发现了,丢下一把凿子将两个妖怪打死,可惜的是整个棋盘也被凿得四分五裂,导致满山遍布石头,只有较大的石头上保留着棋盘余痕。

竹山园洞口遗址位于京口村,是江西省文物保护单位。洞口宽1.5米,高3米。1982年和1983年,萍乡市博物馆先后在洞中发掘出一批动物化石。1988年11月,洞内出土了东方剑齿象、大熊猫、野猪、爱氏硕鼠等15种动物的化石。经中国科学院古脊椎动物与古人类专家的考证,数万年前,这里生息、繁衍着华南大熊猫、剑齿象等动物群,其时代为更新世中期至更新世晚期。同时专家们还在洞中获得了1件打制石器。2004年8月,此洞发生小范围塌方,又发现一批哺乳动物化石,共有10多个种类,其中包括东方剑齿象和大熊猫的牙齿、骨骼化石。这批化石的发现,对于研究数万年前当地古人类的生活有着极其深远的意义。

虹桥村

村情概况 虹桥村得名于村内的古桥。虹桥古称思永桥,位于沂河汇入袁河的交口处,横跨沂河,为9孔石拱桥,全长15米。始建于南宋建炎年间(1127—1130),元代被毁,明洪武六年(1373)重修,清乾隆十六年(1751)重建为石拱桥,定名为"思永桥",但民间仍称"虹桥"。1959年至1974年被用作公路桥,之后为人行桥。现弃用。

虹桥村由禁山生产队、芥子生产队合并成村,位于宣风镇中心地段,东邻盘田村,南邻京口村,西与排楼村相连,北与银河镇隔河相望,交通便利,四通八达。320国道、浙赣铁路、沪昆高铁穿境而过,沂水袁河汇聚,村庄白墙红瓦,依山傍水,环境优美。

虹桥村

森林覆盖率86%。

有14个村民小组，400户2000人。居住人口以汉族为主，还有壮族等少数民族。主要姓氏为黄、刘、朱、胡姓。

经济概况　耕地面积927亩，水塘面积约30亩，山林面积2000余亩。境内有宣风生物产业园。县工业园东区位于虹桥村，园区内基础设施完善，博联、毅磁等一批科技含量高、发展前景好的企业在此落户。

虹桥村系宣风商贸农副产品集散经营地，宣风蔬菜的小贩多是虹桥人。全村主要从事蔬菜生产、水稻种植、畜禽养殖，有龙虾养殖110亩、种植蔬菜60亩、种植水稻1100亩，这些产业有很强的致富带动作用。

村级集体经济收入主要来自房屋租金、入股分红、土地流转、服务协调费、公墓管理费、上级奖补资金等。

基础设施　经过村境内有沪昆高铁、浙赣电气化铁路、320国道、武功山县道，村主干道共5条，主要村组路共10条。路面宽度最低宽度5米，总里程约14千米，水泥路面硬化率100%，沥青改造约40%。

有1个邮政代办点，宽带安装已全覆盖。全村供电用户400户。自2021年起全村实现了自来水网全覆盖。建有水渠8个、水坝1个，河堤全面完善。全村水塘水库5个、水域面积30亩，分布在正山组、黄土墈组、山背组，灌溉农田200亩左右。

虹桥村新农村建设点主要集中在虹桥一、二组，胡家，芥子，街口，渡口等5个村小组，230户955人。高铁沿线可视范围内已进行房相改造。

社会发展　村里有龙舟队、广场舞队、龙灯队、鼓号队等民间组织，开展了形式多样的农民体育比赛和春节联欢会等活动。村龙舟队曾代表宣风镇参加全县端午龙舟赛活动，获第四名。

村内有3间诊所，医疗保障齐全。村民购买养老保险、享受社保共326人，其中购买失地农民保险105人，低保人员22户30人。建设老年活动中心1个、幸福食堂1个。

特色地情　虹桥村是一块红色土地。1930年建立了苏维埃政权，1930年冬在虹桥村山背、渡口等地发生过多次战斗。虹桥村烈士陵园安葬着35位烈士的忠骨。

珠亭村

村情概况　珠亭村位于芦溪县城东部，东与排楼村接壤，南邻芦溪镇瑞泉村，西邻芦溪镇江霞村，北接银河镇敖家坊村和何家圳村隔袁河相望。沪昆铁路和320国道由东向西穿村而过,交通便捷。

全村面积7.2平方千米,其中耕地1608亩、山林3200亩。村委会辖3个自然村,19个村民小组,全村农户501户,居民2086人。常住人口全部为汉族,主要姓氏为胡、易、欧阳姓。

全村地处高岸地带,地势走向南高北低,民国时期因灌溉不能保障作物所需,多发旱情,农民收入微薄。20世纪60年代初,在政府的号召和组织下,在该村妙书院自力更生修建了一座小(2)型水库,历时3年竣工,取名为"示范水库",彻底改善了该村干旱缺水的状况。

经济概况　农业主要作物为水稻,种植面积500亩。自2020年起开展高标准农田整改,在科技种植上下功夫,生产的优质稻米和绿色蔬菜成为市场的畅销产品。珠亭村地域优势明显,吸引了10余家规模企业在村工业小区内创业,解决了该村200余人的就业问题。2022年村集体经济收入15余万元。

基础设施　主要村庄公路4条,总长度约4.3千米。全村群众全部纳入农村电网,供电用户501户,年用电量约183.4万千瓦时。网络宽带覆盖率99%。自2021年起全村实现自来水网全覆盖,自来水管网铺设456户。村里建设有灌溉渠道、示范水库灌溉渠道、示范水库灌溉支渠4条。

社会发展　村内有珠亭村小学,始建于20世纪初,占地面积4100余平方米,现有教师8人,学生85人。在台洲、烧山、阪莲3个自然村各建有群众活动中心1处,总建筑面积1150平方米。

村里有诊所1个。全村共有317人享受居民养老保险;115人享受社保,其中144

珠亭村

人为失地农民保险；低保人员29户共52人享受低保。养老保险参保率达80%以上，低保人员做到应保尽保。2020年修建村老人活动中心和幸福食堂，内设棋牌室、阅览室、健身室。

珠亭村新农村建设点

特色地情　土地革命战争时期，湘赣省委、湘鄂赣省委在宣风镇珠亭山袁河渡口设立了秘密交通站。1930年秋，湘赣革命根据地将主力红军与国民党军队作战时缴获的无线电台和大批军用物资通过这条交通线送至湘鄂赣革命根据地。1932年10月，为了支援中央苏区的第四次反"围剿"，湘鄂赣革命根据地募集3000多名新兵，通过地下交通线安全地送到湘赣革命根据地。这条地下交通线是湘赣与湘鄂赣两块革命根据地相互往来的主要通道，也是湘鄂赣苏区与中央苏区联系的重要桥梁。

乡村荣誉　2006年获"全国敬老模范村"荣誉称号，2016年获评"全省党建+农村服务体系先进典型"，2017年获评"全国无邪教创建示范村"，2019年获评"全省文明村镇"，2021年获评"全国民主法治示范村"。

排楼村

村情概况　排楼村原名牌楼村，地名缘于村内原建有一座牌坊，"牌"与"排"谐音，后改为"排楼"，沿用至今。新中国成立初期，分设为芥子、禁山、珠亭三个高级社，1958年改为大队。20世纪60年代初由排楼下、江田、胡家山、社湾组建排楼大队，由彭家坊、水牛冲、岭仔上、龙洞、湾里、钟家坊组建龙洞大队。1968扩社并队，排楼、龙洞、珠亭、芥子四大队合并为排楼大队。1972年冬原珠亭大队（现珠亭村）从排楼大队分出，1976年冬原芥子大队（现虹桥村）又从排楼大队分出。1984年排楼大队改称排楼村。

排楼村位于宣风镇西部,东邻虹桥村,南与京口村接壤,西邻珠亭村,北靠袁河,总面积约6平方千米,有耕地面积1700余亩,山林面积1800余亩,水域面积100余亩。

全村共有10个自然村,分设21个村小组,629户2682人,居住人口中以汉族为主,少数壮族、黎族、布依族人口。

自然环境与资源　排楼村地处袁河下游流域,境内丘壑相间,以丘陵耕地面积为主。森林面积覆盖率55%。

经济概况　农业主要以种植水稻、蔬菜和油菜等作物为主,引进鸿稻种业有限公司,为传统种植业提质增收。有7家企业在村工业园区内运营,解决该村100余人的就业。村内有各类小型商店60余个,还有多家大型汽修厂以及机动车销售中心等。2023年村集体经济收入达20余万元。

基础设施　沪昆高铁浙赣线、320国道、宣万公路和县工业园园区路穿村而过。户户通道路,硬化率100%。电网全覆盖,安装太阳能路灯600多盏。普及自来水,实现户户安全饮水。为搞好村庄环境建设,申建完成12个新农村建设示范点。

全村以仁里水库和袁河水域为主要供水来源。仁里渠道为主要灌溉供水渠道,21个村组均完成灌溉水圳改造硬化。

社会发展　村内有排楼小学和排楼附属幼儿园。排楼小学现有5个教学班,学生78人。排楼附属幼儿园在读幼儿28名,学龄儿童入学率100%。排楼村公共文化服务体系基本完善,村内有10个新农村健身休闲广场,积极组织开展传统特色文化和体育

排楼村

排楼村鸿稻种业制种基地

类竞技活动。建有村级卫生室,配置合格村医,不断完善医疗服务体系。城乡居民医疗保险及城乡居民社会养老保险参保率100%,低保人员也做到了应保尽保。2020年修建村老人活动中心和幸福食堂,内设棋牌室、阅览室、健身室。

沂源村

村情概况 沂源村位于宣风镇南部,东连马塘村,西接桥头村,南邻万龙山村,宣万公路穿村而过,辖区面积16平方千米,其中山林面积2万余亩,耕地面积2600余亩。

现在的沂源村是由沂源村和黄洲村合并而成,辖区共有23个村民小组,村民634户,总人口2285人,居住人口均为汉族。主要姓氏为刘、方、付姓。

"十三五"期间,在省市县各级帮扶单位和驻村工作组的共同努力下,村容村貌发生了天翻地覆的变化。完成了村活动办公场所、居家养老中心、易地搬迁安置点建设工作。村主干道全部硬化并铺设沥青,入组公路全部硬化。全村实现组组通公路、户户通水电、处处通网络。

自然环境与资源 沂源村地处山区,四面环山,森林覆盖率60%。是沂水河的源头之地,水源充足。村内有电瓷泥等丰富的矿产资源。森林资源丰富,有金丝楠木、红豆杉等国家一级保护植物。境内有野猪、野兔、野鸡、竹鼠、松鼠、刺猬、黄鼠狼、中华斑羚等野生动物。

经济概况　引入数家农业公司在该村创业。萍乡市芦溪县精诚农产品开发有限责任公司兴民菊花基地,种植面积300余亩;江西一德农业发展有限公司优质水稻种植基地,种植面积100亩;萍乡市金隆阳农业有限公司韭菜基地,种植面积1000亩;萍乡市希杰种养专业合作社养牛基地,面积300余亩。工业企业有芦溪县阳村电子加工厂,解决该村20余人就业问题。

2020年村集体经济经营性收入共11.32万元,包括经营活动取得的收入、资源性资产发包等。

基础设施　经过村内的314省道为主要干道。主要村组路为跃进组至金嘴石,全长2千米;高桥组至月形组,全长1.5千米;下河背至仁冲组,全长2千米;黄洲至大佛岭,全长9千米;均为柏油、水泥路路面。自2021年起全村实现自来水网全覆盖。

抢抓水源地保护的机遇,在沂水河沂源至黄洲地段的3.4千米范围内,高标准打造"水清、岸绿、景美"的水源地保护观光带,形成水乡文化休闲旅游特色"一条街",实现水源地保护与乡村旅游发展的双轮驱动。

社会发展　村内有沂源小学。该校始建于1991年,现占地面积1000余平方米,有教师7人,学生53人。在跃进、黄洲2个片区各建群众活动中心1处。村卫生室于2016年12月建成,地处沂源屋场,有村医1人。

群众养老保险参保率达80%以上,低保人员做到了应保尽保,全村现有低保人员有46户72人。2021年修建村老人活动中心和幸福食堂,内设棋牌室、阅览室、健身室。

特色地情　沂源村是革命老区,20世纪30年代,红军在沂源村一带活动长达2

沂源村

年，全村有300多人参加支援红军的担架队。强渡大渡河英雄李德才就是沂源村人。沂源村分期建设修缮大渡河勇士李德才事迹陈列馆和故居，打造德才连心桥、红军徒步路线，恢复碉堡1座，修复战地壕沟5000米、红军行军路线6000米，增加发展乡村旅游亮点，打造红色文化教育基地。

李德才事迹展示馆

桥头村

村情概况 桥头村距芦溪县城区11千米，全村总面积为12平方千米。有25个村小组、12个自然村；农户677户，总人口2360人。沂水河、瑞桥河、潭桥河交汇穿村而

桥头村桥头组

桥头村新农村建设点

过,芦万武旅游公路、宣万公路平行贯穿该村。全村实现组组通公路、户户通水电、处处通网络。主要姓氏有陈、刘、贺、曾、肖、巫、李等,其中陈姓、刘姓、贺姓均超过200人。

自然环境与资源 桥头村四面环山,3条河流从东、南、西3个不同的方向汇聚于此,再向北流向宣风袁河。全村耕地2070.75亩(基本农田2016亩),园地115.95亩,林地10917.6亩,水面243.6亩。

经济概况 农业主要作物为水稻,种植面积2070.75亩。有韭菜基地1个、药材种植基地1个、蔬菜基地1个,带动就业15人。境内有各类小型商店5个。2021年村级集体经济收入20万元。

基础设施 经过村境内的314省道为主要干道,域内长2千米,主要村组路为桥头幼儿园至上源路口,长4千米,宽6米;宽带覆盖率达98%。供电用户677户,实现100%供电。村里建设有主渠道3.2千米,灌溉面积2070亩,山塘灌溉面积157亩。全村为山泉水集中供水。

桥头新农村建设,投入资金约90万元,37户104人受益;上源新农村建设,投入资金约30万元,37户100人受益。

社会发展 全村境内有学校2所,分别是桥头小学、桥头幼儿园。有师资24

人,学生120人。在村内文体广场1个,建有篮球场。设卫生所1个,有医生1人。

共有392人享受居民养老保险;176人享受社保,其中92人为失地农民保险;低保人员47人。村内有幸福食堂。

特色地情 桥头村是革命老区。1930年在宣风桥头建立观山乡苏维埃政府,进行土地改革。第二次国内革命战争时期,彭德怀曾率部队途经桥头村,在此发展壮大红军和赤卫队。曾任苏维埃主席的肖仁文烈士,以及李生福、尤梅生、朱庚寿烈士,在这里留下了红色故事。

马塘村

村情概况 1968年原珠木大队、马塘大队、西布大队、开石源大队合并为新联大队,1980年分为新联大队、开石源大队,后改为新联村、开石源村。2007年合并为马塘村。

马塘村东连里山,西接沂源,南邻万龙山,北毗盘田、京口。四面环山,宣风公路穿村而过。全村面积约15平方千米。有19个村民小组,517户1678人。居住人口以汉族为主。主要姓氏为李、易、黄、陈、肖、谢、刘姓。

自然环境与资源 马塘村地广人稀,森林面积覆盖率60%,山林面积18000亩,森林资源丰富,马塘河穿村而过。茶山竹海,空气清新,小桥流水,鸟语花香。村内有石

马塘村枫梓城古村落

马塘村一老一小幸福院

英砂、天然大理石等矿产资源。常见动物有獐、狍、野猪、野兔、野鸡等,植物有竹子、茶树、柏树、枫树、梓树以及红豆杉等珍稀植物。

经济概况 农业主要作物为水稻,种植面积3285.945亩。马塘村老山组有九龙山采石场,带动劳动力就业50余人。境内有各类小型商店2个。2021年村级集体经济收入17万元。

基础设施 经过村境内的宣里公路为县道,域内长5千米。主要村组路为马塘组至老山组,长2千米,宽8米,为水泥路面;白沙下组至笆箕窝组,长2千米,宽3.5米,为水泥路路面;马塘组至枫梓城组,长7千米,宽3.5米,路面未硬化。宽带安装率59%。全村供电用户517户,年用电量约7.7千瓦时。

村内19个自然组有水渠相通。各组均建有储水池和水塔,户户通自来水。

西布下新农村建设,投入资金约30万元,39户140人受益;马塘组新农村建设,投入资金约30万元,23户75人受益;珠木岭组新农村建设,投入资金约30万元,46户145人受益;竹山下组新农村建设,投入资金约30万元,27户104人受益;坳上组新农村建设,投入资金约30万元,62户186人受益;尖石下组新农村建设,投入资金约30万元,39户124人受益。

社会发展 村内有盘田幼儿园,占地面积240平方米,有教师3人、学生8人。在村内文体广场建有篮球场。村内设卫生所1个,有医生2人。

全村共有321人享受居民养老保险;321人享受社保,低保人员48户73人,特困分散供养27户28人,38名残疾人。村内设有幸福食堂。

特色地情 第二次国内革命战争时期,这里曾是苏维埃乡政府的所在地。姚斌山率领赤卫队50余人曾在这里战斗。

村内有枫梓城、开石源等传统古村落。依山而造的梯田,层层叠叠,犹如条条银丝带在山野中闪烁,如诗如画。枫梓城土壤含矿物质成分,土壤呈现赭红色,形成特有的天然景观。

村内有佐爷庙,为当地福主庙,始建于1933年,位于宣风镇马塘村西布下境内,由于历史原因几经毁建,2011年修缮一新,占地面积约130平方米。村内还有惜字亭。特产有糍粑、红薯丸、鸡公嘎嘎等。文化传承方面有春雷花灯戏。

里山村

村情概况　里山村位于宣风镇东部,东邻宜春市刘坊村,南邻万龙山龙上村,西邻马塘村,北与吐霞村接壤。总面积9.6平方千米,其中耕地面积1914.8余亩、山林面积10811亩。海拔高度630米,为宣风镇最高。共有12个村民小组,345户1298人。常住人口全部为汉族,主要姓氏有刘、黄、李等姓。曾获评江西省"绿色社区、美丽家园"示范社区。

经济概况　引入萍乡市芦溪县里山村怡民园种养专业合作社、里山家鑫农业有限公司、萍乡市林云种养专业合作社养牛基地等农业企业。农业主要作物为水稻,种

里山村鸟瞰

植面积2269.92亩。

引进里山石磨豆腐厂,带动本村务工人员50余人。有1个花卉苗木基地,带动劳动力就业32人。境内有小型商店2个。2022年村级集体经济经营性收入22万元。

基础设施 乡道宣里公路为主要干道,长2千米,村道为下里山—里山—棉花坪、下里山—中里山—上里山、上里山—王家芳、下里山—上里山—花草坪。宽带覆盖率95%。全村供电用户314户,实现100%供电。

村里水渠主渠道3.2千米,灌溉面积2269亩。山塘灌溉125亩。自来水占全村86%,其他为山泉水集中供水。

社会发展 村内建有里山小学,该校始建于1995年,占地面积500余平方米,有教师7人、学生30人。在下里山、大坪前2个自然村各有群众活动中心1处。在中里山地带有诊所1处,村卫生室建于1998年,有村医1人。

有314人享受居民养老保险;低保人员38人;村内有老人活动中心和幸福食堂,内设棋牌室、阅览室、健身室。

特色地情 花草坪莲花庵有2000多年历史,分为上、中、下庵,"文化大革命"中被拆除。当地有花草坪神蛇的传说:在明清年代,花草坪有上、中、下庵,上庵位于莲花峰,当时香火鼎盛,每天都有和尚往来上、中、下庵。有次,一个小和尚下山,在路上遇到头上长着红冠的蟒蛇挡住去路,小和尚只好返回上庵告诉老和尚。老和尚亲自前往看个究竟,果然看到一条头上长着红冠的蟒蛇,遇路人便化为巨蟒挡路。老和尚道:"阿弥陀佛,你是何方妖孽,竟敢在此施放妖术,看在老衲的份上,能否回你修炼之地,不要在此祸害大众?"可蟒蛇置之不理,老和尚心生一计,道:"你既然可变大,能否变小?"蟒蛇一听,随即变成绣花针大小,以展示自己的本领。哪知老和尚马上施展法术,用戒尺将旁边的石山劈开一道裂缝,并将蟒蛇塞进石缝中,在上方刻上"阿弥陀佛",念咒语贴上咒符:待到铁树开花,马长角,洪水涨到齐洞口时方可出来。神蛇被困在石缝中,再也没有出来。

村境内还有上里山黄公祠及古老的石桥古塔。境内有石龙江徒步旅游线路。

水府街社区、万寿街社区

水府街社区居委会原为水府居委会、建设居委会,于2006年合并为宣风镇水府街社区,位于宣风镇东部,面积约3.5平方千米。万寿街社区居委会由万寿街居委会、芥子路居委会于2006年合并而成,位于宣风镇西部,面积约1.7平方千米。水府街社区

水府街社区、万寿街社区

与万寿街社区合并办公,辖区东至320国道,南与红桥村交叉,北与茶垣村接壤,西靠袁河。

水府街社区设4个居民小组,有居民496户1387人;万寿街社区设4个居民小组,有居民548户1689人。

水府街社区境内有宣风医院、宣风农商银行、农业银行宣风分行、汽车站、商贸城市场;万寿街社区境内有商贸

宣风镇中心学校

城、农贸市场新街、老街,有商铺1000多个,历来是宣风的主要商贸区。

在水府街社区内文体广场投入60余万元建设篮球场。在万寿街社区内文体广场投入50余万元建设篮球场。

境内共有591人享受居民养老保险,443人享受职工社保,低保人员98人。推行"党建+幸福食堂"养老服务,年服务5110人次。

水府街社区有易简故居,为县级文物保护单位。

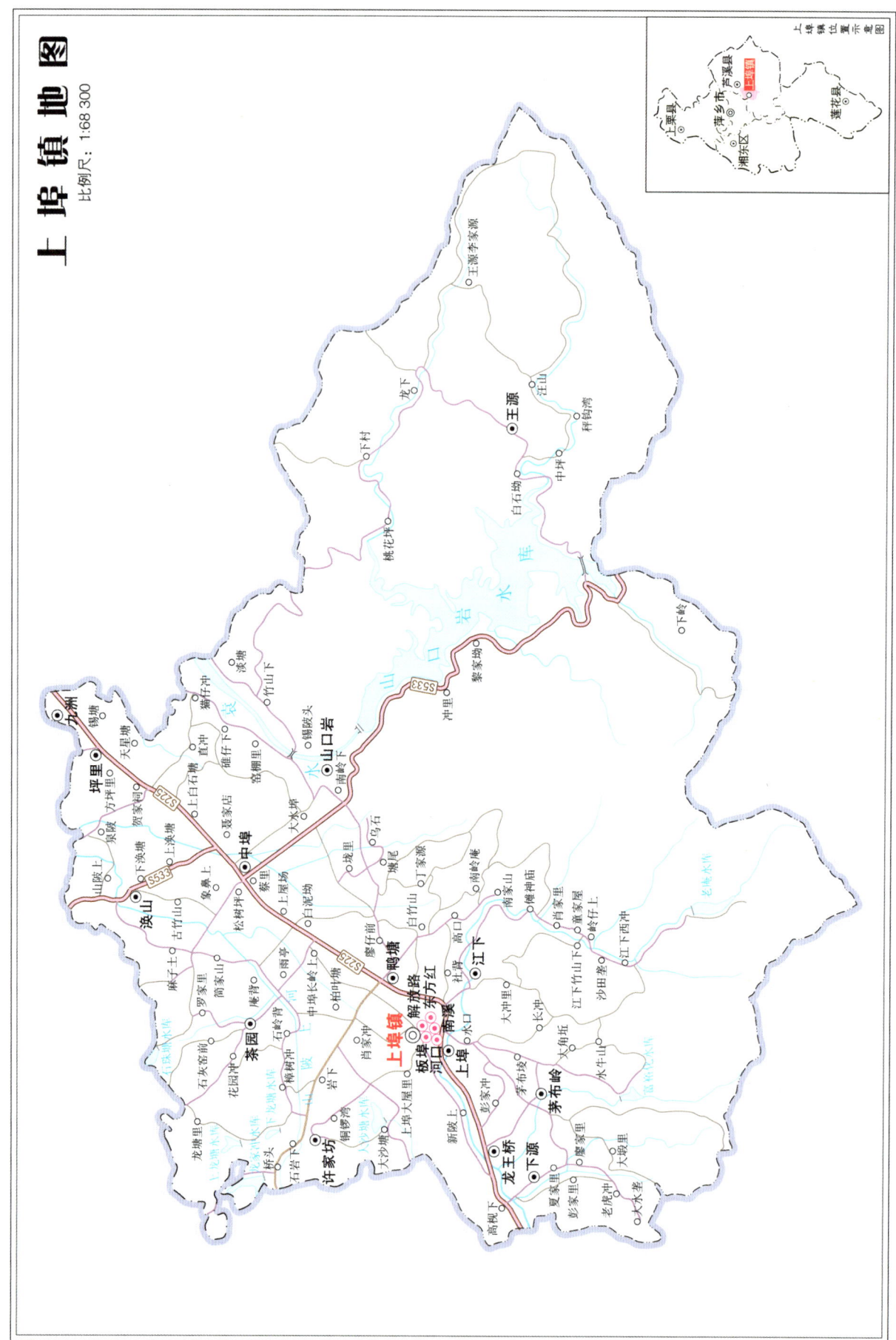

上埠镇

上埠镇位于芦溪县西部,东连芦溪镇,西接南坑镇,南邻新泉乡、张佳坊乡,北毗芦溪镇、高坑镇。境内交通方便,贯穿全境的芦南公路东接320国道,西连319国道。与县城生态新城区相连,是山口岩国家湿地公园所在地,素有"百年电瓷名镇""全国电瓷之乡"美誉。镇域面积79.6平方千米,其中耕地面积1.7万亩,林地面积6.3万亩。

中华民国时期,属萍乡县上埠乡。1950年,属萍乡县芦溪区、安源区,境内划分为芦溪区白竹山乡、聂家店乡、九洲乡、观霞乡(部分)、上埠街和安源区妙泉乡(部分);1952年,属萍乡县芦溪区、安源区,境内划分为芦溪区江霞乡、胜鸣乡、白竹山乡、涣山乡、聂家店乡、九洲乡、观霞乡(部分)、上埠街和安源区两严乡;1956年,属萍乡县芦溪区、麻山区,境内划分为芦溪区江霞乡、观霞乡(部分)、上埠镇和麻山区妙泉乡(部分);1958年,成立上埠公社;1960年,成立上埠城市公社;1961年,属萍乡市芦溪区,撤销上埠城市公社,境内划分为上埠公社、上埠镇;1968年,上埠公社和上埠镇合并为上埠镇;1971年,为萍乡市芦溪区上埠镇;1997年,为芦溪县上埠镇延续至今。

截至2021年底,有14个村,5个居委会,11521户39260人,其中常住人口25250人,流动人口1135人。居住人口中以汉族为主,另有14个少数民族,共计87人,具体为壮族28人、土家族17人、苗族13人、侗族7人、瑶族5人、满族5人、布依族3人、哈尼族2人、畲族2人、回族1人、黎族1人、彝族1人、舍族1人、蒙古族1人。

上埠镇综合文化站

自然环境与资源 上埠镇地形以丘陵、山区为主,地势东南高、西北低。东南部为山区,群山起伏,连绵不断,最高处为境东王源村半天飞山峰,海拔1002米;西北部为丘陵、山坡、旱土、水田相间相连。最低处为境西龙王桥村,海拔140米。

境内气候温和,四季分明,年均气温17.2℃,年均降水量1569.2毫米。全年无霜期约为270天。全镇中小河流10支,属袁河、新华河、南坑河主干及支流,袁水河经境东流,老庵、板埠水流入萍水河。境内矿产资源丰富,主要有煤炭、瓷泥、石英砂、石墨,具体矿产储存量有待于专业勘探。珍稀植物有红豆杉、银杏、方竹等。珍稀动物有水鹿、黄腹角雉、白鹇等。

经济概况 上埠镇耕地保有量21795亩,基本农田保护面积17656亩,高标准农田2018—2020年共计完成8187亩,农业特征主要有水稻种植、大棚蔬菜、经济林果(柚子、金冠梨、脐橙、水蜜桃等)、畜禽养殖及水产养殖相结合的种养业,施肥主要以复合肥、有机肥为主。粮食年种植面积2.55万亩,产量2200万斤,大豆种植面积0.18万亩,油料种植面积1.55万亩,确保了全年粮食油料安全生产稳定。

工业企业有145家,年产值154311.2万元,纳税10098.35万元,解决就业人数4217人,推动了上埠镇的经济发展。2021年新签约项目6个,总投资44.8亿元,排名全县第二。成功引进大莲电瓷、抚顺电瓷两个"5020"项目,实现国内五大电瓷龙头企业两家在上埠落户。

全镇营业面积超400平方米以上的商贸企业有3家,分别是上埠镇老街粤客隆超市、上埠镇新国联生活超市、上埠镇大众生活超市。服务业企业有4家,分别是上埠宾馆、华通宾馆、贵宾楼宾馆、萍乡市鑫祥旅游开发有限公司。

2021年,上埠镇完成财政总收入22112万元,同比增长10.6%。

基础设施 经过境内的省道有2条,分别是:S225(芦南公路)和S533(聂新武公路),公路等级均为二级公路。县道1条X802(幕冲至上埠),等级为三级公路。乡道18条共计约58千米,道路路面宽均为6米,村组路约118千米,道路路面宽均为5米,公路等级为四级公路。2021年,随着城乡环境品质提升和适应"四好农村公路"要求,乡村道路沥青路面改造完成铺设约20千米,总投资约800万元,水泥路面硬化率

100%。

截至2021年底,移动用户18626户,移动宽带用户4656户。

境内水库8座,其中大(2)型水库1座即山口岩水库、小(1)型水库1座即江下村老庵水库,小(2)型水库6座,分布在许坊村、上埠村、茶园村、茅布岭村等村,8座水库库容约为1.08亿立方米。山塘266座,重点山塘10座,全镇流域面积约为280平方千米。

自2016年以来,上埠镇共建设新农村点191个,总投资约5700万元,辐射辖区14个村,184个村民小组。

社会发展 上埠镇现有上埠镇中学、上埠镇第二中学、上埠镇中心学校、上埠镇中心幼儿园4所学校,下辖村小学4所,幼儿园5所。义务教育阶段在校学生共计3596人,其中初中学生1678人、小学学生1207人、幼儿园学生711人。全镇在岗在编教师数共320人。

2023年共有国家级专精特新"小巨人"企业3家,国家知识产权优势企业1家,省级创新型中小企业13家,省级专精特新企业25家,省级专业化小巨人企业1家,省级企业技术中心2家,省级高新技术企业18家。江西省星海电瓷制造有限公司被评为萍乡市2023年度国家级绿色工厂、省级绿色工厂,江西百新电瓷电气有限公司被评为知识产权优势企业。

建有综合性公园4个,文化馆和农村书屋21个,投资2000多万元建设文体活动广场85个,面积2万余平方米,篮球场、足球场(室内足球场)、门球场、羽毛球场、乒乓球场等高标准文体、休闲设施一应俱全。

芦溪县上埠镇中心卫生院创建于1953年,总占地面积6913平方米,建筑面积5588平方米,是一所一级甲等综合性中心卫生院。医院现有在职职工86人,其中卫生专业技术人员79人,占91.8%。医院分设住院部、门诊部。住院部设有内科、外科、儿科、妇产科、五官科、眼科、中医科、康复医学科、公共卫生科等,辅助科室设有化验室、B超室、影像科、心电图室、多普勒室等。

辖区内有24所村级卫生室(其中公有产权13所,私有产权11所),共有乡村医生46人,其中取得执业助理医师6人,执业医师1人。配备了高压灭菌器、便捷式血糖检测仪、雾化吸入器、紫外线消毒灯、冷藏箱等设备。

辖区内共有13155人购买城乡居民养老保险,待遇领取人员3952人。截至2021年,共有农村低保1289户1796人,城镇低保1064户1818人,共发放农村低保金756万元,城镇低保金1102.04万元。已完成农村居家养老服务中心建设的行政村有中埠村、山口岩村、茅布岭村、坪里村、下源村、龙王桥村、上埠村、涣山村、鸭塘村、江下村、王源村、九洲村、许家坊村。打造了1家社区居家养老服务中心。

辖区内山上林木达52类300余种,药用植物300余种,森林覆盖率62.7%。共建有农村污水处理设施7座,位于下源村、龙王桥村、茶园村、鸭塘村、上埠村、江下村、板

上埠镇电瓷博览园

埠居委会等地。污水处理设施设计规模220吨/天,管网长度共计6.68千米,纳管户数326户,纳管人数1200余人。

特色地情 登冈山:三国时期,葛祖师(葛玄)曾在此修炼,其侄孙道学理论家葛洪(号抱朴子)于东晋时也曾到此修炼传道,后去武功山修炼传道,故登冈山又称"抱朴仙山"。庵始建于东晋,后迁建之庵建于宋朝,乾隆二十年(1755)续修庵宇,1982年复建,各殿堂供奉老君、玉皇、观音等数十尊神像。

特产有"武功一叶"精品名优茶叶、传统土蜂蜜。

茶园村牛带茶系传统民间艺术,集说、唱、舞、灯为一体,配以民间乐器,内容多是从历史故事和传说中采撷,融入当地民俗创作而成,一般用于祈福、庆贺等。最早源于清朝,有200多年历史,盛行于20世纪50年代。唱词诙谐幽默、雅俗共赏。每年春节,牛带茶演出邀约不断,平均每年演出30余场,曾获萍乡县文艺汇演一等奖,入选江西省第三批省级非物质文化遗产名录。

舞龙在民间较普遍,每年春节,上埠镇都举行龙灯会,通过精彩纷呈的舞龙,展现出村民们对幸福、美好、富裕、吉祥的追求和向往。

乡镇荣誉 2021年上埠镇获评江西省美丽乡镇建设示范镇、江西省第二批"五型"政府建设示范乡镇、江西省退役军人"退役不褪色、退伍不退志"示范单位、全省深入推行"尊崇工作法"示范单位,电瓷博览园被评为江西工业遗产旅游基地,袁水源红色文化园景区被列入国家AAAA级旅游景区创建名单。上埠镇坪里村获评2021年度"全国民主法治示范村(社区)",涣山村获评全国综合减灾示范社区。

山口岩村

村情概况　原为竹山下生产大队、大水埠生产大队、乌石生产大队3个生产大队，1958年合并为山口岩生产大队。1982年生产大队改制后，为山口岩村，1984年分村为山口岩村和乌石村，2003年乌石村与山口岩村再次合并为山口岩村。

村庄位于上埠镇东部、山口岩水库下游，芦新公路、袁河穿村而过，交通便利，曾经是芦溪连接新泉的水路重要节点，东接芦溪镇山下村，南临王源村，西接鸭塘村，北靠中埠村和坪里村。全村辖区面积7.8平方千米。

全村有22个村民小组，13个自然村（大水埠、南岭下、乌石、塘尾、黄土岸下、陇里、街积上、窑棚里、碓仔下、茅仔冲、头陂上、竹山下、淡塘）。全村人口户数841户，总人口3324人，常住人口2258人，流动人口1066人。居住人口中，以汉族为主，苗族5人、壮族2人。主要姓氏有刘、周、王、陈姓。

自然环境与资源　山口岩村位于罗霄山脉脚下，地处丘陵地带，是芦溪县山口岩国家湿地公园核心区，面积6737.4亩。湿地率61.37%，水域面积814.35亩，湿地公园内共有维管束植物103科、264属、421种。

山口岩水资源丰富，赣江一级支流袁水河的源头在境内。有国家大（2）型水库（山口岩水库），储水量1亿立方米，是萍乡市饮用水水源地，坝址位于山口岩村上游约1千米处，距芦溪县城7.6千米，距萍乡市约30千米，是一座以供水、防洪为主，兼顾发电、灌溉等综合利用的大型水利枢纽工程。

山林风景"狗脑寨"坐落于山口岩村内，村内林地资源丰富，林地面积6000亩，有原始森林1500亩，森林覆盖率68%。

经济概况　山口岩村耕地面积2120亩（水田1920亩），2021年粮食播种面积1500亩，油菜种植面积1000亩。发展马家柚、梨子、荷花、富硒蔬菜等"六个百亩"项目。主要依托红色旅游、红色教育、自然生态环境资源发展第三产业。全年接待游客约20万人次，形成了以江西袁水源农业科技有限公司为龙头的休闲农业产业链，以萍乡市山口岩古泉旅游度假山庄有限公司为龙头的生态农庄，以萍乡市山口岩红源旅游开发有限公司为龙头的红色旅游产业链，以萍乡市鑫祥旅游开发有限公司为龙头的水上运动体验产业链，辐射带动农家乐6家、民宿12家、便利店22家，解决就业人数120余人。

山口岩村村口

2021年,山口岩村村集体经济收入55万元,村民人均可支配收入约2.2万元。

基础设施 经过境内有533省道、X161县道、Y764乡道。村级投资700多万元,村内建设3万平方米沥青路面,"户户通"路面硬化25千米。村内设邮政代办点1个,通信网络、宽带安装实现全覆盖。

村内有河流1条、山塘13个、池塘87口。已建设10个高位饮水工程,覆盖22个村小组,供水规模120吨/天,受益人口3286人。综合整治河道2000米,建设防洪亲水设施,改造陂坝,新建桥梁,滨河道路建设和沿河景观绿化等,堤防、护岸及主要建筑物工程级别为5级。

完成大水埠自然村、南岭下自然村、安置区3个新农村建设点,头坡上1个精品村庄建设。

社会发展 卢德铭小学,建于2014年,为江西省重点示范小学,占地面积1300平方米,建筑面积2108平方米,现有9名教师,学生170名。2020年,红色教育培训中心建成并投入使用。

依托党群服务中心、新时代文明实践站、农家书屋,建有7个文化广场,基本满足村民业余休闲、娱乐、健身锻炼的需求。建有2个村级卫生室,配有4个乡村医生驻点,基本医疗设施、常用药品齐全,能够解决村民基本医疗需求。

购买养老保险、社保355户1430人(其中失地农民保险250户、1003人),低保人员128人。

村委会成立"四室、两站、一会、一堂、一中心"社会保障机制。四室:乡村振兴工作室、民情调解工作室、心理健康咨询工作室、妇女儿童权益保障工作室;两站:便民服务站、退役军人服务站;一会:村民理事会;一堂:幸福食堂;一中心:老年人活动中心。

建成生活垃圾集中处理设施22个,农村生活垃圾有效治理率稳定在98%以上,改水改厕3200余户(改厕率达92%),房相改造670套,池塘整治10口,墙面出新3.5万平方米,彩钢瓦整治2000平方米,拆除破旧"三房"45栋,完成污水处理主管网、污水处理设施建设,雨污分流管网6000米,污水处理设施覆盖8个村组;森林覆盖面积4500亩,村内绿化面积55亩,新农村点周边植树造林50亩,山坡林草植被恢复率91%。

特色地情 1927年9月,毛泽东率领秋收起义部队途经山口岩,秋收起义总指挥卢德铭为掩护大部队撤退,在山口岩境内壮烈牺牲。新民主主义革命时期,山口岩村有刘全源、曾云等20多位革命烈士。

卢德铭烈士墓为省级文物保护单位,江西省爱国主义教育基地。建于1983年,坐西朝东,由烈士全身像塑像、中座和底座三部分组成,通高6.4米,占地面积45平方米。

卢德铭(1905—1927),字邦鼎,四川宜宾人。1924年考入黄埔军校,同年加入中国共产党。先后任叶挺独立团第二营四连连长、独立团第一营营长、第二十五师第七十三团参谋长、第四集团军第二方面军总指挥部警卫团团长。1927年8月2日,率警卫团前往南昌参加起义;9月9日,任秋收起义总指挥,率团参加毛泽东领导的湘赣边界秋收起义,25日起义部队在萍乡芦溪山口岩遭到国民党军队的袭击,不幸中弹牺牲。

刘全源(1905—1935),上埠镇山口岩村人,1930年加入中国共产党。曾任八区红色游击队政治委员、萍乡独立营侦察组长等职。1931年秋冬,萍乡保安团重兵"围剿"苏区。为打破敌人的经济封锁,八区游击队改编为萍乡县苏维埃政府交通队,刘全源任队长兼政委,担负扫清苏区通往外界交通线上的障碍、解决苏区的经济危机、惩罚外

山口岩村

逃的土豪劣绅三大任务。刘全源以一支手枪、两把匕首,长期隐蔽在白区,惩土豪,杀恶棍,神出鬼没。1934年反"围剿"失利后,为适应斗争的需要,交通队改编为白区游击队。1935年春,刘全源被叛徒出卖,不幸被捕,壮烈牺牲。

境内有民间手工艺制作砖瓦遗址,一条新中国成立初期人工开凿的农田灌溉引水水渠,一座镇河宝塔。

特产有民间腊肉、红薯片、米片、南瓜片、苦瓜片、秋葵条、冰糖冬瓜条、油炸丸子、糖根、谷酒等。

王源村

村情概况 民国时期为芦溪县民主乡三保二甲。新中国成立初期为萍乡县芦溪区公所观下乡九洲农民协会,1959年成立九洲农林大队,龙下、中坪两个高级农业合作社划归上埠人民公社管辖,1961年从九洲农林大队划出成立龙下、中坪两个生产大队,1968年底由中坪、龙下两个生产大队合并成立王源大队。1984年改为上埠镇王源村。2003年10月并入九洲村,2011年5月因山口岩水库建设移民搬迁完成,重新从九洲划治,2014年1月恢复王源村行政村建制。村名因村委会驻地王源自然村而得名。

王源村位于芦溪县南部,上埠镇东部,距县城13千米,距镇政府12千米。北、东、

王源村

王源村王源大桥

南三面环山,西临山口岩大(2)型水库。四周与芦溪、新泉、张佳坊及本镇山口岩管理处等乡镇村接界。面积14.7平方千米,境内最高峰海拔1020米。辖13个自然村17个村民小组,共246户902人。

自然环境与资源 王源村地势东高西低,中间一山相隔。有龙下、中坪两条小溪汇入山口岩水库。辖区内有林地22000亩,其中毛竹林7000余亩,针阔混交自然林11000余亩,人工经济林3000余亩,退耕还林700亩,森林覆盖率91%,有千年红豆杉2棵,五百年枫树2棵,桂花等珍稀树木多棵,野生动物有水鹿、红腹锦鸡、穿山甲等。

经济概况 全村有耕地670亩,种植一季水稻,经济作物有油茶、茶叶等,主产茶叶、土蜂蜜等。上埠镇的传统土蜂蜜养殖户多集中在王源村。山多田少,村民主要经济收入靠林业生产及外出务工。有招商引资企业2家,"武功一叶"有机生态茶叶种植基地落户在苏家湾自然村。2022年集体经济收入1.2万元。

基础设施 交通位置有"三靠"优势,靠近县城、靠近山口岩水库、靠近武功山旅游公路。进出村公路从九洲(长潭桥)王源大桥进入山口岩村,两条乡村公路长13.5千米,贯穿全村。村组道路完成14个村民小组的道路水泥硬化4千米,组户通道路完成20%水泥路面硬化。有水电站2座,分别位于汪山、白石坳,总装机容量500千瓦。

2018—2019年,完成白石坳新农村建设,村容村貌得到全面改善。

村办公综合楼于2016年7月建成投入使用,三层钢混结构,面积近700平方米。村级医疗卫生所正在完善建设中。

特色地情 廖湘普(1908—1935),王源古庙人,土地革命战争时期时任苏维埃大安区八区大队大队长,1935年被反动派杀害,其遗骸2015年迁葬卢德铭烈士陵园。

余特凡(1891—1975),王源白石坳组人,民国时期为萍乡十大名医之一,新中国成立后任萍乡市中医院副院长,医术精湛,深受当地群众赞誉。

桃花坪、中坪有2株香枫,高达100余米,胸径达1米余,树冠近30米,树龄400年以上;中坪、下古庙、苏家湾有胸径超1米的桂花树多株,树龄均在200年以上;梨子冲有2株红豆杉,高达60余米,胸径近2米,树冠20余米,树龄近千年。

由于海拔落差大,飞瀑流泉随处可见,最长的瀑布古庙有2处,苏家湾有1处。有许多山峰怪石,最出名的是白石坳河枫里的"圆鱼顾子"(水库蓄水淹没),其形栩栩如生。

古庙有古石拱桥,名为沈公桥,相传由大安里沈员外捐资修建。

中埠村

村情概况 中埠村前身为中埠新生社,后按地名取名,更改为中埠村。

中埠村位于上埠镇中心地带,与本镇鸭塘村、茶园村、涣山村、坪里管理处、山口岩管理处四面相连。芦南公路与武功山旅游公路在境内交会,地理位置优越,生态环境优美。全村以平原为主,分布少许山岭,有森林面积4200亩。辖14个村民小组10个自然村(茅庵里、松树坪、竹山里、蔡里、中心屋场、花园背、上屋场、街仔上、白泥坳、长岭上)。共有738户,总人口2980人。

经济概况 中埠村耕地面积1650亩。于2018年新建高标准基本农田500亩。2019年新建高标准基本农田750亩。2021年建成富硒富锌蔬菜基地80亩、养殖基地10亩。同年通过流转1000亩闲置农田,引进江西天涯种业科技有限公司进行杂交水稻育种。

辖区内有电瓷厂3家(萍瓷出口电瓷、萍乡旭华电瓷、萍乡恒仁电瓷),萍乡港华燃气公司设在中埠村辖区内。

2021年建设80亩富锌富硒种植基地。入股县农发公司发展特色产业70万元，2022年、2023年共建成320千瓦光伏电站。集体经济年收入约20万元。

基础设施　全村14个村组均实现路面硬化，安装路灯200余盏，驻村帮扶单位帮助解决50万元资金，用于建设大壁头农业生产灌溉水坝、硬化花园背至元甲埠道路（约800米）。

建设高标准农田1300亩，新修水圳3000米。建设了元家埠、中心屋场、花园背、蔡里等5个新农村点。建成居家养老服务中心1个、文化活动中心1个、公有制卫生室1个，提升村民生活质量。2023年新建松树坪新农村点、残疾人自强健身示范点。

社会发展　村内有学校2所。中埠村小幼儿园有教师10多人，学生100多人。上埠镇二中有师生1000多人，多次被评为先进教学基地。

较多村民自发进行广场舞娱乐。村委会组织"戏曲文化，唱响芦溪"戏曲进乡村演出，丰富村民娱乐生活。

2017年新建村级卫生所1栋，建筑面积190余平方米。有村级卫生医生2名。新农合参保率100%，社保、低保等应保尽保。

特色地情　蓝太仙庵，坐落在中埠村庙下，始建于唐朝。

中埠龙王祠，坐落在中埠村松树坪，坐北朝南，始建于清道光年间，占地面积245

中埠村蔬菜生产基地

中埠村

平方米,建筑面积104平方米。2004年9月重修并扩建。每年正月初十龙王出行,做春祠。八月十一日龙王寿诞做寿酒祝寿。

中埠王爷庙,坐落在中埠小学后面,四周水田,左边一口水井,于清光绪二年(1876)八月十六日动工,光绪四年竣工。

中埠村有着逢年过节男人舞缩龙、女人跳秧歌舞打腰鼓的习俗,至今已有100多年的历史。

下源村

村情概况 原名"夏源",与现茅布岭村、龙王桥村同属新民大队。1986年分村后改名为"下源村"。

下源村位于上埠镇西南部,芦南公路沿村风水口而过,东接茅布岭村,南临南坑镇,西接妙泉村,北靠龙王桥村。辖区面积2.53平方千米,其中山岭约3000亩,农田约400亩。

全村有8个村民小组,312户,1068人。居住人口以汉族为主,少数民族2人。全村主要姓氏有王、廖、彭、李、刘姓。

自然环境与资源 下源村属山冲村,呈凹形,三面背山,村民居住房沿山脚而建。村中间有一条小溪,源于苏家冲古泉。水塘主要分布在五组、六组、七组、八组,有9口水塘建于1986年前,随生产队粮作而建,总面积20亩左右,灌溉农田约200亩。

村境内矿藏资源主要为瓷泥、石灰石、煤、铁矿等。山林以杉树、毛竹、油茶林为主,野生动物有野猪、麂子、野鸡等。

经济概况 农业作物农田以水稻为主，山岭经济作物以茶油为主。养殖方面村民一般以养鸡、鸭、鹅为主，有4户养羊，1户养牛，1户养蜂，收入基本满足家庭日常开销所需。

因本地瓷泥资源丰富，新中国成立后生产日用瓷，20世纪90年代演变为生产电路电瓷。境内现有电瓷厂家3家，下游配套企业3家，电瓷附件厂2家，塑料企业1家，年产值3000万元左右。

本村村民创办农家乐水上人家、富裕山庄，安排本地村民就业13人。

近十年来村级集体经济年均收入20万元左右，主要来源本村境内萍乡华创电气有限公司、江西省萍乡市富源瓷业有限公司厂房租赁。

基础设施 下源村靠近芦南公路，村境内硬化道路长9千米，户户通硬化道宽3米，总长5000米。全村均已通宽带，312户均已通电，全村年用电量约120万千瓦时。全村均已实现旱厕改水厕，通自来水。

该村无大型水库，有抗旱蓄水池塘9口，总计水面20亩左右，其中项目拨款修缮池塘1口，水面4亩左右，其他8口属村集体自行维护。全村主排水溪流河道长4千米左右，农作水渠总计6千米左右，大部分水渠三面硬化，每年春耕村集体组织村民疏通整修一次。

全村8个自然村小组均修建村民公共活动场所。四组廖家里新农村点、八组李家里新农村点公共活动场所设有篮球场，一组苏家冲新农村点设有文艺舞台，二组新农村点设有休闲亭、活动广场，三组放牛坪新农村点设有健身器材和散步走廊，五组、六组、七组新农村点各设有休闲健身场所。

社会发展 由于教学设施简陋，师资偏少，村办小学于1998年并入龙王桥小学。

下源村

下源村村口

2015年，龙王桥小学又并入上埠镇中心小学。

设有下源村卫生院，有乡村从医资质人员2人。

成年村民约60%购买农保，40%购买社保或正享受社保。全村共有低保人员56户83人。建有老年活动中心、幸福食堂各1处。有17名本村老年人在幸福食堂用餐。

森林覆盖面积占85%以上，其中以油茶林、杉树林、竹林为主。沿村主干道两边绿化率100%。村民饮用水质安全达标，村境内水土、空气无化工污染。村委会牵头建立下源村红色连心服务队，以志愿者、村民小组长带头行动，带动村民群众主动参与人居环境整治中。每月在各组评选出一户"美丽家庭"，给予奖状和物资奖励，鼓励村民自觉维护房屋周边环境卫生。

特色地情　张大仙庵，始建于1911年。张大仙生于1886年，逝于1910年。生前食素不食荤，帮助村民看病不收钱，病者一治即愈。张大仙去世后，本村村民自发建庙纪念。

下源村有油茶种植的传统习惯，茶油品质在本地有一定的声誉。油茶种植起源于新中国成立初期，当时为解决各自村组村民的生活用油而大面积栽种。现村民大面积栽种改良品种，茶油产量大幅提高。

坪里村

村情概况　坪里村位于上埠镇北部,总面积4.5平方千米,辖9个村民小组,分别是亭子坳、锡塘、方坪里、直冲、贺家祠、钩形里、白石塘、聂家店(2个)。共646户,人口2514人。居住人口中以汉族为主。主要姓氏有陈、刘、王、龙、赖、贺。

自然环境与资源　坪里村属丘陵地区,主要河流是聂家店河,河长1200米,主要水源袁水流向辖区小河,灌溉全村农田。全村水塘有1座,水域面积30亩,坐落在白石塘组,灌溉良田600余亩。林木以香樟树为主,森林覆盖率为20%。

经济概况　全村耕地面积1512.7亩,农业主要作物为水稻,种植面积1318亩。

村境内有电瓷厂26家,比较有名的有江西省海克拉斯电瓷制造有限公司、江西省星海电瓷制造有限公司、抚顺电瓷有限公司、萍乡市南溪电瓷制造有限公司、萍乡华通电瓷厂、江西省信源电瓷有限公司等。其中,星海电瓷制造有限公司自主研发了国际领先的机械强度550kN瓷绝缘子;海克拉斯自主开发70—420kN各等级产品,并相继开发了XSP系列的三层伞型耐污绝缘子,填补了国内空白。

2022年村级集体经济收入18万余元,分别来自企业入股分红、企业劳务服务费用等。

基础设施　225省道贯穿全村,域内总长3千米。村主干道延伸至各村组,村主干道宽为4.5米,全村水泥路面硬化全覆盖。

坪里村

2017年直冲新农村建设示范点投资500余万元,面积0.6平方千米,涉及4个村民小组,101户468人。示范点境内保留了120余株陈年古樟和一口古井,古井经年200余年。2018年新农村建设点有亭子坳、锡塘,2021年新农村建设点有贺家祠。

社会发展　坪里小学创办于1996年,占地面积为5亩,现有师资11名,学生75名。境内有诊所2家,分别在方坪里、白石塘。全村购买养老保险、失地农民养老保险参保率70%以上,享受农村低保人员54户85人,建有老年活动中心1个。

特色地情　白马古庙,坐落在坪里村聂家店芦南公路旁,占地面积3000平方米,建筑面积400平方米,塑神像9尊。由当地民众为祀白马将军所建,始建于清乾隆二十八年(1763)。清同治八年(1869),民众捐资对寺庙进行了整修。2003年5月,扩建寺宇。

茅布岭村

村情概况　新中国成立初期为星丰合作社,1958年前属于南坑镇管辖。1962年与下源、龙王桥合并为新民大队。1973年成立茅布岭村。

茅布岭村位于上埠南部,东临江下村,南接下源村,西靠龙王桥村,北接上埠村,全村面积3.1平方千米。有易家坊、田心、弯里、大角丘、厂下5个自然村,其中易家坊人口较多。设13个村民小组,总户数424户,总人口1518人。主要姓氏有谢、王、彭、张、江、贺姓。

境内高岭土储藏丰富。有山林面积3900余亩。

农业以种植水稻为主,全村水稻种植面积850亩。村内有4家小型便利商店。村级集体经济主要以光伏发电项目为主要收入来源,每年收入4.5万元左右。

基础设施　茅布岭村龙王桥至弯里主干道于2021年1月拓宽,长1.4千米,宽6米。板埠至弹子坑道路长3千米,宽3米。近年来新建、维修、硬化自然村水泥路5千米。电信网络覆盖全村,5个自然村全部通电。茅布岭村生活饮用水为本地天然矿泉水,经各级疾控中心化验确认为标准安全饮用水。

小型水库1座,于20世纪60年代初修建,水域面积70亩,储水量为20多万立方米。水库储水流入厂下、田心河道,灌溉上千亩农田。

茅布岭村新农村建设点4个,分别是:田心自然村2个,投资60万元;易家坊自然村1个,投资30万元;弯里自然村1个,投资30万元。活动场所4个,分别是:大角丘自

茅布岭村

然村1个,投资4万元;厂下自然村1个,投资5万元;弯里自然村1个,投资4万元;易家坊自然村1个,投资3万元。

社会发展 田心幼儿园,建筑面积1500平方米,竣工于2014年,并于当年9月正式投入使用,学生每年在30人左右,配备3名幼儿园老师。弯里有1个主卫生所、1个分所,易家坊有卫生所分所1个。2017年由政府出资新建了茅布岭村卫生所。

村民合作医保参保率98%,社保、农保参保率99%。全村低保人数97人。2018年在易家坊自然村新建居家养老服务中心,占地面积200平方米。

特色地情 余安古,1894年生,茅布岭村人。曾任萍乡县八区茅布岭苏维埃政府主席,其妻子张兰英任妇女主任。1931年秋被叛徒出卖,两人在上埠同时被敌人杀害。

谢增政,茅布岭村易家坊人。民国时期为萍乡电瓷厂创始人之一,曾任萍乡县银行经理、萍乡县参议员。新中国成立后任萍乡中医院院长。

姜冲路边的凉亭内有当年红军经过留下的"只有工农红军才是抗日救国的军队"标语。

普陀寺坐落于该村度觉山,寺庙及寺前罗汉松树有300余年历史。

独轮车曾经是该村常见生活用品,在以前经济还较为落后的时期,独轮车不仅仅为本地村民生活用品托运工具,还被广泛用于运送瓷器原料高岭土。

龙王桥村

村情概况 村因境内龙王桥古桥得名。龙王桥历史上属萍乡县长丰乡五保一图,新中国成立前夕隶属南溪乡,新中国成立后有过"两严""赛南""新民"等富含时代印记的称谓,辖区也有所变化,但都以龙王桥为中心。新中国成立初属安源区两严乡,1958年为芦溪区上埠公社赛南大队,1962年分为茅布岭、下源和新民3个大队。1968年冬,茅布岭、下源并入新民大队。1972年析出茅布岭大队,仍称新民大队。1983年2月,新民大队更名为龙王桥大队。1984年改制为龙王桥村至今。

龙王桥村位于上埠镇南部,东接上埠村,南与茅布岭村相邻,西与下源村和南坑妙泉村毗邻,北与南坑山田村相连,村中心距离上埠中心街道约1.5千米,属于上埠镇城郊。辖区面积约3平方千米,全村555户2094人,有高枧下、黄陂塘、方坪里、驼背树下、龙王桥、干冲、狗陂上、新陂上、彭家冲和株树下10个自然村,14个村民小组。全村主要姓氏有王、彭、刘等。

龙王桥村

自然环境与资源 龙王桥地处丘陵地段，南溪河由东向西穿村而过。湿地面积2700多亩，林地面积1900余亩。

经济概况 龙王桥村耕地面积900余亩，水田发展马家柚、梨子、荷花、富硒蔬菜等"六个百亩"项目。有电瓷厂4个、竹篾加工厂1个。2022年龙王桥村村集体经济收入12万元。

龙王桥村省立陶业学校旧址

基础设施 225省道和老路南公路(陀板路)与南溪河并行。村内交通便利，村内主路为沥青路面。村内设邮政代办点1个，移动通信、网络、宽带安装实现全覆盖。全村供电用户555户，年用电量约180万千瓦时。村里建设有多条粮田水渠，村民自来水户户通。实施乡村建设行动，先后完成驼背树下自然村、龙王桥自然村、高枧下自然村、株树下自然村新农村建设。

社会发展 龙王桥小学(前身高枧小学)于1917年开办，至今有百余年历史。依托党群服务中心、新时代文明实践站、农家书屋、居家养老服务中心，基本满足村民业余休闲、娱乐、健身锻炼的需求。建有1个村级卫生室，配有1个乡村医生驻点。低保人员97人。

建成生活垃圾集中处理设施12个，农村生活垃圾有效治理率稳定在98%以上，改水改厕率达92%，池塘整治5口，拆除破旧"三房"13栋，完成污水处理主管网、污水处理设施建设，雨污分流管网2000米，污水处理设施覆盖10个村组。

特色地情 龙王桥靠近上埠街市，南溪河流经，制瓷条件得天独厚。《昭萍志略》记载："由萍城东行不四十里，实一市镇，地势形便，物产丰饶……清流激湍，助动轮机，椿泥沉淀，妙造自然。"描写的就是当时龙王桥一带制瓷作坊用水碓碎瓷泥的繁荣景象。

龙王桥村曾是中国陶瓷人才的摇篮。1938年，江西抗日义勇军第一支队进驻景德镇，江西省立陶业学校迁来上埠，校址设在龙王桥彭开全家，招收学生200多人，学风严格，派有教官上军训课。1944年5月，日寇侵入萍乡，省立陶业学校迁回景德镇。省立陶业学校在龙王桥办学的5年间，为萍乡乃至全国培养了一批瓷业技术力量，也为抗日战争时期萍乡瓷业的崛起做出了巨大的贡献,更为今天芦溪的瓷业高速发展奠定了坚实的基础。景德镇陶瓷大学的前身就是江西省立陶业学校,在筹建景德镇陶瓷大学校史馆时,校方到龙王桥寻找陶业学校在抗战时期的办学史料。

龙王桥境内有大大小小桥梁近10座,百年以上石拱桥有3座,均用桐油石灰做粘合剂,至今完好,其中历史最久的就是龙王桥。龙王桥旁边有座近400年的庙,通常认为先有龙王桥,后有龙王庙,据此推断龙王桥约有500年历史。

九洲村

村情概况 九洲村位于芦溪县西部,上埠镇南端,东起上王源村,南至下岭村与张家坊乡相连,西至山口岩村,北至山下村。全村面积18平方千米,下辖12个自然村,现有农户556户。全村一年四季不受干旱,不遭水灾,山洪暴发时保持着大小九个沙洲,"九洲"由此而得名。

2011年因山口岩水库建设,九洲村与王源村分开管理。因水库移民划分为3个片区:九洲移民小区、九洲村白石塘移民安置点、下岭和天皇庄2个自然村组。全村总人口2192人,主要姓氏有何、黄、刘、余、吴、邓、周姓,大部分村民居住在九洲移民小区。

自然环境与资源 九洲村海拔超过200米,森林面积覆盖率80%左右。曾经因整座山峰形似水牛,头部处接近水潭,因此有闻名当地的"犀牛下海"饮水的景点,后因

九洲村

九洲移民村大门

水库蓄水淹没,看不到形状了。下岭、上垅、西冲、水碓冲、张家源等山脉均有天然形成的小溪流汇聚,最终流入山口岩水库。森林面积2万余亩,其中竹林面积占80%以上。植物资源有古枫、古樟、古松、皂角、红豆杉、白玉兰等名贵树种。山林中时常有野猪、野鸡、毒蛇等出没,因特有的山泉水和土质,少数未移民农户还蓄养牛羊、家禽等。

经济概况 九洲村农业发展主要集中在天皇庄七组100余亩、下岭十一组和上垅西冲水堆冲十二组300余亩可利用土地,由于地势较高,主要靠开垦抛荒地种植瓜果、农产品等。

村级集体经济收入主要来源于钢架厂房收租和光伏发电项目收益等。2021年村集体经济总收入17.78万元。

基础设施 九洲移民小区和白石塘移民安置点均在芦南公路沿线。下岭自然村组沿芦新武进山公路直达下岭村组,下岭组水泥硬化路2条。九洲村天皇庄七组2021年以政府拨款建设基础设施,建成道路长1869米、宽5米,村民能开车直达天皇庄内。

下岭组有自然河流1条,黎家坳有山塘1口,天皇庄有山塘2口。

社会发展 九洲小学位于九洲移民小区内,始建于2017年,现有6个教学班,学生153人。学校占地面积3171平方米,建筑面积为1141.5平方米。九洲移民小区内设有小区广场,面积6700平方米,能进行篮球、舞蹈、健身等多种文体活动,休闲小亭内中老年儿童可进行棋牌娱乐活动。村委会内有农家书屋,可供中老年及儿童进行书籍阅读、棋牌跳绳等活动。九洲村医疗卫生所建立于2016年,24小时为村民提供医疗卫生服务。

因水库移民,九洲村80%~90%的老年人享受了政府补助的失地社保,青年人30%~40%享受了失地社保。全村享受低保人数为418人,每月享受政府补贴最低300元。

特色地情　水碓冲妙峰古寺,坐落于九洲村下岭水碓冲,始建于清朝乾隆四十七年(1782),距今已200多年,清晚期曾是萍乡宝积寺分支,香火鼎盛。古寺虽久经风雨侵蚀,但仍存有雕刻、牌匾、石牌等遗迹。

白马庙,村内原有四座白马庙,始建于清朝初期,至今300余年历史,都是建于水口之上,前朝袁水河流,前后有古樟、古枫。2011年因山口岩水库修建,合并新建一座白马庙,寺庙共占地面积500平方米,建筑面积300平方米。

江下村

村情概况　新中国成立初期属萍乡县芦溪区白竹山乡,1952年属芦溪区江下乡,1958年为上埠公社江下大队,1968年为上埠镇江下大队,1984年改制为江下村,2003年钟家源村并入江下村。

江下村

江下村位于上埠镇东南部,总面积13.8平方千米,东至张佳坊乡,南至茅布岭村,西至上埠村,北至鸭塘村,耕地面积1147亩,山林面积约1万亩。总人口2497人,辖8个村民小组。

经济概况 江下村有5家电瓷加工产业及1座水厂,电瓷加工产品达50多个品种,钟家源山泉水厂是生产饮用水的小型企业。

基础设施 全村基础设施趋于完善,垃圾全部集中处理,饮水工程全面覆盖,家家户户用上山泉水,村级公路户户通。2020年将村级活动场所改建为养老服务中心,将原幼儿园改造为村级活动办公场所。

2000年以来,在横路上、阳家屋场、钟家源片区沙田垅文化活动场所、江下村路口4个新农村建设点,打造休闲广场,升级改造道路,改善周边环境。

特色地情 辖区内有多处古建筑,关古寺始建于明朝,老宝塔有上百年历史,福主祠始建于1945年。

老庵水库从1958年开始兴建至1971年建成,并于2008年至2010年完成水库除险加固,水库集雨面积4650亩,灌溉面积2200亩,是一座以灌溉为主的重点小(1)型水库。

涣山村

村情概况 1949年7月萍乡解放,8月成立聂家店农会,负责土改工作。涣山划入聂家店农会管理。1952年成立涣塘大队,辖古竹山、涣塘、山陂上、泉陂。1957年撤区并乡,涣塘乡并入上埠镇。20世纪80年代更名为涣山大队,后改制为涣山村。

涣山村位于芦溪县到上埠镇之间的芦南公路旁,全村面积3.6平方千米,由涣塘、山陂上、古竹山3个大自然村组成,分为上涣塘、下涣塘、山脚下、古竹山、山陂上、泉陂6个片区。人口约4000人,1020户,分为12个村民小组,耕地面积2680亩。涣山村耕地面积多,20世纪70—90年代曾是上埠镇的种植大村。现全村以种植水稻为主,养殖为辅,务工为主要经济来源。

自然环境与资源 登岗山生态环境良好,森林覆盖率达80%以上。20世纪80年代由芦溪县林业局接管种植药材等经济林,后种植柑橘、油茶等。

石材资源丰富。民国时期,张家桥崖下曾建有上埠乡煤井、石灰井。

2020年12月,江西省林业局授予涣山村第一批"江西省森林乡村"称号。

浣山村

基础设施 2016年完成浣山文化大院新农村建设,新建文化广场1500平方米,安装了运动体育器材。2019年完成浣山村浣塘新农村建设,新建百姓大舞台广场,安装了运动体育器材。2020年完成山脚下新农村建设改造。2021年和2022年完成泉陂新农村建设改造。

特色地情 肖氏宗祠,始建于1840年,坐落于上埠镇浣山村,占地面积2000平方米,采用砖木结构,坐南朝北,"山"字形顶,有正殿、东西厢房及过厅等建筑。1896年在肖氏宗祠成立浣山学校,为浣山小学前身。1995年,该村肖而乾从县政协退休后,带领一帮老党员在肖氏宗祠开办村级文化大院。2002年以后又逐步设立了青少年社会教育学校、农民文化技术学校、老年活动中心、义务调解站、浣山村老年法治示范基地、留守儿童之家、农家书屋、党员教育示范基地等活动场所,把肖氏祠堂办成了多功能活动中心,并将肖氏宗祠改名为浣山文化大院。2022年上埠镇政府投资30余万元将浣山文化大院再次提升改造,2023年更名为连心大院。

肖而乾,男,1933年生,浣山村下浣塘人,芦溪县政协原副主席。1995年退休后和老伴一起回到老家,重新挽起裤腿当起了农民,并依托建于1840年的肖氏祠堂,在全镇率先创办村级文化大院和老年人体育协会。2001年东奔西跑筹措资金整修宗祠,开设图书室、阅览室、球类室、棋类室、排练房、录像放映室,添置各类文体器材,并建起门球场。2002年把祠堂办成了多功能活动中心。肖而乾不仅得到了乡亲们的敬佩与爱戴,还获得江西省退休干部先进个人、省优秀共产党员、省村落社区先进个人、省农家书屋优秀管理员、省十大正能量行业标杆人物、市"龚全珍式好党员、好干部"、市关心下一代先进个人、"最美萍乡人"和芦溪县道德模范等20余项荣誉称号。浣山村也被评为"全国敬老模范村"。

浣山村山陂上泉水池冬暖夏凉,远近闻名。每到夏季,前来游泳赏玩的游人络绎不绝。

茶园村

村情概况 据说茶园村以前山上到处都是茶树,村民以茶树为根本生计,茶园村因此得名。

茶园村以前和许坊村同属胜利大队,后来改称茶垣村,在20世纪70年代建了一所小学叫茶垣小学,后因其他镇也有叫茶垣村的,更名为茶园村。

茶园村位于上埠西北部,离上埠镇中心2千米,面积2.13平方千米,辖10个村民小组,513户1813人,居住人口以汉族为主。主要姓氏有余、钟、阳、利、周、张、李、罗、姚、刘、赖等。

自然环境与资源 现有耕地面积800余亩,林地3500余亩,村内有2座小(2)型水库。土地平整,种植了秋雪蜜桃、赣南脐橙,还种有大量的油菜花,每年清明时节,有不少人来踏青赏花。

基础设施 村组道路全部硬化,网络广播电视户户通,有规范卫生院,有公共活动场所,2012年新建一所幼儿园。村无集体经济收入,没有厂矿企业,村民主要以农业收入为主。

茶园村

茶园村新农村建设点

特色地情 牛带茶,系芦溪县传统民间艺术中的一种,是江西省第三批省级非物质文化遗产。牛带茶起源于清朝,距今已有200多年的历史。清道光十九年(1839),萍乡人黄启衔《近事录真》载:"采茶戏,亦名三脚班,相传来自粤东,二旦一小花面,所唱皆俚语淫词,近日吾袁州及长沙各处,此尤炽,乡村彻夜搬演。"后随着安源煤矿开发和株萍铁路通车,湖南花鼓戏开始在萍乡流行。牛带茶吸收其他的剧目和曲调,得以提高与发展,只是在表演时还是用本地方言演唱。牛带茶盛行于20世纪50年代,集说、唱、舞、灯为一体,配以民间乐器,内容多是从历史故事和传说中采撷,融入当地民俗创作而成,唱词诙谐幽默,雅俗共赏。表演时既有传统故事的表现,更有村里百姓耕作田园之乐,因此深受广大群众喜爱。一般用于祈福、庆贺等,每年春节,左右村邻相约演出,自是应接不暇。茶园牛带茶于1955年获萍乡县文艺汇演一等奖,在当时流行"茶园人演戏"一说,足见其影响之大。

许家坊村

村情概况 许家坊村历史悠久,宋代许姓人氏躲避战乱落户在这小山坳,后来落户的人家增多,子孙繁衍建设,形成村庄。

许家坊村位于上埠镇西北角,离上埠镇中心城镇2千米,属于上埠镇城郊,辖区面积2平方千米。全村有10个村小组,394户1592人。现有耕地面积690余亩,林地面积2500余亩,村内有3座小(2)型水库,村卫生所2所,庙宇2座,民营企业5家。

自然环境与资源 许家坊村境内煤矿、石灰石资源丰富。20世纪80年代初,村内有多个煤矿井、1个大型水泥工厂,在当时为镇村带来了很大的经济效益,也是上缴利税大村,还建有蔬菜基地,为城镇居民提供优质蔬菜,解决了大多数村民就业问题。2000年以后按照国家有关政策,煤矿井"关停并转"。水泥工厂因淘汰落后生产工艺、

许家坊村

环境治理等原因而关闭。

基础设施 2009年以来投资近300万元在桥头、石岩下、龙塘里、大屋里、铜锣湾、岩下、樟树下、樟树冲等8个新农村建设点。村内道路硬化拓宽,全村主干道两边绿化靓化,水泥道路村村通、户户通。家家户户通自来水。砖瓦、木料结构房屋逐渐减少,取而代之的是一栋栋砖混结构房屋。村内建有休闲广场,村民房前屋后干净有序、道路沟渠洁净通畅。

社会发展 许家坊村在2002年前设立有小学、学前班,后因集中办学至上埠镇小学,村小学关停。后许家坊村委会由樟树下迁址至此。

近年来,随着村民生活水平的不断提高,精神文化活动不断丰富,群众自发组建了军鼓队、广场舞队,积极开展各种文娱活动。

地情特色 龙塘里建有龙王庙,樟树冲建有福主庙,每年都会举行"春季祭祀""游春"等祭祀活动。

河口社区

1956年为上埠街河口居民委员会,1964年为上埠街道办事处红卫居民委员会,1984年3月为上埠镇河口居民委员会,2000年1月并入南溪居民委员会,2002年复设河口社区居民委员会,沿用至今。

河口社区

　　河口社区地处上埠镇和南坑镇的交界之处,东临上埠镇龙王桥村,南、西、北三面与南坑镇妙泉村接壤,芦南公路贯穿而过,交通方便。辖区目前有5个居民小组,210户415人。居住人口中以汉族为主。

　　辖区内有高诚玻璃、日升电瓷、庆华电瓷三家企业。

板埠社区

　　1984年从东方红居民委员会析出板埠社区居民委员会。2000年1月茅布岭居民委员会并入。

　　板埠社区位于上埠镇原萍乡电瓷厂家属区,距镇政府所在地相隔1条街,东邻东方红居委会,南接南溪居委会,西连河口居委会,北隔解放路居委会相连。板埠居委会有13个居民小组,669户1459人。主要姓氏为刘、黄、张。

　　板埠社区辖区内有文化馆场、门球场、足球场、篮球场、羽毛球室、休闲活动室,便于居民进行文体活动。电瓷厂家属区老旧小区进行了改造,居民居住环境得到很大的改善。

　　社区内有低保户184户275人。

　　社区居民大多数是原萍乡电瓷厂职工及家属。萍乡电瓷厂是个百年老厂,上埠电瓷小镇由此而来。

解放路社区

1949年前为中山路，1950年为和平街，1952年为上埠街第二间，1956年为上埠街解放路社区。1964年为上埠街道办事处解放路社区。1984年3月为上埠镇解放路社区。

解放路社区东邻东方红居委会大围子，南邻南溪居委会，西邻上埠村，北邻鸭塘村，上埠镇老街、上埠镇政府大院在解放路辖区内。现有13个居民小组，725户1581人。

辖区内有原萍乡市电瓷厂、上埠镇汽车坪1905广场。辖区内老街汽车坪到老街农业银行有多家商业店面。

2019年，上埠社区居家养老服务中心成立。养老服务中心面积近1000平方米，内设活动室、日间照料室、老人幸福食堂、阅览室、棋牌活动室、室外活动场所等服务设施。有3名专职管理员。其中老人幸福食堂有100余人签订用餐协议，长期用餐有50多位老人，行动不便的居民有志愿者提供送餐服务。

南溪社区

1952年上埠街下设五间，南溪为第一间，1956年设立南溪社区居民委员会。1964年为上埠街道办事处前进社区。1984年3月为上埠镇南溪社区。2000年1月民义巷、河口两居民委员会并入。2002年河口居民委员会析出。

南溪社区东临上埠村板埠，南临上埠村渡槽，西临上埠村大屋里，北临解放路居委会，境内有上埠镇老街、明义巷、南溪岭、黄泥坳等。有13个居民小组，790户1782人。辖区内老街农业银行至南溪岭有多家商店。

2020年上埠镇政府出资，将南溪辖区黄泥坳至上埠镇老小学路段水泥路面硬化、铺沥青。

辖区内有一电子厂，名为芦溪县美声电子厂，解决就业人数60余人，生产经营电子产品，电子元器件制造等。

辖区内有南溪活动广场。

上埠村

村情概况 上埠村位于上埠镇中心腹地郊区地段,海拔较高,有分水岭之称,水系一边下袁河,一边流湘江,由此取名为上埠。芦南公路贯穿南北,交通便利。东与鸭塘、江下两村相邻,南临茅布岭村,西接龙王桥村,北临许访村。

全村辖区面积4.8平方千米,11个村民小组,686户,人口2508人。居住人口以汉族为主,少数民族6人。全村人口以颜、刘、邱、张姓为主。

有大沙塘、大屋里、黄泥坳、南溪、小东门、板埠、水口、茶山里、马脑上、燕科里、等下、茅布岭、长冲等13个自然村。耕地面积824亩,山林面积302公顷。人多耕地少,全村以工业为主,农业、养殖业为辅。

自然环境与资源 全村有19口池塘,分布在大沙塘、大屋里、南溪岭下、燕科里、长冲等区域,水域面积约120亩,特别是大沙塘水域环境优美,面积广,水质干净,水源丰富。

经济概况 全村耕地面积824亩,主要农作物为水稻。

村辖区内有个工业园,有萍乡市第五电瓷厂、星火科技有限公司、远程电瓷、佳鸿等大小企业数十家,解决了本村劳动力的就业问题。村民以务工、经商、种养殖为主,人均年收入1.5万余元。2021年村集体经济收入8.2万元。

基础设施 主要交通要道为芦南公路。茶山里、大沙塘—黄泥坳等乡村道路正

上埠村大沙塘新农村建设点

上埠村

逐步完善、拓宽。

全村5G网络全覆盖。全村供电用户500多户,年用电量约25万千瓦时。

水利建设方面,有水渠8条,新建2条(燕科里水渠、大沙塘水渠)。

在大屋里投入38万元建设新农村建设点。

社会发展 辖区内有上埠镇中心学校。学校创建于1931年,原址位于上埠镇新街芦南公路旁,现搬迁至新校区,在上埠村委旁边。学校占地面积66.69亩,教学辅助用房面积13972.93平方米,运动场馆面积为23500平方米。在校学生1809人,教职员工124人,其中,上埠镇中心小学在校学生1352人,教职员工83人。

上埠村文化站设在村委会一楼,2018年建成,建筑面积约75平方米,设有农家书屋、电子阅览室、培训室、棋牌室、卡拉OK室等。文化广场面积约400平方米。文化站有健身器材6套,乒乓球、羽毛球等设施齐全。上埠村有文艺团队3支,积极开展各项文化活动,丰富了村民的精神文化生活。

全村所有老年人购买了养老保险,社保参保率65%,农保参保率35%;农村低保人员62户,80人。

特色地情 清泉庵,建于清朝乾隆年间,此地长年有泉水冒出,每天午后来取水的人络绎不绝。茅布岭自然村有一处民用瓷器的古窑址。芦南公路旁板埠地段有一座张相公祠,相传有200多年历史。

东方红社区

东方红社区位于上埠镇中心区域,是一个成立得比较早的社区。相传上埠窑业工人俱乐部是1924年在辖区小东门成立的。

东方红社区辖区面积0.5平方千米,周边与上埠村、鸭塘村、江下村相邻,与上埠老街相交。居民主要是由原萍乡电瓷厂的职工及家属组成,现有居民596户,1230人,常住人口近500人,主要以老人儿童为主。社区设有文化站,有一个设备齐全的文化大舞台,经常举行文艺表演活动,有篮球场、乒乓球场、羽毛球场、门球场,一个爱心亭。所有的道路都进行了硬化、亮化,公共场所绿化率高,规划了很多停车位。由于居民基本上是企业的职工家属,相处和谐。在社区党建的引领下,新时代文明实践活动开展得有声有色,健身操、舞蹈队经常组织表演活动,老年门球场、篮球场、羽毛球场、乒乓球场每天都有居民锻炼,爱心亭常常有居民在那里下棋玩牌,还有自发组织的唱歌、乐器表演。社区文化站阅览室安静阅读的居民也有不少。

东方红社区居委会针对辖区居民留守老人和空巢老人相对较多的实际情况,成立了社区养老中心爱心食堂,解决了老人用餐难的问题。

社区2021年成立了上埠镇唯一的村级基层红十字会组织,有会员52人,红会组织经常组织助残、助幼等爱心活动,每周进行一次社区文明创建活动。

鸭塘村

村情概况 1912年属萍乡县上埠乡。1950年属萍乡县芦溪区白竹山乡,1956年属芦溪区江霞乡,1958年为上埠公社白竹山大队。1961年属萍乡市芦溪区上埠公社,境内划分为白竹山、鸭塘、柏叶塘3个大队。1968年为上埠镇红星大队。1984年改制为上埠镇鸭塘村。

上埠镇鸭塘村位于县城东南部,北面与茶园村相邻,西面与本镇上埠村接壤,东面与山口岩村相连,南面与江下村相依。村办公大楼坐落在上埠新街。总面积4.2平方千米,下辖27个村小组,共有1127户4098人。

鸭塘村

有农田灌溉面积1278亩，大小水塘15座，有山林近6000亩，被县玉女峰分林场承包。

辖区内有大小型私营电子企业8个，安排劳动力约400人。

社会发展　村文化活动中心创建于2014年，内设阅览室等文化设施。村内有门球队、军鼓队、广场舞队、柔力球队、气功队、太极拳队、木兰扇队、铜管乐队等文化队伍，积极举办和参与各种文体活动。

境内有上埠镇中心小学和上埠镇中学创建于2010年，占地面积30余亩。上埠镇中心幼儿园创建于2012年，占地面积10亩。上埠镇中心卫生院、税务局、工商局、防

上埠电瓷小镇客厅

疫站坐落于鸭塘村。

打造了8个新农村建设点,平均每天不少于200人参加公共文化活动。

特色地情　辖区内有芦溪电瓷博览园。电瓷博览园在原萍乡电瓷厂遗址上新建,占地面积150余亩,投资金额1.2亿元,2022年施工建设,2023年投入使用,成为当地一个集文化旅游、学术交流、产品交易、工艺实训等功能于一体的电瓷产业新地标。2023年,电瓷博览园成功承办中国电瓷电气产业人才论坛、芦溪电瓷产业国际采购对接会。

南岭寺位于鸭塘村,距县城西南约10千米。1985年由当地信士在原下院遗址上重修南岭寺,寺院建筑面积400平方米,塑有佛像20余尊。

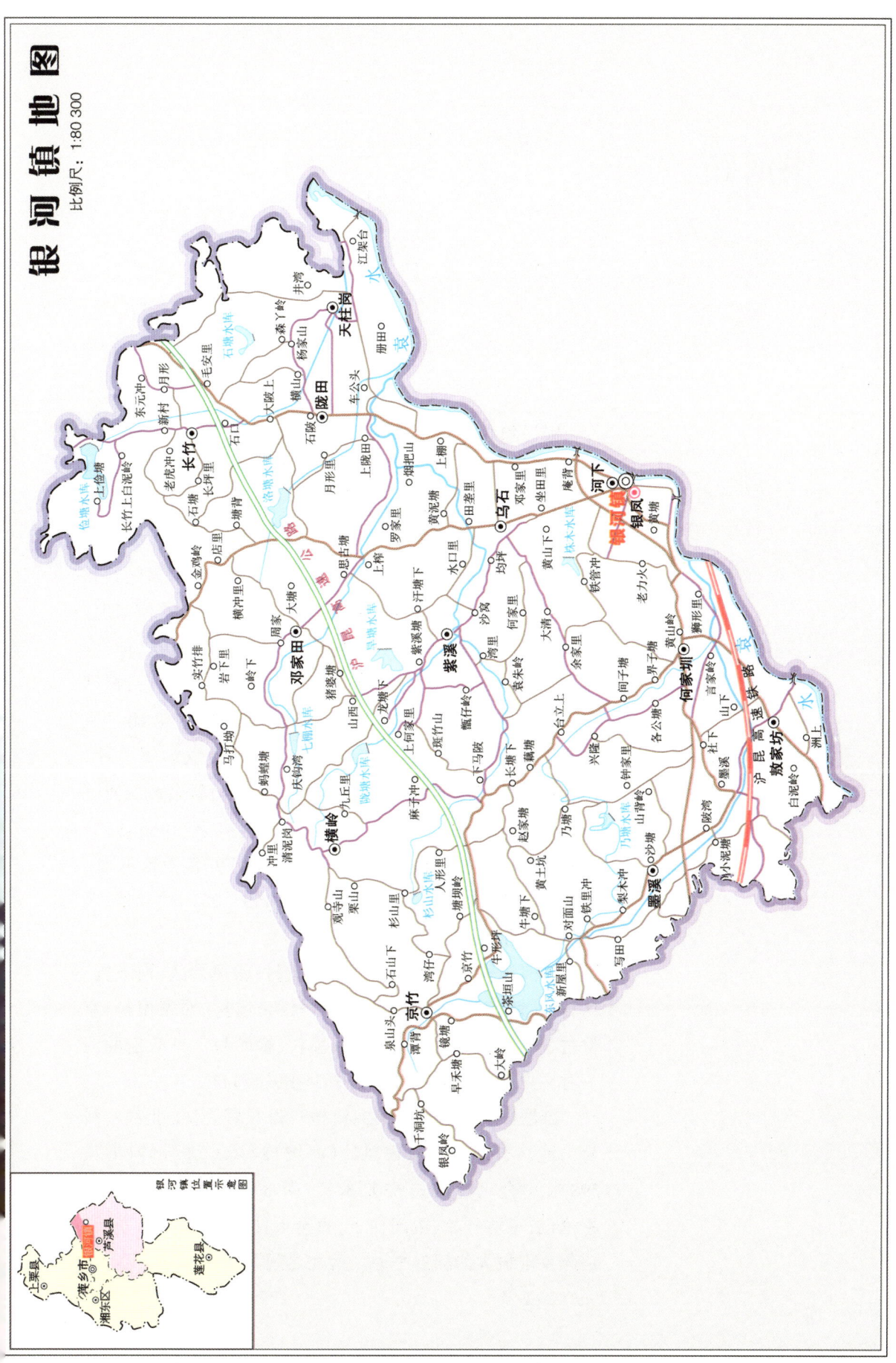

银河镇

银河镇位于萍乡市东部,面积96平方千米,距离芦溪县城13千米,与宜春市袁州区、上栗县赤山镇以及芦溪县宣风镇、源南乡接壤。境内矿产资源丰富,袁河流经全镇约10千米。

中华民国时期,其隶属萍乡县廷风乡。中华人民共和国成立后,属宣风区河下、紫溪、陇田、墨溪、京竹、何家圳、三塘7个乡;1956年,为芦溪区河下、墨溪2乡;1957年,合为河下乡;1958年9月成立河下人民公社;1960年1月撤销河下公社并入宣风公社,1961年又恢复。1968年10月机构调整又并入宣风镇;1973年12月29日复立河下公社;1984年在全国地名普查时,因河下(公社)与新余市的河下(车站)同名,根据1985年4月19日萍府办字〔1985〕33号文件通知,取境内银凤岭河下片村首字更名为银河乡。1995年12月12日经省批准(赣民字〔1995〕251号)和市、区文件批复于1996年8月撤乡设镇。

银河镇辖1个社区及12个行政村:银凤社区,河下村、乌石村、陇田村、天柱岗村、长竹村、紫溪村、邓家田村、京竹村、墨溪村、敖家坊村、何家圳村、横岭村。镇政府驻河下村。户籍人口4.5万人,其中少数民族111人。

自然环境与资源 银河镇地形以丘陵为主,北部一线为山地。自西向东有银凤岭(海拔584米)、龙公岭(海拔598米)、金鸡岭(海拔302米)。南部一线属袁河上游平原,自敖家坊开始,沿河而下,直至天柱岗,形成万亩垄田,是萍乡市最大的河谷平原。南北之间为低矮丘陵。

银河镇

银河镇有耕地3.7万亩,山林6.1万亩;矿产资源有煤炭、石灰石、石英砂。境内有野生兽类动物如猴、獐、獾、野生斑、野鸡、白鹭、水鸭、水鹿、野猫、山牛、野山羊、麂子、野兔等;两栖类动物如虎纹蛙、大鲵、肥螈、蟾蜍、石蛙、龟等。植物有南方红豆杉、伯乐银杏、香果树、杜仲、白豆杉、青钱柳、香樟等种类。

经济概况 银河镇素有萍乡"菜篮子"之美誉,是国家级现代农业示范核心区和国家现代农业科技园区。全镇耕地面积3.7万亩,其中水稻种植面积2.8万亩;有近万亩土地被中国地质学会列为首批天然富硒土地,硒平均含量达0.61毫克/千克,排名全省第一;富硒产品认证数21个。共有农业企业28家,其中上市公司1家、国家级农业龙头企业1家(杜仲公司)、省级农业龙头企业2家(大富乳业公司、鑫绿地公司)、市级农业龙头企业11家;农民合作社56家,其中市级8家、省级5家;家庭农场37家,其中市级3家、省级2家。镇农技站两度获评全国五星乡镇农技推广机构。共建设富硒蔬菜产业基地3000余亩,其中设施大棚蔬菜1000余亩;富硒水果产业基地1万余亩,其中脐橙3000余亩、柚子2000余亩。

有规上工业企业16家,分别是江西省一互电气有限公司、江西铂川自动化科技有限公司、江西亿博自动化设备有限公司、萍乡市欣柯非金属材料有限公司、江西鹏宇管业科技有限公司、萍乡市朗技科技有限公司、江西省芦溪县出口花炮厂、江西省银河烟花制造有限公司、萍乡东方医药包装有限公司、江西锦冬纸品包装有限公司、江西省大富乳业集团有限公司、萍乡江氨化工科技有限公司、江西尚唯汽车饰件有限公司、江西特瑞优新材料有限公司、芦溪华辉食品有限公司;7家高危企业,分别为恒利隆液化气站、银河袁河加油站、银天实业、芦溪县华林花炮厂、芦溪县银河国辉引线厂、陇田大发加油站、美孚伦加油站。

2021年全年财政总收入1.09亿元,全年完成工业增加值2.6996亿元;工业增值税1018万元,工业用电量1866万千瓦时;固定资产投资10.86亿元,其中工业投资9.33亿元。规上企业共13家,新增规上工业企业2家(江西鹏宇管业科技有限公司、萍乡欣柯非金属材料有限公司)、规上服务业企业1家(江西紫溪休闲观光旅游公司)。全年农村居民人均可支配收入预计24595元。

基础设施 320国道和浙赣铁路贯穿境内,沪昆高速公路贯通全镇。现有5条县道,合计69.304千米;X100(何家圳—芦溪),18.891千米;X101(芦溪镇塘里—京竹),9.581千米;X103(何家圳—源南乡大坪),11.368千米;X801(狮岭—长竹),21.351千米;X947(银河镇宣风桥—金鸡岭),8.113千米。乡道共计19条,合计46.617千米;村道共计316条,合计177.144千米。杨宣公路银河段共7.18千米(涉及4个行政村)。

境内供电设施全覆盖。全镇共有3个水电站,分别是河下村的银河水电站、远背水电站以及敖家坊水电站。各村均修建了排水渠道,共有11个污水处理设施和7个人工湿地。

有小(2)型以上水库10座,其中小(1)型水库2座,分别为东风水库、俭塘水库,东风库容962万立方米,俭塘库容120万立方米。根据全镇水系分布,形成了4

银河镇富硒蔬菜广场

芦溪县乡村振兴学院

个灌区,分别为东风灌区、座陂灌区、连陂灌区、五一灌区;大型陂坝3个,分别为五一陂、座陂、连陂;大小山塘743座。

社会发展 辖区内有2所中学,分别是银河镇中学、银河镇第二中学。12所小学,其中村小学11所、中心小学1所(银河镇中心学校);12所幼儿园,其中村级幼儿园11所、中心幼儿园1所(银河镇中心幼儿园)。每年开展科技志愿者培训,2023年成立了银河镇科技志愿服务队。

全镇文化基础设施齐全,设有1个文化站、12个村级文化活动中心、1个老年活动中心、1个灯光球场。各村均设有休闲娱乐小广场。利用解放军艺术学院教授、军旅文学评论家朱向前的老宅建成红色文化阅读室,打造红色文化乡贤馆;利用银河镇土地富硒富锌的特点,打造了富硒富锌蔬菜为主的蔬菜文化广场;依托各村特色,打造了何家圳村的酒乡文化、乌石村的彩色稻田公园、紫溪村田园综合体为主的田园文化示范点。积极开展各项文化活动,连续开展了5届银河镇农民运动会、3届蔬菜文化节、金鸡岭徒步比赛、油菜花节、采摘节等一系列活动,其中农民运动会先后上了中央、省、市、县的新闻媒体。积极组织队伍参加芦溪县龙舟比赛,2018年获得亚军,2019年获得冠军,2023年获得亚军的成绩;2023年开展了"迎中秋 庆国庆""鑫隆杯"篮球比赛,极大丰富了群众的文体生活。

有村级卫生室32个,其中公有制卫生室12个,乡村医生共计78人,其中注册乡村医生66人、执业医师12人。

特色地情 何家圳的酒文化,萍乡流传"何家圳的酒,敖家坊的量,吃住天柱岗,冲出银河乡"的说法,何家圳村的酒文化因此而远近闻名。松山里老酒馆是何家圳酒文化的地标,以酿造五谷杂粮酒和袁水酒而出名。

冬至祭祖是银河群众的传统习俗,当地倡导忠义孝悌、长幼有序、耕读传家,通过缅怀先人,激励后人,净化社会风气,建设和谐社会,影响深远。敖家坊村是敖姓聚族而居的村庄,宗祠祭祖主要由家族长者组织在家祠中进行。从冬至日头天晚上开始,事先在宗祠设香案,摆供品。大姓族祭奠,要持香行三献礼,祈祷全家福寿康宁,读祭祖文。冬至当日,敖姓后裔凡60岁以上老人均聚集祠堂,举办祭祖仪式。仪式之后有会餐之习,设宴酒席。祠堂里白发与红灯相映,笑语与锣鼓齐喧,人们谈论着房下大事,筹划着未来的发展。

乡镇荣誉 江西省第五届文明村镇、2017—2019年周期"国家卫生乡镇"、全省美丽乡镇建设示范类乡镇、2023年江西省乡村振兴示范乡镇。紫溪村党委先后获2021年"全国先进基层党组织"、全省2021年度乡村振兴模范党组织称号,紫溪村被农业农村部授予"2022年中国美丽休闲乡村"称号。

河下村

村情概况 明末清初时,因众多村民从周边地区迁徙至此而成为自然村落,因地处袁河敖家段一座浮桥的下游而得名"河下"。河下村在民国时期属亭宣乡管辖。新中国成立后先后属河下初级合作社、河下高级合作社、河下人民公社、河下乡、银河乡、银河镇管辖。1958年由当时的岭下大队、黄塘大队、河下大队合并成河下大队。1984年后改为河下村。

河下村位于芦溪县东北部、袁河西北岸,地处银河镇人民政府中心位置,东以袁河为界,南与何家圳村相连,西北方向与乌石村毗邻,地势平坦,面积约2.5平方千米,耕地面积2000余亩。

交通道路条件优越,杨宣公路、沪昆高铁穿村而过。境内有院背、河下、西圣桥、黄塘、岭下5个自然村。辖14个村民小组,1136户4532人。全村姓氏有易、何、朱、彭、陈、王、杨、欧阳等32姓,以易姓和何姓人口居多。村民均系汉族。

自然环境与资源 村内地形平坦,呈椭圆形状,中间为耕地,人口密集。袁河沿河下村流向宜春袁州。有少量石英砂、煤炭、河沙等矿藏。有斑鸠、野鸡、白鹭、水鸭等野生飞禽等动物。有蔬菜文化广场、千亩油菜花观赏基地和荷花池等旅游资源。

经济概况　村境内注册成立了3家农民专业合作社,1家农业种植有限公司,1家农业机械化服务有限公司,1个有机蔬菜基地。近2000亩耕地均系种植有机蔬菜、水稻、瓜果、油菜等农作物。

村内有小型针织加工厂、电子厂、伞厂和服装厂各1家,为本地解决劳动力300人左右。

村内有餐饮、南北货批零、家电、银行、通信、建材、文具、农贸市场、酒店、汽车销售维修、加油站、液化气站、超市、物流快递、培训机构、农技、农机、防疫、诊所、药房、医院等各种商店和机构200余家,如美孚伦加油站、袁河加油站、恒隆液化气站、腾辉农业、金秋种植专业合作社等。

河下村是银河镇政府所在地,有29间临街店面,月租金收入2.61万元,年总收入30余万元。

农业劳动力2710人,435户村民以种植蔬菜为主导产业,人均可支配收入24500元。"银凤"牌黄瓜、芹菜、大蒜、辣椒等蔬菜品牌远近闻名。2022年被评定为省级"一村一品"示范村,申报主导的产业总产值超过1000万元,占全村生产总值的50%以上。

以村集体为主体,将分散的耕地、林地等资源整合,通过土地流转、规模经营等形式,将资源优势转化为经济优势,增加集体经济收入。2015年至2023年,流转土地1200余亩用于蔬菜种植。通过做好土地流转服务,每年为集体增收6万元。

河下村

河下村富硒富锌产业基地

基础设施 道路条件优越,杨宣公路、银陇公路、银乌公路穿村而过,村组所有主干道均进行了拓宽改造,沿途完善绿化和亮化工程。

全村均系县供电公司用户,饮用银河镇自来水厂生产的自来水。农业排灌用水仅黄塘少数村民靠一个提水泵站灌溉,岭下部分耕地由珠木水库提供灌溉,其余各自然村组均为依靠坐陂渠道自然排灌。

村辖区内建有排灌溉水泥渠道长约15千米,拦河坝1座,闸门1处,袁河护堤长约1600米。小(2)型水库1座,山塘7口,泵房1座。自来水管网铺设长度约为10千米。

2008年以来,河下村先后在岭下、王家里、古树山、李子园、院背、黄塘、三组和六组等地建立新农村建设点。各新农村建设点总投资1000余万元,除800万元系上级下拨专项资金外,其余300余万元资金均系本村自筹。2023年启动岭下新农村点二期建设,总投资超300万元。

社会发展 银河镇中心学校占地面积约40亩,约1000名学生,80名教师。银河中心幼儿园占地面积约20亩,幼儿360名,幼师27名。银河学前班(园)面积约200平方米,幼儿30人,幼师3人。银河幼托中心面积约500平方米,幼儿40人,幼师5人。阳光艺术学校面积约400平方米,学生60人,教师5人。朗朗艺术培训中心面积约400平方米,学生52人,教师6人。星空艺术培训班面积约300平方米,学生40人,教师5人。

河下村文化活动中心位于院背自然村,占地面积约2800平方米,建筑面积500平方米。于2016年始建,总投资1000余万元,建成健身广场、篮球场、羽毛球场、乒乓球场、活动室、农家书屋、休闲长廊、绿化景观和文化墙等。共安装12套健身器材、2张乒乓球桌、2个篮球架,购买下发到各组的广场舞音响16只、书柜2个、各类书籍1万余册等。

村内有村级卫生室和诊所7家,1家卫生防疫站,有昌盛、平善堂、回春等大药房9家。中心卫生院1家。本村99%以上村民参加农村新型合作医疗。

本村有813人购买了农村基本养老保险,参保率88%;有415人购买了失地农民基本养老保险,有低保人员40户72人,五保户12户13人。2021年成立了居家养老服务中心。养老服务中心建设面积100余平方米,内设活动室、食堂、阅览室、棋牌活动室等服务设施。

设立1个垃圾中转站,先后成立2支保洁队伍,负责清运全村生活垃圾工作,保洁队伍于2020年并入乔银环保公司统一管理。

特色地情 浮桥墩(头),位于河下村袁河敖家段。该墩系1966年宣风大桥贯通后,拆除了原浮桥所遗留下来的。因年代久远,现已歪斜于敖家段袁河中央位置,据老人讲桥墩下面用许多松木打入河底,上面用生石灰镶嵌大青石建成,再在上面搭建木船和木板,用铁链连接而成浮桥。相传在革命战争时期,彭德怀率领部队途经这座桥来到敖家里休整操练,部队离开后,敖家里改名"浮桥头"。

白马古庙,位于河下村九组,始建于明末清初,至今有500多年历史。宣统元年(1909)被大风刮倒,当年在原址上重建了一座坐北朝南的七间殿厅和厢房的大型庙宇,次年又在主殿正前方兴建了一座大型戏台,并在东侧建成了7间普通瓦房用于开办学堂,逐渐形成了一座占地面积近3亩的四合大院。后本地商会及社会贤达一起商谈决定以四合院为中心,每年八月初一日起在这里举办一次为期3天的大型庙会(俗称"赶闹",即物资交流大会),这一盛况沿袭至今。

易氏祠堂,始建于明朝末年,至今有500多年历史。易氏族人从宜春温汤镇迁徙至此,在本地稳居后,族人逐渐发展壮大,兴建此祠。新中国成立后,易氏族人将祠堂无偿奉献给政府办学、办公,该祠堂为当时地方政府和本地教育事业做出了贡献。后被拆毁,2002年重建。

黄塘古社,坐落于河下村黄塘屋场右侧袁河边上,背倚千年古树——五爪樟树,始建于清雍正四年(1726)。由黄、易二姓主持,嘉庆年间(1796—1820)重修并有石碑记载。因历史原因,几经毁建,最新于2014年7月重建,面积105平方米。

河下萝卜。相传1700多年以前的东汉末年,曹操在此屯兵操练,离开时,曹操的八十大军带走河下村一半的萝卜作为部队的粮饷,剩下的萝卜则被曹军雕刻成船舶渡过袁河而去,从此河下萝卜名声大振。

河下村乡贤馆(村史馆)、新时代文明实践站以及荷塘凉亭为仿古建筑。每逢节日,就近村民从自家端来已蒸好的糯米来到这里打糍粑、扎粽子。春节期间还有舞龙灯、鱼灯、茶花灯,端午节的赛龙舟一直延续至今。

紫溪村

村情概况 《甘氏族谱》载,此地"势欲登天莫与其,雄飞有象似天鸡"。民间传说此天鸡是一只雄健的"仔鸡",年深月久,口口相传,演化成"紫溪"。新中国成立初至1955年属宣风区紫溪乡,1956年至1957年属河下乡,1958年至1967年属河下公社管理,1968年并入宣风镇管理,1974年恢复至河下公社管理。1984年河下公社更名为银河乡,紫溪村成立村民委员会。

紫溪村距银河镇政府4千米,距芦溪县城15千米,有沪昆高速横穿而过,2019新建成杨宣公路直达村中心。6.5米宽沥青环村公路与邻村乌石村、京竹村、邓家田村、横岭村相连,交通十分便利。全村占地面积9.6平方千米,总人口1318户5288人,以汉族人口为主。主要姓氏为易、甘、李、黄、江姓。全村分为33个村民小组,分别是水口、上棚、汗塘、月山下、白石塘、肖家山、紫溪塘一组、紫溪塘二组、山西、上陇塘、下陇塘、铁路前、亚子坪、蛇冲、麻子冲、周家、中元、三眼塘、白马田一组、白马田二组、园珠岭、大陂头、土公塘、欧家、甄仔岭、书塘、巫家、胡家、社山窝、人形沙宕、王家坪、丛山下、坪塘。是省"十三五"贫困村,2016年实现脱贫。成功打造"一体两区"即紫溪田园综合体和乡村振兴示范区、社会治理创新区,办起全省首家乡村振兴学院,成为"示范村""明星村"。

自然环境与资源 紫溪村地貌以丘陵为主,土壤以棕壤和红壤为主,土壤pH值表现为微酸性到中性,土质松软、肥沃。村内林地面积7436亩。村内有山塘水库221口(座),其中有3个小(2)型水库,储水量150万立方米。境内煤炭、石灰石矿藏资源丰富。

森林覆盖率72.3%,常见树种有香樟、枫香、杉树、楠木、桂花、湿地松、银杏、油茶、马尾松、杜鹃、茶叶等,灌草丛以多年草本植物、散生灌木植物为主。

经济概况 全村农业人口5064人,农业劳动力2900人,耕地面积2400亩,以种植稻谷、蔬菜为主。

紫溪村

村内有紫溪村休闲庄园、紫峰茶厂、田园餐厅、顺心农场、梅梅农家乐等5家餐饮店，主要以地方特色菜为原材料，传统柴火烹饪制作。每家餐饮店收入20万元/年左右，共解决26人就业。

2022年村级集体经济年收入130万元。

基础设施 全村供电用户1318户，用电、给排水正常。村辖区内建设灌溉水渠长约15千米，拦河坝8座，河堤建设长约15千米，自来水管网铺设约30千米。

2017年紫溪塘新农村建设，总投资30万元，受益人口255人；2018年白石塘新农村建设，总投资30万元，受益人口123人；2019年欧家塘、中家原新农村建设，总投资60万元，受益人口368人；2020年垭子坪新农村建设，总投资30万元，受益人口151人；2021年汗塘下新农村建设，总投资30万元，受益人口127人；2022年增仔岭新农村建设，总投资30万元，受益人口135人。

社会发展 紫溪小学创办于1975年，占地12亩，现有教师8名，学生120余人。紫溪幼儿园创办于2016年，占地面积5亩，现有教师6名，学生80余人。

全村有蛇前广场、黄土岸下广场等文体广场2处，总投资65万余元，广场有百姓大舞台、健身娱乐器材、篮球场、文化墙等。有3所诊所，村民可就近就医。

辖区内有3100人购买了农村基本养老保险，参保率98%；2021年成立居家养老服务中心。养老服务中心建设面积近100平方米，内设活动室、食堂、阅览室、棋牌活动室等服务设施。

紫溪村争取国家基础设施建设项目资金100余万元，拆除危旧房以及牛栏杂屋130余间，新建房屋统一规划，道路、广场、庭院绿化。村内绿化面积约8000平方米。

紫溪村寿光智慧农业园

特色地情　水口庙，始建于明万历二十八年（1600）。此地古称五乡之地，东面至乌石、田陇里，南面至大青、青家塘、下马陂，西面至观寺山、横岭、甑盖岭，北面至邓家田、山西里，建庙六间二栋，并有附设厨舍，田心等屋。同治四年（1865）间建造戏台（有古碑记载），每年春冬经常演戏，热闹非凡。

王爷庙，始建于明万历年十六年（1588），有庙堂四间。

墨溪村

村情概况　原属河下公社为墨溪大队，1984年成立墨溪村。

地处芦溪县城东北部，距县城7千米。位于银河镇西南部，西邻源南乡，北连京竹村，南接敖家坊，东邻何家圳，杨宣公路穿境3.4千米。

村下设麦石片、西山头、砂塘、石陂、乃塘5个片区，共45个村民小组，1430户，户籍人口6300人，面积18.5平方千米，有高标粮田4330余亩，林地、果地9000余亩。

全村有26个姓氏，其中胡、李、欧阳、潘、周、刘、易、陈、曾等姓人口均超过200人。

自然环境与资源　全村境内地势平坦，丘陵连绵起伏，田野纵横舒展，道路蜿蜒交错。矿产资源主要有石英砂、石灰石、煤炭。村内自然生态资源良好，矿山整治,生态得到恢复,森林覆盖率达57%。

经济发展　全村水稻种植高标准农田4330亩,果林、苗木种植9000余亩,传统农业、现代农业、特色农业连年丰收。

村内有省龙头企业大富乳业,年产值5000万元,安排村民就业120人。牧原集团生猪年出栏30万头,年产值1.2亿元,安排村民就业40人。

小超市、小卖部遍布各自然村落,以隆盛庄园为龙头的住宿、农家乐餐饮蜚声市、县外。

基础设施　全村1430户,全部实现水电智能化安装,户年用电量平均2160千瓦时。全村农业生产水利设施齐备,有水库1座,大小水塘53口,灌溉渠道2条。投资700万元建设了18个新农村点和3个大工程(中法德大礼堂、村史馆、文化长廊),实施了道路"白改黑"和乡村大舞台建设。

社会事业发展　村内建设有完小1所,在校学生113人;幼儿园1所,幼儿54人。学校占地面积2755平方米,教师17人。设立2处村卫生室,有乡村医生7名。

辖区内有2890人购买了农村基本养老保险,参保率68.4%;墨溪村有低保人员73户130人。2020年成立居家养老服务中心,养老服务中心建设面积近610平方米。

特色地情　该村素有"头顶银凤岭,脚踏陂湾桥,住在九龙地,代代不离朝"的传说,有"八仙铁拐李"做了石笋山,不再让石笋山长至擎天柱之神话的美丽石笋山风景。

境内有庙宇3座。白马庙始建于清末,于2004年进行了维修,建筑面积670平方米,占地面积1200平方米;石笋岭聚贤寺始建于清末,于2009年进行了维修,建

墨溪村

墨溪村新农村建设点

筑面积120平方米,占地面积500平方米;沈三庙始建于民国,于2002年进行维修,建筑面积80平方米,占地面积200平方米。

乌石村

村情概况 清朝时村头有一处嶂黑色岩石,故名乌石村。

乌石村位于芦溪县北部、银河镇中东部,西邻紫溪村,北靠陇田村,南接河下村,东连宣风镇茶垣村。距离镇政府2.0千米,距离县政府15.2千米,距沪昆高速芦溪互通约23分钟车程。辖区面积9.2平方千米,其中耕地面积3100亩,山地面积5100亩,水面面积500亩。

乌石村是银河镇第一人口大村,有1287户6278人。全村辖30个村民小组,25个自然村(腊天组、塘里、棚里、下棚、中棚、上棚、桃子树下、下西洋田、西洋田、上西洋田、上在田、中在田、下在田、黄山下、乌石嘴、圳下、大清、均坪、青家塘、长管塘、田陇、月山下、黄泥塘、岸仔上、大塘)。

自然环境与资源 乌石村属低丘陵地形,西南高、东北低,呈片状分布。袁河自南向北流经乌石村,村内还有小微湿地。

小微湿地有白鹭、池鹭、夜鹭、秧鸡、翠鸟、虎纹蛙等动物栖息。森林覆盖率达90%以上,有森林景观、地貌景观和水体景观,其中森林资源包括香樟、杉树、楠树、湿地松、银杏、油茶、马尾松、杜鹃等,其中有香樟树和枫香树被林业部门挂牌保护。旅游资源包含袁河景观带、脐橙采摘、蜜柚采摘、稻田观光等。

经济概况 耕地规划面积为4920亩,其中水田4200亩,旱地702亩,水浇地18亩,盛产稻米、瓜果、蔬菜、茶叶、油茶等。

村级集体经济收入,主要是蜜柚基地16000元/年,乌石茶场16000元/年,金鼎鞋厂12000元/年,熊猫烟花厂30000元/年,种粮大户26000元/年,脐橙基地10000元/年,县农发公司分红12500元/年,重点防护封山育林补助20000元/年,集体产权制度改革村级补助1000元/年。

基础设施 乌石村交通较为便捷,对外联系的道路主要有947县道(宽6米)及801县道(宽5.5米)。村庄内部道路多为东西走向,主要道路宽3~5米,大多为水泥路面,次要道路及入户路宽1.5~3米,多为水泥路面。

乌石村集中供水由河下自然水厂供应,基本满足全村居民日常生活用水。有3处集中污水处理设施,分别位于圳下组、大塘组以及中棚组。

社会发展 棚下小学有163名学生,乌石小学有143名学生。棚下小学及附属

乌石村

乌石村稻田公园

幼儿园新校舍由小学教学楼与幼儿园两幢主楼构成，占地面积10余亩，建筑面积近3000平方米，其中小学教学楼1800余平方米，幼儿园的建筑面积近1200平方米。

境内活动中心分别为农耕文化广场、乌石嘴文化活动中心和老年活动中心，用地面积合计1000平方米，设计了篮球场、文化长廊、棋牌室等。

境内主要有6个卫生所，根据村民集中分布地坐落，为村民提供就近医疗保障服务，解决家门口就医问题，家庭医生签约率100%。

辖区内村民85%以上购买了农村基本养老保险，全村共有公益性岗位16人，其中护林员1人、保洁员13人、公路管理员2人。村敬老院内设活动室、食堂、阅览室、棋牌活动室等。

特色地情　乌石嘴关帝庙（具庆社），始建于明成化年间（1465—1487），社宇为土木结构。1958年，社宇遭毁坏。1992年重修，面积300平方米，2012年扩建至400平方米。社内有神像3尊，主神关公。

陇田村

村情概况 陇田村原为陇田大队、石陂大队、三塘大队、长竹大队,由于陇田处于中心地段,比较集中,故合并为陇田大队,后来称为陇田村。

陇田村依傍在袁河岸边,位于银河镇东部,东至天柱岗村,南至乌石村,西至邓家田村,北至长竹村,全村总面积9.6平方千米,耕地面积3621亩,林地5600亩。

全村1186户,人口4862人,居住人口以汉族为主,还有苗族等少数民族。全村的主要姓氏为孔、甘、陈姓。

自然环境与资源 境内农田连片成块,处于群山环绕的不规则形地带。村内有小(2)型水库1座,山塘8座。生态环境良好,植被茂盛,有野猪、野鸡、竹鼠等野生动物。

经济概况 村民以种植水稻、蔬菜、瓜果为主,农业产业有稻田养虾及艾草、槟榔、芋头及优质水稻种植,土地流转2200亩。各类农产品种植总面积3000余亩。

村内企业有绣花厂、大米加工厂、雨伞厂、电子厂等企业,有50多家各类食品店、日杂店、超市、文具店、奶粉店、水果店。2023年村集体经济收入16.8万元。

基础设施 X123县道穿村而过,大部分村组路由水泥路改为沥青路,村内主干道长度1.8千米。

村内建设灌溉水渠长约6000米,拦河坝1座,河堤建设长约500米,自来水管

陇田村

陇田村苏记供港蔬菜基地

网铺设约11千米。

新农村建设点分布在陇田新村组,受益群众300余人;塘湾组,受益群众350余人;车溪组,受益群众600余人;上陇田组,受益群众500余人。

社会发展 村内有银河镇第二中学,建于1928年,有学生700余人;车溪小学位于车溪片区,有学生350余人;陇田幼儿园建于2020年,有学生200余人。3所学校占地面积达5万平方米,现有师资近100人。

境内有文体广场1处,位于陇田诊所对面,安装健身娱乐器材、路灯。有4家诊所、村卫生服务室,全天候开放,为村民提供了便捷的医疗服务。

辖区内村民大部分购买了农村基本养老保险,参保率90%,低保人员41户75人。2019年成立老年体协服务中心,建筑面积120平方米左右,内设活动室、阅览室、棋牌活动室等。

环保绿化方面,投资20余万元做好村庄规划,实行道路、广场、庭院绿化。村内绿化面积约18000平方米,森林覆盖率32.3%。

特色地情 陇田村的特产有村民自酿谷酒、自家熏制的腊肉、自制麻辣豆皮。

敖家坊村

村情概况 据敖氏族谱记载,敖姓始祖丙公于明洪武年间(1368—1398)传至鹤公,由新余水北迁至萍东敖家坪,鹤公生宗政、宗义二公,明永乐十年(1412)改迁大门前,明宣德九年(1434),更名敖家坊。中华民国时期,属萍乡县廷风乡。1950年,属萍乡县宣风区何家圳乡;1956年,属芦溪区墨溪乡;1958年,为河下公社敖家坊大队;1961年,属萍乡市芦溪区河下公社,境内划分为敖家坊、白泥岭、新农村3个大队;1968年,为宣风镇革命大队;1974年,为河下公社敖家坊大队;1984年,为银河乡敖家坊村;1996年,为银河镇敖家坊村。

敖家坊村位于银河镇南部,东邻宣风镇,西至源南乡,南至芦溪镇,北接墨溪村、何家圳村。面积7平方千米,现有772户2992人。全村有姓氏13个,其中主要姓氏为敖、周、易姓。

境内有敖家坊、白泥岭、五拱桥、曾家里、北渚江、下麦石等14个自然村,共20个村民小组,耕地面积2200亩,林地面积400余亩。

自然环境与资源 村内生态环境良好,土地肥沃,日照充裕,适合各种经济作物生长,村里大力发展秋雪蜜桃、芦笋、大棚蔬菜等特色种植业,引进杂交水稻种子培育项目流转土地500余亩,是省级千亩高产水稻种植示范基地和水稻新品种植试验基地,以及水稻生物防控技术试验推广基地。借助交通便利、水源充足等优良天然环境,大力发展水产养殖、垂钓,逐步形成特色休闲渔业观光带。

经济概况 耕地面积1972.51余亩,以种植油菜、富硒富锌稻谷为主。2023年千亩油菜花绽放,被央广网宣传。种植红薯、玉米等杂粮200余亩。

村内有五拱桥超市、日昇超市等多家小商店,有农家乐1家、专业合作社3个、家庭农场2个,带动50余人就业。

2022年村级集体经济经营性收入共4.18万元。

基础设施 沪昆高铁、X103县道穿村而过,主干道长3.7千米,为沥青路面。753乡道1.96千米。

全村供电用户755户,用电实现全覆盖。村辖区内建设灌溉水渠长约12千米,有渠道闸门4座,自来水管网铺设全覆盖。

2021年曾家里自然村新农村建设,受益127人;2022年下麦石新农村建设,受

敖家坊村

敖家坊村芦笋基地

益272人。

社会发展 有小学1所,占地面积2397.6平方米,现有师生104人。新建幼儿园1所,占地2664平方米,现有师生43人。

文体广场2处,分别是敖家坊文化活动中心、白泥岭文化活动中心,广场有健身娱乐器材、篮球场、文化墙等。

设置了1个村卫生室,配备2名执业(助理)医师,解决了村民就医的问题。

全村有低保人员34户55人;特困供养人员18人,其中分散供养人员13人,集中供养5人。2021年成立居家养老服务中心,建筑面积近160平方米,内设活动室、食堂、阅览室、棋牌活动室等。

特色地情 饶小亚,女,1979年生,中国共产党党员,曾获省劳动模范、"全国道德模范"提名奖、全国孝亲敬老之星、省五一劳动奖章、省青年五四奖章、省道德模范、"中国好人"、省最美家庭、省最美基层工作者等荣誉。

邓家田村

村情概况 邓家田村因最初为邓姓家族在此定居而得名,地处银河镇北部,与宜春市袁州区竹亭镇毗邻,境内有金鸡岭自然生态区,全村总面积9.8平方千米。有24个村小组,719户3227人,主要姓氏有王、陈、黄、龙、邓姓。

自然环境与资源 邓家田村地形是由东西走向,处于群山环绕的长条形地带。银凤岭山脉从西向东走向金鸡岭山脉,金鸡岭海拔302米。矿藏有石矿、稀土、白泥等。生态环境良好,有野猪、野鸡、竹鼠、穿山甲、豪猪等野生动物。

经济概况 有耕地面积1659亩,林地面积5000余亩,耕地主要种植稻谷为主。

境内有长友电子厂和钟永良电子厂,带动就业100多人。村内有7家已注册的小杂货店,主要经营各种生活用品。有三八农场、王家寿农庄2处农家乐,主要以地方特色菜和熏肉腊肉为原材料,采用农家传统烹饪制作,解决30多名村民就业。

全村集体经济主要来源为光伏发电项目和水库、山地租赁费,合计全年收入5万元左右。村级负债较重,由于村集体在公路建设、水利设施建设以及其他一些民生工程领域投入过大,截至2023年负债近300万元,维持正常运转困难较大。村主导产业以种植业、畜牧业为主。

基础设施 G60沪昆高速贯穿全村,X947县道穿村而过,目前该道路损毁严重。其他村组道路都已硬化,但道路狭窄。邓家田村至横岭村的村级道路较窄,大部分都有破损。

全村供电用户720户,实现全覆盖。全村自来水全部接通,村集体用深水井抽水,满足全村用水需求。村辖区内建设灌溉水渠长约5000米。全村有水库1座,为七棚水库。有大小山塘200余口,完成整修的有50多口。自来水管网铺设约2万米。

从2019年至2023年,村镇建设共投资520余万元。主要有金鸡岭徒步路线建设、石塘自然村新农村建设、塘坝上新农村建设、岭下组新农村建设、塘背组新农村建设,受益人口近千人。

社会发展 设有邓家田幼儿园、邓家田小学。邓家田村幼儿园地处银河镇西

邓家田村

邓家田村金鸡岭

部,与邓家田村委会相邻,是一所公办村级独立幼儿园,创办于2016年,2017年投入使用,在2017年年底被评为市级示范幼儿园。在园幼儿37人,教职工8人。邓家田小学建于1991年,学校占地面积1995平方米,建筑面积932平方米。学校有6个教学班,10名教职员工,97名学生。

有老人活动中心3处,分别是北塘老人活动中心、思古塘活动中心、邓家田活动中心。活动中心有百姓大舞台、健身娱乐器材、篮球场、文化墙等。

有1所村卫生室,乡村医生24小时值班。全村有3100人购买了农村医疗保险,参保率98%;1500人购买了农村基本养老保险,参保率60%;有低保人员41户78人。2018年成立了居家养老服务中心,建筑面积近240平方米,内设活动室、食堂、阅览室、棋牌活动室等。

环保绿化方面,对农户进行厕所改革,建设集中污水处理池,拆除危旧房以及牛栏杂屋67间,新建房屋统一规划,实行道路、广场、庭院绿化。全村森林覆盖率80%。

特色地情 太子老观音寺,始建于明朝初年,距今有600多年历史。传说是朱元璋的孙子朱允炆出钱修建的,因为当时朱允炆是太子,所以取名为太子老。2008年进行了维修和扩建,占地面积988平方米,建筑面积380平方米,其中殿堂面积234平方米。

何家圳村

村情概况　何家圳村成立于1969年,由当时兴隆生产大队和何家圳解放生产大队合并而成,取名何家圳村。

该村地处银河镇中部,西邻敖家坊村,北连紫溪村,南接袁河,东邻河下村,距镇政府所在地3千米。全村面积9.6平方千米,其中山林面积3500余亩,共有耕地2350余亩,大小山塘40余口。

全村下辖4个工作片,14个自然村(屋场里、松山里、狮形里、上暗冲、下暗冲、王山岭下、蓑衣窝、阁公塘、天井冲、台立上、藕塘、观音塘、算盘岭、长塘下),20个村民小组,721户,总人口约3100人。主要姓氏为何、易、陈、罗、敖姓。

自然环境与资源　境内地形由南向北倾斜,处于群山环绕的长形地带,主要山脉名为羊古城。村内有白鹭、野猪、野鸡、竹鼠、穿山甲等野生动物。

经济概况　农业以种植稻谷为主。

境内有国家级农业产业化龙头企业江西省银河杜仲开发有限公司、省级农业产业化龙头企业江西大富乳业集团有限公司、市级农业产业化龙头企业和平生态有限公司、袁水酒坊、芦溪县出口花炮厂、固引剂厂、石英粉厂等企业。解决当地约300人就业问题。

村内有4家小商店,分别是百姓超市、欢之味便利店、何晓玲小卖部、王海萍超

何家圳村

市,主要经营各种生活用品等,解决本村6人就业问题。

基础设施　杨宣公路、绿行旅游公路、何家圳村至敖家坊村X801县道穿村而过。部分村组路进行了"白改黑",其他村组道路都已硬化。主干道长度约12千米。

全村供电用户721户。辖区内建设灌溉水渠长约10千米,抽水机泵站4座。自来水管网铺设约9千米。

2019年至2021年,进行了松山里自然村新农村建设、阁公塘新农村建设、兴隆新农村建设,受益人口近600人。

社会发展　境内有银河镇中学、何家圳小学、何家圳幼儿园。银河镇中学创建于1979年,现有23个班级,教师95人,学生1065人;何家圳小学,创建于1972年,现有教师15人,学生201人;何家圳幼儿园创建于1986年,现有教师6人,学生26人。

文体广场3处,分别是新时代文明实践站健身广场、暗冲广场、天井冲活动中心,有百姓大舞台、健身娱乐器材、篮球场、文化墙等。

辖区内有村卫生室和2家诊所,为全村村民提供医疗服务。辖区内有1498人购买了农村基本养老保险,参保率56%;有低保人员35户60人。2021年成立了居家养老服务中心,建筑面积近240平方米,内设活动室、食堂、阅览室、棋牌活动室等。

村内绿化面积约8000平方米,森林覆盖率达72.3%。

京竹村

村情概况　传说古代京竹一带有石鼓寨、观音坑寨、双关寨、金鸡寨等众多山寨,总寨主称"京都"。各寨主亭长将该地盛产的山竹制成箫、笛等乐器进贡朝廷,谓之京竹所产,因而得名。

民国时期为萍乡县芦溪区廷宣乡廷训里一保一图。新中国成立后,区域变动多次,1950年为萍乡县宣风区京竹乡(包括沙子界、栗山、坪塘下、大陂头、石陂、保界院等地),1958年为河下公社京竹大队和银凤大队,至1970年两大队合并为京竹村。1968—1970年划属东风水库库区管辖,1970年下半年划属宣风镇,至1974年仍归河下公社管辖。

京竹村

该村位于银河镇西部，东有宣风，南有芦溪两条公路交叉于村，西北直达赤山、萍乡，北通往竹亭、宜春。总面积为9.6平方千米，其中耕地面积1568亩，林地面积8000余亩。有23个村民小组，783户3124人。全村共计29个姓氏，主要姓氏为易、温两姓。

自然环境与资源 京竹被杨岐山、龙舞（海拔595米）、观子山（海拔592米）、银凤山（海拔584米）蜿蜒环抱，地形是西北偏高，东南略低，似船驶入。矿藏有煤炭、石灰石、瓷泥等。生态环境良好，有野猪、野兔、野鸡、竹鼠、白鹭等野生动物。

经济概况 农业以种植水稻、蔬菜、菊花为主，耕地以梯田为主。2005年日江水泥进驻并开采石灰石，后南方水泥厂收购日江水泥，更名为南方采石厂。村集体经济年收入约15万元。

村内有银凤山泉饮品有限公司，安排16名村民就业。另有7家小食品店，有快餐店3家，经营者为本村村民。

基础设施 沪昆高速、X101和X801两条县道穿村而过，县道在境内长约6000米。部分村组路为沥青路。

约90%村民安装了宽带网络。全村供电用户783户。辖区内建设灌溉水渠长约3000米，拦河坝2座，河堤建设长约2200米，自来水管网铺设约2万米。

从2017年至2022年投资340万元用于村镇建设，主要有大坪自然村新农村建设、新榨下新农村建设、京竹村综合文化活动中心建设、茶垣组新农村建设。

社会发展 京竹小学（含幼儿园）占地面积约2000平方米，教师9人，学生82人。

文体广场7处，分别是新榨下活动广场、茶垣广场、银凤广场、潭背广场、大坪广场、泉山广场、贺家塘广场,有健身娱乐器材、文化墙等。

设置村级计生卫生服务室,有诊所、药房,全天候开放。

全村有1383人购买了农村基本养老保险,参保率80%;享受国家最低生活保障人员65户122人;2020年成立了居家养老服务中心,建筑面积1000余平方米,内设幸福食堂、会议室、活动室、阅览室、棋牌室、书法室、休息室、练舞厅、卡拉OK厅、健身房等。

环保绿化方面,投资30余万元对村内道路、广场进行硬化绿化。村内森林覆盖率达70%。

特色地情 易道遵(1895—1932),北大中文系毕业,曾任江西《民国日报》《上海印书馆》总编辑,创办长沙协均中学,任校长。1932年抗日战争时,遭日军轰炸殉难。

易洪英,生于光绪末年,曾任萍乡参议员,袁州府参议员代表,曾任萍乡中心小学校长。

银凤山高584米,素有"山巅产金银,凤栖出能人;葛洪上银凤,携士到武功"之说,山上清泉常涌,寒暖暑凉,有"小庐山"之称。

银凤寺由小庙改造而成,据传始建于商代,几经沧桑,毁而复建,现经"三乡九地"群众集资重建,仿古建型,建有13间瓷砖地殿堂,占地2000多平方米,塑有19尊四米高神像。

京竹奇洞、奇石、奇峰也不少。奇石有教化洞(可通往观溪、龙洞)、千斤坪风洞;奇石有"乌龟笑老鸦"(此石位于现石山下,在一障石山近西端石壁的断崖处,有一块重约数千斤状似乌龟伏卧地磐,两石棱触面不足一尺)、"五马朝天""双凤朝阳""石笋参天"等。奇峰有"双龙合抱""金鸡对唱""双狮滚球"。还有近千亩面积的神仙湖(现东风水库)。泉山小组涌泉常喷,古樟蔽天,2棵几百年树龄的大樟树上凉薯藤缠抱,枝叶繁茂,绿翠成荫。

古有"神仙下马检绉纱,浪滚泉喷吐白花,观音三官云中闻,龙马狮象饮清泉"之传说,言此地上经常有神仙云游过往,泉山池旁,有一马鞍凹山坡是神仙下马检绉纱,观泉卸下马鞍而得名。现在泉山通往潭背的这座山叫马鞍凹。

京竹村境内有金顶界、东风水库,还有新中国成立前的党支部及四烈士墓、原新岭煤矿旧址。

长竹村

村情概况 据陈氏、张氏族谱记载：清朝康熙年间，陈氏从福建迁居此地，因冲地窄长如布，取名长布；张氏从福建迁入万载，后从万载徙此，因后山竹林成片，取名竹山下。长竹取长布、竹山下两村首字而得名。1954年长竹成立互助组，1955年成立初级社，1956年成立高级社，1957年成立人民公社。1958年成立长竹大队，当时有10个村小组，约700人，属河下公社管辖。1958年宜春地区因修建三八水库，袁州区店布大队上俭塘、平树塘大队下俭塘部分村民迁入长竹，居住地取名为新村。后来上俭塘、下俭塘也划归长竹大队。1962年，原属邓家田大队管辖的长坪转入长竹大队。当时长竹有长坪、石口、竹山下、蛇形、柳树塘、月形、东元冲、长布、新一、新二、白泥岭、上俭塘、下俭塘13个小组，人口860余人。1988年，长竹大队改名为长竹村。

长竹村位于银河镇北部，东与宜春市袁州区西村镇大村为邻，北与袁州区竹亭村相接，全村总面积8.6平方千米，耕地1200余亩，林地5600余亩，全村共有468户1973人，13个村民小组。全村有脱贫户22户85人，特困供养户12户12人，低保户29人。主要姓氏为张、陈、章、陈姓。

自然环境与资源 境内地形由东向西倾斜，处于山地的长条形地带。村内植被茂盛，适合种植油茶、茶叶、柚子树、杨梅等。

经济概况 耕地面积1200亩，以种植水稻为主。村内有3家小食品店，有农家乐1处，经营者为本村村民。2022年村级集体经济收入115830元，来源为出租长竹茶厂、俭塘水库的租金。

长竹村

长竹村鑫绿地茶场

基础设施　X801县道穿村而过,全程2千米,石口至上俭塘乡道4千米,石口至长布乡道2千米。部分村组路进行了"白改黑",其他村组道路都已硬化。

全村供电用户468户。辖区内建设灌溉水渠长约6000米,分别是东西渠道、中圳渠道。有长坪、俭塘两处集中供水点,自来水管网铺设约8000米。

2017—2022年,进行了石口、长坪、戴家、竹山下、蛇形新农村建设,维修白鹭塘、中圳渠道1200米。

社会发展　长竹小学、长竹幼儿园为一体,创办于2012年,占地面积约1600平方米,目前有教师8人,学生50人。

文体广场4处,分别是石口广场、竹山下广场、东元冲广场、长布祠堂有百姓大舞台、健身娱乐器材、篮球场、文化墙等。

有2个村卫生室,坐诊医生2人。

全村有342人购买了农村基本养老保险。有低保人员30户56人。2019年成立居家养老服务中心,建筑面积近400平方米,内设活动室、食堂、阅览室、棋牌活动室等。

天柱岗村

村情概况 天柱岗原本叫天竹冈,因以前这里盛产方竹(又称"天竹"),而当地方言"柱""竹"读音相同,代代相传,便成了天柱岗。

天柱岗村位于银河镇东部,与宜春市袁州区相邻,距银河镇镇政府所在地5千米。全村总体面积为5.7平方千米。辖3个自然村(江架台、屋场、冲里),13个村民小组共563户2689人。主要姓氏为彭、郭、谭、肖、李姓。

自然环境与资源 天柱岗村傍山面水,大部分是河谷丘陵地形,境内地形由东向西倾斜,处于山地的长条形地带。

村内适合种植水稻、脐橙、茶叶、芦笋、西瓜等。

经济概况 境内有高标准农田1800余亩,以种植水稻、油菜为主,另种植3000余亩脐橙、柑橘等果业。

村内有8家小食品店,有2处农家乐。

辖区内有江西省天之橙农业有限公司、天柱岗贵兰农场、文华生态专业合作社、山岐农业开发有限公司、芦笋种植基地、华林鞭炮厂、乐姿彤红木家具厂等,每年对村集体经济收入贡献在15万元以上。

基础设施 全村主干道超20千米,村组道路全部硬化。

全村供电用户563户,自来水全覆盖。有小型污水处理设施3座,覆盖率近

天柱岗村

35%的人口。

辖区内有山塘3口，小（2）型水库1座。建设灌溉水渠长约14千米，自来水管网铺设约23.5千米。

2017—2022年，推进冲里、江架台、屋场、井湾新农村建设，受益人口2250余人。

社会发展　天柱岗小学有学生105人，教师13人；天柱岗幼儿园有幼儿21人，幼儿教师2人。

文体广场6处，分别是江架台广场、彭家宗祠广场、新店坪广场、杨家里广场、喇叭园广场、生牙岭广场，有百姓大舞台、健身娱乐器材、篮球场、文化墙等。

有2所村卫生室，共有持证乡村医生6人，满足村民就近就医、购药需求。

全村有2450人购买农村基本养老保险，参保率91.1%。有低保人员34户66人。2019年成立居家养老服务中心，建筑面积近260平方米，内设活动室、食堂、阅览室、棋牌活动室等。

特色地情　天柱岗扼袁水而锁湘赣，处处留下其作为战略要冲的一些地名。如"江架台"，位于立杨村和横棚下之间的原袁河中一沙洲上，犹如一座在江上架起的瞭望台。"马栏冲"，南方少马，此地古称"马栏冲""马槽""马迹岭"的地方都与屯军和战争有关。"杨泗冲"，为纪念宋代杨泗将军斩孽龙，除暴安民，冲内原建有杨泗庙而得名。

横岭村

村情概况　横岭村成立于2008年12月，由原银河镇林场改制撤场建村。地处银河镇西部，距离县政府20千米。全村总面积5.7平方千米，耕地面积618.88亩，山林面积6450亩，森林覆盖率80%。辖7个自然村（蚂蟥塘、青泥岗、横岭、观子山、栗山、烂泥窝、九垆），划分为13个村民小组。现有人口803人，主要姓氏为王姓和欧阳姓。

自然环境与资源　境内地形由北向南倾斜，处于群山环绕的长条形地带。矿藏有煤炭、石灰石。野生动物有野猪、野鸡、竹鼠、穿山甲等。

经济概况　农业以种植稻谷为主。2023年种植水稻240亩，其他抛荒土地用于种植玉米、红薯及油菜等农作物300亩，收入21万元。

横岭村

村内无商贸超市。有1家林场小卖部。

村集体经济收入17万余元。

基础设施 村组道路全部硬化。横岭村主干道从紫溪红卫至横岭长约4.5千米,宽4.5米;横岭至陈家湾路段长约3.1千米,宽6米;其他入户路宽3米,长约7千米。

境内60%的村民安装了宽带网络。由于横岭村地处偏僻,村内无邮政等快递站点。全村供电用户196户,用电情况正常。城乡供水一体化率达到90%,自来水入户率达到100%。

辖区内建设灌溉水渠长约3000米,自来水管网铺设约6000米。

2018年马王塘新农村建设,受益人口132人;2022年横岭新农村建设,受益人口82人。

社会发展 文体广场3处,分别是马王塘广场、横岭广场和居家养老服务中心广场,有健身娱乐器材、篮球场等。

有1所村卫生室,为横岭村以及紫溪村、邓家田村等村民提供医疗服务。

全村有211人购买了农村基本养老保险,参保率26.3%。有低保人员16户26人。2020年成立了居家养老服务中心,建筑面积近350平方米,内设活动室、食堂、阅览室、棋牌活动室等。

环保绿化方面,认真做好村庄规划,拆除危旧房等,实行道路、广场、庭院绿化。村内绿化面积约1500平方米。

特色地情 观子山观音寺庙,始建于清代,清朝末年因战乱被毁,2004年和2017年重建、扩建,完成斋堂课堂、观音殿、钟鼓、水泥路等设施。

银凤社区

银凤社区因银河镇境内最高峰银凤岭而得名,于2004年5月成立。社区位于银河镇中心地带,距离县城20千米,袁河自南向北横穿社区境内。

辖区面积约1平方千米,有东桥路、西街路、五一路、小区路、银凤路5条主街道,主要有银河小区、银凤花园、银凤名居三个小区。有居民996户,常住人口3378人,分为5个居民小组。

境内较大的企业为江西省鑫隆建筑有限公司,成立于2003年,为建筑施工总承包一级资质企业。社区境内有旺力服装厂,解决就业人数60人;圣才雨伞厂,解决就业人数30人;江西畅联日用品有限公司,解决就业人数50人;1家饰品加工厂,解决就业人数12人。比较重要的商贸超市有好又多超市、家家批发部、双双批发部等。

银凤社区地势平坦,街道整齐,是银河地区的经济贸易集散中心,各类商品齐全。

银凤社区现有街道全长2000米,沿河路为沥青路,其他为水泥路。主干道银凤路,宽20米。320省道和杨宣公路主干道穿境而过,交通便捷,地理位置优越。宽带总共安装950户(包含街道商户),辖区宽带网络安装率98%。全社区供电用户数950户,用电情况稳定。

社区文体活动场所主要集中在沿河路,有篮球场、广场舞场,安装有健身器材。境内有银河卫生院1所,诊所6家,药房7家。区居民购买养老保险200余人,享受社保400~500人。目前低保户26户39人,特困5户5人。

银凤社区鸟瞰

南坑镇

南坑镇位于萍乡市中部,芦溪县西南端,东邻上埠镇,东南与张佳坊乡及坪村水库相邻,南连长丰乡和六市乡,西与白竺乡毗邻,北靠五陂镇和安源镇,东北与高坑镇接壤,距萍乡市区16千米,距芦溪县城17千米,全镇面积111.54平方千米。

南坑镇1940—1943年属萍乡县第三区。1944—1949年为县直属南溪乡,辖15保154甲。中华人民共和国成立后,属安源区,当时分为南坑乡、岭凤乡、宝元乡、成畦乡、妙泉乡、遥进乡。1952年属萍乡县第五区,当时分为南坑、岭凤、宝元、中元、阪圭、岭凤、团群、妙泉、大泉、遥进、新坪、崇源12个乡。1956年属安源区,12个乡合并为南坑、中元、妙泉、遥进4个乡。1957年,4乡合并为南坑乡。1958年成立南坑人民公社。1961年又分为南坑、妙泉、遥进3个公社。1962年划归麻山区。1964年,3个公社合并为南坑公社。1971年萍乡市设立4个县级区,南坑划归芦溪区管辖。同时,南坑所辖范围有所调整,原南坑所辖的半山大队划入长丰公社,崇源大队划入源涖公社,原属山田大队的石上划入高坑镇。1984年春改称南坑乡。1993年7月,撤乡建镇,改称为南坑镇,至今沿用。

南坑镇行政区划辖18个行政村,303个村民小组,1个居民委员会。分别是南坑村、乾村村、窑下村、新坪村、兆佳村、双凤村、石灰岭村、大岭村、团丰村、金钩湾村、新尤村、七宝村、妙泉村、山田村、圭田村、团群村、阪田村、坪村村、南坑社区。

总人口41281人,其中非农业人口9316人,居民主要是汉族,少数民族2人,其中水族1人,满族1人。

自然环境与资源 南坑镇地处罗霄山脉北段低山丘陵地区,地势东南高,西北低,南部属武功山脉西段,北部多为丘陵。主要山峰有棋盘石、天子山。海拔最高点为大垅棋盘石,高度为1156.9米;海拔最低点是双凤的水尾,高度为110米。发源于武功山脉花轿顶的渌水流经境内,冲刷出片片平地,故又有南溪之称。境内东南部有旅游景点明月湖、老鹰谷。

南坑镇林地面积13.44万亩,其中有公益林4.77万亩,商品林8.68万亩(其中划归天然林1.96万亩),全镇森林覆盖率72.35%,活立木蓄积量38.89万立方米。煤炭、石灰石、石英砂、瓷土、磁铁石、锰铁石、高岭土、碳酸钙等蕴藏丰富。

植物资源种类繁多,有分布的国家重点保护植物有8种,其中国家一级保护植物有柞木、水杉、南方红豆杉,国家二级保护植物有桂花树、黄檀、香樟、枫香、石楠。

野生动物资源丰富,分布的野生动物中,有国家二级保护动物獐(河麂)、穿山甲、斑林狸、大鲵(娃娃鱼)、鸳鸯、白鹇等6种。

经济概况 南坑镇农业人口31965人,耕地总面积27690.6亩,农业主要分布于芦南公路和S231公路两边。省、市、县农业产业化龙头企业有11家,省级2家——江西百利食品有限公司、江西萍水相逢农副产品开发有限公司;市级2家——江西省傅太食品有限公司、芦溪县土油郎农业生态发展有限公司(鑫森种养专业合作社);县级6家——江西玖杨洋蔬菜基地有限公司、江西安远华橙生态农业科技发展有限公司、江西省余博园生态科技发展有限公司、萍乡市兴鑫牧业有限公司、江西省芦溪县绿峰生态农业专业合作社、萍乡市平顺生态农业科技开发有限公司。农民专业合作社60余家,规模种养大户达20余户。主要形成了水稻产业、蔬菜水果生产加工产业、生猪产业、南坑白鹅产业、油茶产业,和农业休闲产业。2021年粮食种植面积23000余亩,蔬菜2500余亩,油茶种植面积累计达6500余亩,水果1000余亩,生猪出栏30300余头,鹅出栏31000余羽。

境内有高新技术企业4家,省级"专精特新"中小企业6家,科技型中小企业8家,全年累计申报企业发明专利12项。有规上工业企业18家,分别是江西新龙电瓷电器制造有限公司、江西省萍乡市南坑高压电瓷厂、萍乡市神州电瓷厂、江西省萍乡市光源电瓷制造有限公司、萍乡市萍刚电瓷厂、萍乡市中南电瓷厂、萍乡市第四电瓷厂、江西省萍乡市南坑高压电瓷有限公司、江西施普特新材料有限公司、萍乡市东欣包装有限公司、萍乡市宝玖鞋业有限公司、萍乡市云峰电子有限公司、萍乡市锦宏瓷业有限公司、芦溪县鑫茂光伏有限公司、萍乡市华瓷绝缘子有限公司、萍乡市鸿鼎包装有限公司、江西科济超导通讯有限公司。2021年全年累计完成规上工业增加值6.25亿元，同比增长10.4%；新增规上企业2家，新增纳税100万元以上企业1家。工业增值税2295万元，同比增长10%。工业用电量986万千瓦时，同比增长4.1%。

境内有大型商超2家(鹏泰超市、顾家超市)，解决60人就业问题，年营业额约550万元。2021年，限上消费品零售总额3988万元，同比增长11.5%。固定资产投资14.3亿元，同比增长3.1%。

2021年，完成财政收入2.24亿元，同比增长45.1%。新增"四上"企业5家，其中规上工业企业3家。规上工业完成增加值5.49亿元、增值税1534万元、用电量892万度。固定资产投资14.3亿元，增长6.1%，工业投资13.04亿元，增长6.5%。

基础设施 南坑镇辖区内现有县乡村道路205.536千米，其中省道3条27.96千米，县道1条6.8千米，乡道19条50.786千米，村道159条119.99千米。

辖区内有邮政、中通、顺丰、菜鸟驿站、圆通、申通、京东、韵达；每个村有1个快递代收点，投递网基本覆盖全镇各行政村。中国电信芦溪县分公司在镇设有农村营业部。

2021年，投入380万元对南坑镇道路两侧进行路灯改造及新装，新装太阳能路灯628盏，太阳能路灯改造市电LED路灯313盏，新增市电路灯35盏，太阳能路灯维修53盏。南坑镇区集中供水，铺设主管道3.2千米，年供水量83万立方米；排水管道3.8千米。

南坑河属渌水系，南坑镇有小(2)型水库2座，分别是幸福水库、库容为43.6万立方米，油榨冲水库、库容为16.67万立方米。大小陂坝有6个，分别是南坑村五拱桥陂坝、大岭黄陂坝、妙泉张家湾陂坝、圭田下院陂坝、金钩湾易家陂坝和新陂坝。有大小山塘174座(其中14座容量达5万立方米以上)。

社会发展 辖区内有1所中学(南坑镇中学)；1所九年一贯制学校(妙泉学校)；10所小学，其中村级完小7所、教学点2个、中心小学1所(南坑镇中心学校)；11所幼儿园，其中村级幼儿园10所、中心幼儿园1所(南坑镇中心幼儿园)。

南溪高等小学堂创办于清末民国初，在萍乡南路赫赫有名，人才辈出。南坑中学是新中国成立之初萍乡四所完全中学之一。

设有1个文化站、19个村级文化服务中心、1个老年活动中心、5个灯光球场。各村均设有休闲娱乐小广场。新建乾村大坪山苏维埃纪念馆和南坑镇烈士陵园，打造了红色文化教育基地；围绕千年古窑文化，紧扣"窑下古陶·千年遗存"核心主题，新建了古窑文化展馆、古窑制作体验馆、窑文化研学基地等；聚焦志愿文化，打造了志愿者服务基地；围绕南坑车湘傩，打造了国家非物质文化遗产教育基地。

南坑人喜爱篮球运动,早在20世纪50年代,本地每逢赛事即人山人海,有的群众甚至远赴南昌、长沙观赛。1992年举办第一届"南溪杯"篮球赛以后,至2021年已经举行29届。群众热情越来越高,建篮球场、篮球馆,踊跃捐款,投资投劳。投资60余万元的南坑篮球馆在萍乡屈指可数。全镇篮球场地100余处,基本上实现全覆盖,全镇42000人中约一半人会打篮球。近几年来开办少年篮球培训班,每年夏季举行少年篮球联赛。

有镇卫生院1所,村级卫生室30个,其中公有制卫生室17个,乡村医生共计53人。

开展工业企业大气污染源头治理工作,双凤砖厂、盛发陶瓷、宝源陶瓷等重点排污企业均达标排放。推进水污染治理,投资700余万元完成南坑村、乾村村、山田村3处生活污水处理设施建设,新建1座日处理300吨的污水处理站,南坑河王坑断面水质全年优于III类水质考核标准。大力推进矿山生态修复,完成400亩废弃矿山修复治理。

特色地情 辛亥革命时期反清斗士钟震川是南坑七保(今七宝)人。土地革命时期,建立苏维埃政府10个,革命烈士达150人。

王培华(1898—1931),字君实,南坑人。13岁南溪小学毕业,17岁萍乡旧制中学毕业。1916年在南坑义仓里教私塾,后在南溪小学、宗里小学任教,1926年参加中国共产党,1930年任湘赣省委秘书,1931年在大安里战斗中牺牲。

南坑旅游资源丰富。明月湖水光山色,鹭翔枫红;老鹰谷石流泉韵,谷幽林茂;窑下村陶韵千年,曦河唱晚;金佛寺宁静典雅,车湘傩,傩具生威,舞步铿锵。乘新农村建设产业调整之春风,各村新景频添:乾村苏维埃纪念馆、烈士陵园,金钩湾村震川纪念馆、钟鼓潭,新尤村龙水滩龙虾基地、百亩桃园、彩凤阁、廉政基地,双凤村乌龙潭、甘立贤故居、蟠桃园、水杉林、千年古樟,妙泉村花卉苗木、金珠洞,山田村桐花园,团群村马鞍寨,阪田村生态园、古四合院,团丰村天子庙、圣昌院,石灰岭村白鹭岭、三姑庙,七宝村道教基地、里大洞、傩神庙,南坑村玉龙潭、小大坬、横江,坪村村三尖峰,窑下村十里石溪、羲之河,新坪村鸡笼寨、新屋里风洞,圭田村天子山,兆佳村千亩映山红、原始森林、滴水崖等,都是旅游观光的好去处。

南坑古窑。南坑窑始烧于南宋,兴盛于元代,有"先有窑下,后有饶州"之说。古窑址主要由老窑下、凤凰坡、东冲、山下、瓦子坳、上林山、庵子坪、炉下、易家岭、龙壁台等十几处文化层堆积构成,以凤凰坡堆积较出名,当地称老窑下,因依凤凰山而得名,地处山坳,为一狭长的山谷地带,南临横江,古代在坡地上建有窑场,南北约150米,东西约100米。坡上有一现代水渠,因渠道决口,堆积被冲毁,露出堆积断层,最深处达10余米。该窑出土标本主要有青白瓷和青釉瓷两大类,也有部分青绿釉和黑釉瓷器,表面还有明代的青花瓷。1984年10月被列为市级文物保护单位。

民俗文化有车湘傩舞、阪田威风锣鼓、七宝龙舞、横江草龙、茶灯等。傩文化有千年历史,全镇有17个傩庙。特别是车湘傩舞艺术,列入国家非物质文化遗产名录。正月傩神出巡,声势浩大,十里烛香。

南坑傩舞。南坑傩文化源远流长,是我国民俗文化艺术瑰宝。源自西周,首建于唐末,兴于宋明清,旺于当代。南坑有16座傩庙,除车湘傩庙外,规模较大的还有七宝傩庙。车湘傩文化内容丰富,傩庙、傩面具、傩仪、傩舞、傩医傩药五宝俱全。历史上的车湘傩庙经多次毁建。1986年,车湘傩庙重建,恢复傩班,是萍乡当时恢复最早、傩舞传承人和傩舞队员最多的傩庙。自1990年以来,曾接待过法国郭安博物馆馆长班巴诺、中央美院教授靳之林等国内外专家、学者、领导、大学、团体和各级媒体等100次以上的参观和采访。1994年应邀到秦皇岛南戴河,为"中国万博文化城"的开城大典做傩舞表演。

车湘傩舞。有新旧庙殿两座,有戏台、傩文化广场,有傩文化展馆。2001年,成立了南坑镇傩文化研究会。同年确定将农历十月一日定为南坑(车湘)傩文化节。车湘傩保留了出洞、入洞、出行、逐疫等整套傩仪,保留了21个古傩舞节目,保持了一支160人左右的傩舞总队。同时,与南坑镇中联办了"芦溪县南坑少年傩舞培训基地""少年傩舞教学示范点",培养了大批傩舞预备队员。2018年投资180万元,对傩庙周围环境进行改造提升。2019年车湘傩文化已列入萍乡市乡村旅游重点项目,并计划在南溪河西岸建立以车湘傩文化为主,融入南坑民俗文化的车湘傩文化民俗生态园;2010年,车湘傩舞入选江西省非物质文化遗产名录;2011年,车湘傩神庙被中国傩文化传承保护基地授予第一批"中国·萍乡重点傩庙"。2021年,车湘傩舞入选第五批国家级非物质文化遗产。

名优特产有南坑鹅肉、南坑麻辣烫、土嘛哩盐果子、傅太粽子、南坑卷饼等。

省部级以上荣誉 2017年,南坑镇兆佳村被中央文明办评选为第五届"全国文明村"。2018年,南坑司法所被江西省司法厅评选为全省第三批"五好"司法所。2019年,南坑镇被江西省爱国卫生运动委员会评选为江西省卫生乡镇。2020年,南坑老鹰谷被江西省文旅厅评选为省级森林体验基地。

南坑村

村情概况 中华民国时期,属萍乡县南溪乡。1950年,属萍乡县安源区南坑乡。1958年,为南坑公社南坑大队。1961年,为萍乡市麻山区南坑公社南坑大队。1966年为南坑公社南坑大队。1971年,为芦溪区南坑公社南坑大队。1984年,改制为南坑乡南坑村。1993年,改为南坑镇南坑村。

全村总面积约27平方千米,东与窑下交界,南与长丰乡交界,西与乾村交界,北与大岭、团丰村交界,地形属丘陵,S311旅游线贯穿全村,南接231国道。

有52个村民小组,1503户5681人,其中常住人口4613人,流动人口1068人。居住人口中以汉族为主,还有少数彝族、土家族、瑶族、苗族、回族、壮族、黎族、维吾尔族等少数民族人口。主要姓氏有王、郭、黎姓。

自然环境与资源 南坑村地形地貌以山林为主,四面环山,地势起伏不大。

境内河道由石龙坑流向湘东区。水塘有车湘院背水库,占地10亩,灌溉水田600余亩;小大龙三八水库,占地9亩,灌溉水田700余亩;石岩下山塘,占地5亩,灌溉水田60余亩;油榨冲山塘,占地5亩,灌溉水田60余亩。

村内有铁矿石、锰矿石、电瓷泥等矿产资源。

山地面积20000余亩,森林覆盖率86%。其中经济林种植油茶300余亩。

经济概况 农业主要作物为水稻,种植面积2446.98亩,每年可收稻谷244.6万斤左右。

有陶瓷厂3个、电瓷厂4个、电子厂2个。解决本村800余人就业。代表性的企业为萍乡市第四电瓷厂、南坑高压瓷厂、盛发陶瓷厂、鹏辉琉璃瓦厂。

境内有各类小型店面40余个,解决本村100余人就业。代表性的有南坑鹅肉馆、南坑人家。

2021年村级集体经济收入15万元。

基础设施 经过村境内的S311省道为主要干道,域内长4千米,主要村组路为吴家冲至五拱桥横江,长2千米,宽8米;五拱桥至上南坑,长2千米,宽8米;南坑老街至湖斗,长1.2千米,宽6米;东冲至坳下,长1.5千米,宽5米;均为沥青、水泥路路面。

网络基本覆盖全村,宽带安装户数1503户。有供电用户1503户,年用电量约380万千瓦时。有集中供水工程2处,其中南坑村树下集中供水点工程惠及400户2010人,横江集中供水点工程惠及160户800人,水源均为山泉水。另有520户2600人通

南坑村

过南坑镇自来水厂集中供水,170户680人自建蓄水池通过山泉水解决安全饮水问题。

建有车湘院背水渠、车湘下湾水渠、车湘上湾水渠、赖家湾水渠、上南坑水渠、湖斗水渠、树下水渠、上洲上水渠、石岩下水渠、油榨冲水渠、罗家湾水渠、坳下水渠、金叉形水渠、羊古老水渠等。河道建设为大岭四拱桥至横江。

对全村8处进行新农村点改造,如湖斗新农村建设,65户280人受益;横江新农村建设,60户301人受益。

社会发展　有小学1所,为南坑镇中心小学,创办于1902年,占地面积21312平方米,现有教师54人、学生717人。

在村内文体广场有篮球场。

村内设有4个卫生所,分别是南坑村卫生室、南坑村分卫生室、南坑村车湘卫生室、南坑村上南坑卫生室。有药房2个、诊所1个、医生5位。

共有780人享受居民养老保险;176人享受社保,其中92人为失地农民保险;低保人员158人。

每天的生活垃圾由镇环卫所及时运走,南坑村境内建有一个300立方米的污水处理池。

特色地情　南坑渡槽,是20世纪60—70年代人民公社时期的产物,当时掀起农田水利建设的高潮,先后建造坪村、枣木、黄土开等大中型水库和灌渠渡槽工程。1970年,坪村水库开始渠系配套工程建设,在大坝下游250米处建拱坝拦水。总干渠自拱坝起,经株树、过渡槽和隧洞,再经桥头至横江渡槽,全长7千米。横江渡槽开始开东西干渠。西干渠自横江渡槽,经窑下、茶匙仑、过南坑渡槽,再经铅坑、院背冲、吴家冲、中元,至七保,全长30千米。西干渠设大小渡槽10座,隧洞4个,涵闸24处。其中,西干渠1972年竣工通水。东干渠自横江渡槽,经蝉树冲、中栏冲、麻子坡,至上坪河,全长19.5千米。东干渠有渡槽2座,隧洞3个,涵闸19处。东干渠于1974年竣工通水。整个灌区通过水库调节,利用南坑河道,直注萍水河。形成灌溉芦溪县、城关区(今安源区)、湘东区3.6万亩农田的萍乡最大灌区。

五瓮桥,古桥,为南坑名胜之一。据刘洪辟主编的《昭萍志略》卷二"营建志"的"津梁"篇记载:"同善桥在南区南溪,俗呼五瓮桥。"至于何年何人所建,《昭萍志略》上并无说明。

车湘傩舞。芦溪傩以车湘傩舞为代表,因它有傩庙、傩面具、傩舞,"三宝俱全"。车湘傩庙始建于唐代,古朴雄壮,傩舞粗犷诙谐,傩道具、面具、服饰更是庄重古朴。傩庙中保存一套1931年冬月沐恩居士周瑞华敬献的短装,所存最早面具迄今已有400余年。耍傩是当地具有广泛群众基础的文化活动。每年春节期间,傩班应乡民之约,戴着香樟雕刻的各种面具。燃放鞭炮,抬着傩王爷上轿,点着香火,敲锣打鼓,挨家挨户去"扫堂"(意为驱逐邪祟)。2021年5月,南坑村车湘傩被纳入国家非遗名录。

特产小吃有南坑鹅肉、南坑麻辣烫、南坑老冰。

南坑鹅肉。在南坑自古家家户户就有饲养鹅的习俗。百年前甘氏集众家之长,独创南坑鹅肉,享誉萍城,至今不衰。甘氏第三代传人甘建冬将南坑鹅肉做强做大,带动当地的养殖业,形成产业链。

南坑麻辣烫。小矮桌马扎凳,中间一个大大的汤锅,南来北往的食客围坐一桌,这是南坑麻辣烫的特点。青菜鱼肉,不论荤素,都被穿在细细的签子上放入麻辣锅中水煮,最后都变成又麻、又辣、又鲜、又爽的美味。最有名的麻辣烫是"六阿姨麻辣烫""曾阿姨麻辣烫"在全市都颇有名气。

南坑麻辣烫

乾村村

村情概况 《苏氏五修族谱》载,苏德明于明洪武二年(1369)由莲花南陂徙此,因建房为巽山乾向,故名乾村。民国时期属南溪乡。新中国成立初期属安源区崇源乡,1958年为南坑公社崇源大队,1961年划属麻山区南坑大队,1968年从南坑分出,叫乾村大队,1971年划属芦溪区,1984年春改为南坑乡乾村村。

全村总面积约3.6平方千米,东与南坑村交界,南与长丰乡交界,西与湘东区白竺乡交界,北与新尤村交界,地势由高至低。S311旅游线贯穿全村,东连S231省道,西接319国道,是连接湘东区与芦溪县重要的交通枢纽。

有16个村民小组,425户1556人,其中常住人口815人,流动人口741人。居住人口中以汉族为主,还有布依、侗、土家、仡佬等少数民族。主要姓氏有苏、赖姓,其中苏姓人员708人。

自然环境与资源 四面环山,森林覆盖率60%,盛产杉木和毛竹。全村的水塘有王家冲山塘,占地3亩,灌溉水田300余亩;阙家湾山塘,占地2.5亩,灌溉水田200余亩;飞蛾形山塘,占地2亩,灌溉水田200余亩。矿产资源有铁矿石、锰矿石、电瓷泥。

经济概况 农业主要作物为水稻,种植面积681亩。

境内有各类小型商店4家:李小炎商店、苏云来商店、苏涵明商店、苏海林商店。解决8人就业。

乾村村

乾村村革命烈士陵园

2021年村级集体经济收入10万元。

基础设施　经过村境内的S311省道为主要干道,长3.6千米。主要村组路为塘口至主路,长400米,宽3.5米;文树下至主路,长300米,宽4.5米;禾上田至贺家坊,长1.5千米,宽5米;林家里至主路,长300米,宽3.5米;小冲至主路,长500米,宽3.5米;横岭至主路,长300米,宽3.5米;均为水泥路路面。

宽带安装户数403户,占全村比例95%。供电用户425户,年用电量约72万千瓦时。全村排水污水处理率45%。

村里建设有文树下水渠、台下水渠、塘口水渠、阙家湾水渠、高山冲水渠、白眼冲水渠、横岭水渠、小冲水渠;河道建设为塘口石龙坑至贺家坊;全部实现了自来水入户。

修建4个新农村建设点,具体情况如下:塘口新农村建设,50户185人受益,起江彼新农村建设,51户201人受益,贺家坊新农村建设,85户310人受益,阙家湾新农村建设25户95人受益。

在文体广场建有篮球场,打造了阙家湾新农村点徒步道。

设有1所卫生室,有1名乡村医生。全村有221人享受居民养老保险,有75人享受社保(其中65人为失地农民保险),低保人员63人。设有老年活动中心、幸福食堂。

村内有一座300立方米的污水处理池,垃圾由镇环卫所每天运走至集中处理站处理。

特色地情　太坪山苏维埃红色文化区位于南坑镇乾村村境内。1929年,受党组织委派,湖南人张桂生、五陂下人钟立木、福建人魏青南在乾村村一带开展工作,成立党组织。1930年3—4月间,建立乾村村乡苏维埃政权,驻地在太坪山。土地革命战争时期,有多人壮烈牺牲。

金佛寺位于乾村村金石山,始建于宋代,原名金石山寺,明清时期又称金石禅林,为禅宗临济派修行道场。明洪武年间(1368—1398)及清嘉庆年间(1796—1820)曾进行两次较大规模的重建。后因年久失修,逐渐毁坏。2002年启动重建,占地面积4699平方米。2007年建成金佛寺大雄宝殿。

窑下村

村情概况 窑下村得名于南坑窑,最早可追溯至宋元时期,历史悠久。1950年,窑下村属萍乡县安源区遥进乡;1956年,属安源区南坑乡;1958年,为南坑公社遥进大队;1961年,为萍乡市麻山区遥进公社遥进大队;1966年,为南坑公社遥进大队;1971年,为芦溪区南坑公社遥进大队;1984年,改制为南坑乡窑下村;1993年,为南坑镇窑下村;1997年,为芦溪县南坑镇窑下村。

窑下村地处芦溪县南坑镇东部,东连明月湖,西连老鹰谷,自南坑镇人民政府所在地从S225公路南坑五拱桥转S311公路(南坑至张佳坊段)东去5千米,距芦溪县城、萍乡城区、武功山景区和萍莲高速路口(源头)车程均不到半小时,交通便利,S311省道穿村而过。辖区面积7.99平方千米,耕地面积890余亩,山林面积10000余亩。

有14个村民小组,309户1102人。居住人口中以汉族为主,还有畲族人口。主要姓氏有朱姓、刘姓。

自然环境与资源 窑下村为丘陵地区,地势南高北低,森林覆盖面积8880余亩。辖区内老鹰谷水系和明月湖水系在村内汇入南坑河。矿产资源有高岭土、瓷土等。

村内共有9处景观绿化带或者标志性绿地,庭院绿化比例超过30%。设有1处乡村公园绿地、2处乡村风景林,总面积450亩,植物配置、乔灌草结构科学合理,混交林比例为76.25%;树种丰富,主要造林绿化树种4种,乡土树种比例为76.8%。

经济概况 窑下村打造了一批观光农业产业。2021年在原有150亩秋雪蜜桃基地的基础上,新垦了300亩高产油茶。

境内有各类小型商店4个,带动6人就业。

2021年村集体经济经营性收入为19.55万元。

基础设施 经过村境内的省道S311为主要干道，域内长3千米；主要村组路为S311至兆佳牌坊主路，长800米，宽6米；S311至株树下自然村环村道路，长600米，宽6米；S311路口至大江背长900米，宽5米；易家岭产业路长700米，宽6米。

村里有线电视、宽带网络全覆盖。全村供电用户309户，年用电量约52万千瓦时。村内供水实现户户通。

落实河道建设要求，大江背高标准整理长800米、宽0.5米、高0.6米，株树下直轮里水渠新建长430米、宽0.6米、高0.6米，窑下村沿河路拦河坝3处。饮用水管铺设从石山背至漂流中心至窑下1.7千米。

株树下新农村建设于2019年，受益人口96户360人。寒毛冲新农村建设于2020年，受益人口56户230人。

社会发展 村内有篮球场，周边有各种健身器材。成立了文艺队，在重阳节、七一和国庆等重大节假日举办文艺联欢会等活动。窑下村党群服务中心为萍乡市村级医保基层服务示范点，为群众提供16项医保帮代办服务事项。

设有1个村级卫生室，内设药房1个，执业医生1名。窑下村卫生室建设于2018年，占地面积120平方米，建筑面积120平方米。承担窑下村、株树下2个自然村的基本医疗服务和基本公共卫生服务。

该村60岁以上老人有226人，享受养老保险154人。享受失地农民保险72人。享受低保21户38人。持证残疾人25人，享受残补12人。

窑下村古窑文化研学中心

2021年完成水污染防治工程项目,整村推进污水管网铺设,配套建设农村污水处理站1个,铺设污水管网约2.1千米,设计污水总处理能力120立方米/天。

特色地情 胡启初(1974—2016),出生于窑下村。先后获全国劳动模范、"全国未成年人思想道德建设工作先进工作者"、第五届"全国道德模范"之"助人为乐模范"提名奖、"中国好人"等称号。他13岁因病高位截瘫,但是并没有放弃,一面坚持与病魔斗争,一面坚持文学创作,关爱留守儿童,为留守儿童、农民工子女、残障学生提供志愿服务达2万人次,为留守儿童撑起一片蓝天,是萍乡"守望之家"创始人、萍乡市启初关爱志愿者协会原会长,被誉为"中国保尔"、江西省"雷锋哥"。

窑下村古窑文化底蕴深厚,千年古窑文化可追溯至宋元时期,素有"先有窑下,后有饶州"之说。1984年古窑址被评为萍乡市级文物保护单位。2020年,北京大学考古文博学院、景德镇陶瓷大学和景德镇陶瓷研究所联合组成考古调查队对南坑窑进行实地调研发现,南坑窑遗址以窑下村为中心,沿着南坑河两岸分布,考古调查窑业遗址18处,总面积超过2平方千米。通过科学分析发现南坑窑是宋元时期江西地区与湘江流域青白瓷、青釉瓷生产的重要地点,兼具景德镇青白瓷与龙泉窑青瓷技术工艺,于南宋至元代集中生产、清代再度繁盛的窑场,对于了解宋元时期景德镇青白瓷工艺传播、湘赣地区瓷业文化交流具有重要意义。

2021年以来,窑下村打造了窑文化研学中心,占地面积1000平方米,共有两层。一楼包括古窑文化展示馆和启初事迹陈列馆。古窑文化展示馆介绍了窑下村南坑窑的历史脉络、制作工艺和现有窑址情况,馆内陈列有当地出土的宋元明清不同时期的青白瓷、青釉瓷、青花瓷等器皿和瓷片;启初事迹陈列馆内对胡启初和杜鹃花小屋进行了详细介绍,还有相关影视资料供参观者学习。二楼为陶艺DIY体验馆,共有三间研学教室,分别为拉坯、灌浆、上釉教学,馆内提供制陶衣服和相关设备器械,有专业教师团队负责理论知识授课和实践操作。户外课程主要场所位于大江背和羲之河畔,研学内容包括农耕采摘、陶古挖掘、户外素拓和绘画写生等。

新坪村

村情概况 新坪村位于南坑南部,东与张家坊相邻,南与上埠镇为伴,总面积15.3平方千米。共有陇上、东边、李家冲、沙洲坪、老屋里、新屋里、张家山7个自然村,主村在沙洲坪自然村。共有11个村民小组270户923人。人口较多的姓氏有刘、熊、朱、

新坪村

王姓。

自然环境与资源 以丘陵地带为主,森林面积占20251.5亩。新坪河全长约7千米,自东向西流向南坑河。有水塘水库5座,水域面积约20亩,分布在李家冲、东边和中岭上。主要负责全村上龙的灌溉,灌溉农田约500亩。矿产资源有石灰石、瓷土和铁矿。村里小笋资源丰富,每年4月中下旬都有上万人来采摘。

经济概况 农田面积1090亩,主要以水稻种植为主。村民养殖土鸡、土鸭、黄牛和猪,其原生态养殖方式,深受高端消费群体喜欢。近五年来,村集体经济收入均未超过3万元。

基础设施 该村基础设施落后。距离S311公路3千米,入村公路4.2千米,宽6.5米,路面水泥硬化,年久失修,道路破损严重,常年滑坡。有2条水渠,上渠3.2千米、下渠2千米贯穿全村。山塘水坝均年久失修。全村还存在1个组(七组)没有通水电。

社会发展 村里有文化广场5个,分布在沙猪坪、东边、李家冲、老屋里和新屋里。有诊所1家,医生1名,全村医保参保率98%。

特色地情 鸡笼寨景区自然风光独特。风洞是新坪极具特色的溶洞,常年出风,其风冬暖夏凉,是新坪一大风景。

兆佳村

村情概况 兆佳村原名赵家源村。新中国成立初期,赵家源、大垅、大仙、遥下四村各自设村级管理机构,隶属窑下农会管辖。1954年成立大源乡,下辖赵家源、大垅、大仙3个村。1957年撤销大源乡,合并到遥进乡管辖。1958年撤销遥进乡,并入南坑人民公社,此时"村"改"大队",建制未变。1963年增设遥进人民公社,赵家源、大垅、大仙、窑下重新划为遥进人民公社管辖。1967年再度撤销遥进人民公社,赵家源、大垅、大仙等重归南坑人民公社管辖,在此期间,1968年赵家源与窑下合并。1983年恢复赵家源村建制,并更名为"兆佳",谐音意蕴好的兆头。2002年全国扩乡并村工作中,大垅、大仙、兆佳合而为一,统称为兆佳村,隶属南坑镇管辖。

兆佳村位于南坑镇东南部,西与长丰乡接壤,东与明月湖为邻,南同莲花沙村交界,北和窑下村相连。总面积23.5平方千米,有山林24000余亩,耕地1240余亩,多为梯田。

有14个村民小组,419户1441人。居住人口中以汉族为主,还有瑶族、水族等少数民族。主要姓氏为林、郑、刘姓。

自然环境与资源 兆佳村地貌以高山、丘陵为主,主要有棋盘石山。村中间有一

兆佳村

国家AAA级旅游景区南坑镇老鹰谷

条主要河流,流向南坑境内。大坳有千亩映山红、野樱花、万木竹林。老鹰谷景区,2018年被评为国家AAA级旅游景区。老鹰谷水库水域面积20亩。

2021年成功申报了省级乡村森林公园。

经济概况　耕地1240亩,人均耕地0.5亩,实际耕种800亩,闲置耕地530亩。主要种植水稻,种植面积260亩。农户养殖牛、羊、鸡、鸭。1980年建立了油笼潭水电站,解决就业15人。2002年创办了慈云山泉水厂,解决就业20人。2009年创办了甜甜山泉水厂,解决就业60人。2015年创办了沁心竹水厂,解决就业20人。境内小型商店1个,解决劳动力2人。2021年村级集体经济收入10万元。

基础设施　距S311省道1千米,有村道至大坳大仙。2022年S311至大坳道路沥青改造6千米。村内有一个邮政代办点。全村供电用户264户。集中供水有3处,水源为山泉水,其中最大的供水源是老屋里组,解决102户253人水源问题,另外两处是上新屋组和九顺和组,解决162户423人水源问题。

2019年大仙实施高标准农田改造,水渠1千米。2021年大坳片新农村建设点,受益农户35户。

社会发展　2011年建造南坑希望小学,建筑面积2500平方米,可容纳600名师生。现有老师7人,学生32人。

有1所兆佳村卫生服务室,配备乡村医生1名。全村购买养老保险335人(其中享受失地社保45人),享受低保人员56户69人。村里设置垃圾投放点5个,保洁员3名,环卫所每天定期清运垃圾。森林绿化面积2.4平方千米。

特色地情　老鹰谷风景区为国家AAA级旅游景区,坐落在兆佳村境内,与明月湖毗邻,距萍乡城22千米。谷长数里,三面环山,呈南北走势。据说以前因谷深林茂,峭壁悬岩，人迹罕至，方圆数十里的老鹰皆在此繁衍栖息，故名"老鹰谷"。峡谷内环境优美，沿河奇石林立，似龟似蟾又似牛；颜色各异，有雨花石、斑马石、阴阳石等；瀑布四处都是。主要景点为油笋潭水上乐园，功能齐全，融休闲娱乐餐饮住宿为一体，有飞虹瀑、相思桥等景观。

双凤村

村情概况 相传在很久以前，村旁天子山麓顶峰，不知何时有一对天仙姐妹来此居住，姐姐叫金凤，妹妹叫银凤。自从这对天仙姐妹到来，当地五谷丰登，河清水滟，仿如世外桃源。有一日，一条乌龙飞来作乱，搅动河流，淹没庄稼，摧毁房屋，村民叫苦连天时，忽见天仙姐妹手执宝剑飞来，与乌龙搏斗，斗得天昏地暗，山河失色。至第二天清早，斩杀了乌龙，天仙姐妹也死在了村中心的空地上。当地村民痛不欲生，为天仙姐妹祈祷三天三夜。到第三天晚上，天仙姐妹的尸体忽然不见了，只见天空有一对大鸟，久鸣不息，围绕村庄盘旋九圈后展翅飞去。从此，当地村民便将村子取名"双凤村"。

双凤村东至天子山，西临大岭背，南临石灰岭、圭田，北至三湾，省道S231贯穿全村。总面积7平方千米，其中林地面积8000亩、耕地面积869.51亩。

有20个村民小组，681户2822人，其中常住人口1475人，流动人口1347人。居住人口中以汉族为主，还有少数民族畲族。

全村的主要姓氏为甘、苏姓。

自然环境与资源 双凤村为丘陵地形，山多田少。境内河流为南坑河支流，另有小坑河、狗岑河汇入南坑河，水岸线长2.2千米。全村水塘14口，水库1口，灌溉农田500亩。矿藏以煤为主（烟煤、石煤）。

境内植物主要有水杉林，野生动物有野猪、山鸡、野兔、蛇等。有乌龙洞、金珠洞等溶洞待开发。

经济概况 耕地种植面积1073亩，主要种植水稻、玉米、红薯，年产量536吨。村民家养牛、猪、羊、鸡、鸭、鹅，种植秋雪蜜桃等。境内工业有南凤砖厂、南清花炮厂，每年安排劳动力160人左右。村里有5家小商店、超市，安排劳动力15人就业。2021年村级集体经济收入15万元。

基础设施 主要道路是S231省道（8米宽沥青路面）、小坑乡道（4.5米宽沥青路面)、水尾乡道(6米宽沥青路面)。全村宽带全覆盖。

全村农户正常供电供水,其中第二、三、四、十一、十二、十三组为村自抽水(井水)供水,其他组为坪村自来水,自来水管网铺设3.3千米。

全村水渠8千米,已修复2千米,有水库1座、山塘14座。双凤村河道治理1.7千米。

2009—2021年,建设了小坑社区新农村建设点、苏家屋场社区新农村建设点、水尾社区新农村建设点、沙园桥下新农村建设点、甘家上屋场新农村建设点。

社会发展 境内有双凤小学、双凤幼儿园,占地面积4320平方米。双凤小学建于1992年,双凤幼儿园建于2020年,现有幼师4名,教师8名,工友2人,共有学生87名。

以沙园新农村点、甘家上屋场新农村点、村委会内坪为主要活动广场,主要有广场舞、军鼓、腰鼓等文艺活动。

境内有1所村卫生室,1家诊所,共3名医生。

全村89%村民购买养老保险(其中失地农民保险占19%),有低保人员79人。建有老年活动中心。

提升农村人居环境,2021年清理乱堆乱放56处,清除乱搭乱建32处,清理河道2条,3000余米,种植苗木15000多株,安排专人对全村境内环境进行长效管护。

特色地情 甘立贤(1904—1932),谱名甘秀晖,号彝陶,清光绪三十年(1904)出生于双凤村一个世代务农的家庭。1923年在北京燕京大学学习期间加入中国共产党,1926年秋回萍乡,曾在萍乡中学任教,并担任过萍乡县党部秘书、县农民协会秘书和萍乡县革命军事委员会委员等职。1927年"六五事变"后,遭国民党反动派通缉,不幸被捕,后经地下党营救出狱。1931年党组织派他去苏联深造,在回乡筹款时旧疾复

双凤村

双凤村水尾自然村

发,1932年3月29日病逝于家乡。

苏德达,1925年生,双凤村人,天津大学教授,著名弹性材料专家。1951年毕业于天津大学(前身北洋大学),1955年从哈尔滨工业大学研究生毕业,之后在天津大学任教40年。中国机械工程学会高级会员,中国弹簧失效委员会第一届主委、第二届副主委,现任顾问。

乌龙潭风景区离萍乡城区不到5千米。起于乌龙潭,止于锁龙桥(双凤麻石桥),景区内有千米白桦林、千亩桐花林、水杉林、蟠桃园等。

特产有黑山羊、白鹅等。小吃有艾米果等。

石灰岭村

村情概况 石灰岭村如一条蜿蜒南行的长龙盘踞于芭蕉岭下,相传很久以前,八仙之一的铁拐李在一次巡游中,为了拯救一群饥寒交迫、靠烧石灰维持生计的人,将自己携带的一串芭蕉从半空中抛下。芭蕉越变越大,落地时变成了形态万千的山峦,山峦上苍松翠竹郁郁葱葱,山峦下良田千亩,从此,这群"石灰人"便改弦易张,再不靠烧石灰度日,而是依托芭蕉岭世代繁衍生息,石灰岭之名也流传至今。

石灰岭村位于南坑镇西北部,距镇政府3千米,东与本镇大岭村和金钩湾村为邻,南与新尤村相依,西与国营五陂林场交错,北与双凤村相连,总面积4.5平方千米。石灰岭村是由原叉下、松树下、梁家冲、甘家湾、大屋里、泉水井、田垅里、大坡里、张家冲、罗家湾、羊合冲11个自然村合并而成。现有耕地1176.33亩,山林面积4800亩。

辖11个村民小组,总人口543户1936人,居住人口中以汉族为主,还有水族1人、畲族1人、苗族3人。

主要姓氏为童、梁、江、周、邓、彭、罗、甘、邹等。

自然环境与资源 石灰岭村地处丘陵地带,各自然村从叉下至羊合冲呈带状分布。主要山峰有芭蕉岭。

全村共有水塘11口,水域面积21亩。全村水稻种植面积1100余亩,绝大部分稻田由张家冲水库及大岭背水库灌溉,叉下至梁家冲部分稻田由支流河道灌溉。

矿藏资源以煤炭、石英为主。煤炭主要在芭蕉岭一带,石英砂主要在甘家湾、泉水井一带。

森林覆盖面积4800亩。野生动物资源主要有兽类(山猪、蝙蝠、野兔等)、鸟类(白鹭、麻雀、燕子、水鸭、猫头鹰、山鸡、乌鸦)、蛇虫类(眼镜蛇、银环蛇、水蛇、草花蛇、蝴蝶、蜻蜓、螳螂、青蛙、蜗牛、蝉、青蛙)、河产类(鳝鱼、泥鳅、鲫鱼、鲤鱼);植物主要有花卉类、药用类、乔木类、竹类等,拥有千亩风景林。

芭蕉岭上的白鹭湖中栖息着2000余只白鹭。

经济概况 农业以传统种植为主,主要农作物为水稻、油菜及油茶等。其中水稻种植面积为1176.33亩,油菜种植面积为400余亩,油茶种植面积为500余亩。

石灰岭村鸟瞰

石灰岭村千年古樟树

村内有各类小型商店2个,解决3人就业,年收入约1.5万元。

2021年村集体经济收入10万元。

基础设施 境内全为村级公路,全长6.5千米,其中已铺设沥青路面500米,宽6米,占比7.7%,已硬化路面5.5千米,宽4.5米,占比85.6%,未硬化路面500米,占比7.7%。

全村供电用户数量为587户,年用电量约150万千瓦时。

推进改水工程,通过农村安全饮水工程和新农村建设改水工程,全村实现自来水管道全覆盖,村民用上清洁的自来水,饮用水卫生合格率100%。有供水人数大于100人的集中供水工程4处,水源均为山泉水。大岭背集中供水点工程解决86户249人供水,张家冲集中供水点工程、田垅里集中供水点工程、大坡里集中供水点工程分别解决张家冲42户134人、田垅里35户128人,大坡里27户91人供水。还有53户167人,大约15户共用一个蓄水池通过山泉水解决安全饮水问题。其余通过南坑自来水厂集中供水。通过建设沼气工程和污水处理池,生活污水集中处理率达95%。

村级水渠全长1.5千米,基本实现农田灌溉全覆盖。

全村新农村建设点6个,受益农户数268户。

社会发展 境内小学、幼儿园各1所。石灰岭村小学创办于1982年,学校占地面积678平方米,教职工5人,学生21人。石灰岭村幼儿园创办于2000年,占地面积282平方米,教职工3人,幼儿19人。

村内有标准化篮球场2个,分别在梁家冲网格及张家冲网格。甘家湾新农村点有乒乓球桌1张,泉水井新农村点设有步行走廊,各建设点均安装健身器材。

村内共有2家诊所,分布在梁家冲及石灰岭自然村,配备乡村医生2名。全村除购买职工医保人员,城乡居民医疗保险参保率为99.7%。

全村购买养老保险人数731人、享受社保人数387人(其中失地农民保险22人),纳入最低生活保障人员76人。境内在册一、二级残疾人数为25人,三、四级残疾人数为29人。

提升农村人居环境,清理乱堆乱放56处,清除乱搭乱建8处,清理河道2条1000余米,种植苗木500多株。

特色地情 石灰岭人杰地灵。国民政府参议员同盟会元老童军逸不满蒋介石的黑暗统治,曾利用自己的公开身份秘密掩护中共地下党员从事革命工作。童日昌(1906—1930),童军逸之子,中国共产党党员,曾任萍乡农民自卫军书记,参加了南昌起义,后赴苏联莫斯科中山大学学习军事,回国后参加兵运,1930年在参加和组织南京暴动时牺牲。

在石灰岭叉下有一千年古樟,干围超15米,树形古老沧桑,枝繁叶茂。在张家冲发现宋朝建筑遗址,并出土宋朝印章数枚。

大岭村

村情概况 大岭村位于南坑镇中部,东与圭田、团丰村隔河相望,南与南坑村为临,西与石灰岭、金钩湾村相连,北与双凤村交界,有四宝坜中心之美誉。辖区面积2.7平方千米。共有9个自然村,分别是将军庙、八角屋场、神山下、王家坪、洋屋里、甘家湾、钟家店、燕窝里、四拱桥,村委会位于四拱桥自然村。共有21个村民小组、530户2437人。人口较多的姓氏有刘、王、甘、江姓。

自然环境与资源 森林覆盖率30%。境内有南坑河,全长约3.2千米,自南向北流向双凤河。全村水塘7座,水域面积约38亩,分布在岭几上、王家坪和洋屋里。

矿产资源有瓷土和煤,煤储量约10亿吨。

经济概况 农田面积1893.88亩,主要以水稻、大棚蔬菜种植为主。土地流转500亩。早稻年产量大约6万斤,晚稻年产量大约6.6万斤,一季稻年产量大约2.8万斤。村民采用纯原生态养殖方式,共养殖土鸡1万余只、土鸭8000余只、黄牛50余头、猪300头。

街道上有店铺100多家,经贸繁荣。村境内有瓷厂1家、电瓷胶装厂2家、竹业加工厂2家、电子加工厂1家、高速材料加工厂1家,其中江南电瓷厂、施普特有限公司解

大岭村

决本村劳动力286人。

2021年村级集体经济收入4.9万元。

基础设施 S225省道与芦南县道穿村而过,入村公路200米,全村路面水泥硬化4.5米宽,约2000米,村民出行方便。

网络基本覆盖全村,宽带安装户数520户。

年用电量约245万千瓦时。自来水管网覆盖全村。村南坑五拱桥至沙园水圳3.8千米贯穿全村,每年修缮1~2次。山塘水圳每3年修缮一次。

2005—2020年共有新农村建设点9处。

社会发展 境内有小学、幼儿园各1所。大岭村小学创办于1956年,学校占地面积789平方米,教职工16人,学生254人。大岭村幼儿园创办于1986年,占地面积355平方米,教职工5人,幼儿36人。

村内有文化广场9个,分布在龙泉、将军庙、八角屋场、神山下、王家坪、甘家湾、钟家店、燕窝里、四拱桥。在村内文体广场设置了篮球场与门球场。

村内设有2个卫生所,分别是大岭村卫生室、大岭村分卫生室,有药房5家,满足日常居民就医需求。

全村共有1240人享受居民养老保险;348人享受社保,其中766人为失地农民保险;低保人员86人。

建有一个60立方米的污水处理池,每家每户都落实门前环境三包。

金钩湾村

村情概况 金沟湾村因村地形如金钩而得名,金溪河从中穿过,为两岸水稻种植提供灌溉。当地有诗云:"金钩串起两边田,一水穿流润稻棉。全境浑然均是宝,民勤地富赛桃源。"

金钩湾村位于芦溪县西南端。东邻大岭村,南邻南坑村,西邻新尤村,北邻石灰岭村,距县城17千米,距萍乡市区16千米。面积5.2平方千米,境内S255县道穿过,地理位置优越,是镇政府所在地,镇上商铺林立。

有22个村民小组,500户1778人。居住人口中以汉族为主,主要姓氏有贺、钟、王、李、汤五大姓,另有童、彭、周、吴、甘、蔡、肖、胡、刘等姓。

自然环境与资源 属于丘陵地带,村民住房大多数依山而建,相对较集中;平原地带大多为基本农田。境内的小溪、小河从西流到东,全村有水塘3座,水域面积19.5亩,分布在青木坑、黎咀坡、张眼塘,灌溉农田1120亩。境内有铁矿石、白泥资源。山地面积2600余亩,森林覆盖率61%。其中经济林种植油茶200余亩。

经济概况 农业主要种植水稻,种植早稻面积1120亩。村内有一琉璃瓦厂,解决就业人数20余人。有芦南菜场1所,农贸市场1所,本地就业人员30余人。2021年村集体经济收入10万元。

基础设施 芦南公路S225穿村而过,域内长1.5千米,二级公路,路基宽12米,路

金钩湾村

金钩湾村钟氏宗祠

面宽9米。村内主干道5千米,大部分道路都已完成沥青铺设。

境内有邮政所办理快递业务,全村400余户安装宽带。

全村供电用户450户,年用电量57.6万千瓦时。自来水供320户,自建山泉水水池供100余户,村内有一处污水处理设施。

有水渠10千米,水坝2座,山塘水库3座。村内主要河道已完成河堤修筑。

有石泉、矮桥边、张家坊、白眼里、桃子园等新农村建设点,受益1480余人。

社会发展 村内有1所小学,为金钩湾小学,创办于1970年,占地面积1188.5平方米,现有师资11人,学生123人。

2021年新建社区活动广场,组建军鼓队,举办广场舞比赛。有篮球场,组建篮球队,参加南溪杯篮球赛。有村级文化活动室、健身场地、游步道等设施。

村境内有南坑中心卫生院,本村有金钩湾村卫生室,还有天顺药房、昌盛药房等,全村人员90%购买了医疗保险。

境内群众全部购买了养老保险。特困供养5人,低保52人,残疾人25人。

特色地情 清末民初,贺姓、钟姓兴办私学,清末金钩湾出了个武进士钟声。20世纪50—70年代,金钩小学容纳了中元乡5个大队的儿童在此就读。20世纪80—90年代,中元、中兴、新尤、七保、高田、大岭、双凤7个大队的适龄学子均在中元中学读初中,教学质量享誉萍城。

钟震川(1881—1912)，清末举人，原名钟湛章，字瀚书，号涤源，同盟会会员。光绪七年(1881)出生于南坑乡七保(今七宝)村。19岁时以优异成绩考入府学，第二年考入江西大学堂。1903年东渡日本，就读于东京中央大学法律系。在日本留学时加入同盟会，任江西省分会长。1912年，钟震川任辛亥革命后萍乡第一任知事，后任江西内务司长。1912年5月10日，钟震川出席省都督府政务会议，在南昌遭督署参谋胡谦暗杀。1913年5月12日，萍乡市民集资在城西门火车站旁铸造铁表，上书"钟震川烈士永垂不朽"。

钟氏族人为纪念钟震川为民主革命和萍乡光复作出的贡献，自筹资金30余万元，将金钩湾村钟璋公祠左侧旧居修复，辟为震川纪念馆，作为开展爱国主义和家风传承教育的基地。

新尤村

村情概况　新尤村原名新猷大队，因民国时期该地区有地方绅士捐办了一所小学，名为猷辅小学，1958年成立大队时，依猷辅小学之源命名为新猷大队，1971年更名为新尤村。

新尤村位于南坑镇西部，东与金钩湾村接壤，西与七宝村相连，北临石灰岭村，南靠乾村村。辖区面积2.52平方千米，山林面积3000余亩，耕地面积907亩。

全村共辖15个村民小组，393户人口1329人。居住人口中以汉族为主，有壮族3人。

主要姓氏有王、李、刘、黄、汤、彭、钟、陈、段、邹、吴、翁等。

自然环境与资源　新尤村四面环山。村居依山傍水，田畴汇聚于前，四周群山由东而西，依次有牛形、蛇形、虎形等山，形象逼真。山上竹木繁茂，绿荫匝地，芭蕉岭形若笔架，屏横北面。七宝河穿境而过，流入金钩湾村境内河流，境内长约3.6千米。有山塘7口，分别为上塘、下塘、段家里塘、新塘塘、化家冲塘、下湾塘、彭家里塘，集水面积共32亩，灌溉面积共404亩。

矿藏资源有铁矿石、煤、白膏泥。

经济概况　村内主要以种植水稻、油菜为主，其中水稻种植面积907余亩，油菜300余亩，另外种植蔬菜、红薯、西瓜等农产品100余亩。果类有秋雪蜜桃、橙子等。

境内有泉水坳煤矿，年产6万吨煤，解决就业人数80人。

村内有小卖部6个,方便村民日常生活需求。村民办有丽明家庭农场,一体经营餐饮、养殖、娱乐等项目。

2020年村级集体经济年收入15万元;2021年村级集体经济收入17万元。

基础设施 S229省道穿境而过,境内长约3千米,宽7米,为沥青公路。村组通水泥路。2018年投资26万元,完成了新塘至彭家里水泥硬化路面工程。

村内设有芦溪县农村电子商务服务站,芦溪农商银行普惠金融服务站、助农取款服务点,南坑镇新尤村快递物流配送服务站点。

村内供电用户393户,年用电量300万千瓦时。

2017年至2021年新修水渠12千米、水坝3座,河道改造500米,山塘改造3座,自来水管网铺设5千米。

2013—2021年新建新农村建设点5个,分别为新塘新农村建设点、陈家冲新农村建设点、牛古大丘新农村建设点、南岸片区新农村建设点、新塘新农村建设点,受益农户355户1396人。

社会发展 民国时期创办猷辅小学,1971年改为新尤小学,占地面积1200平方米。2018年停办,改造为新时代文明实践站和综合文化服务中心。

主要文体场所在南岸新农村建设点,设有廉政广场、梦想舞台、青龙轩、秋实桥、游步道、公厕、健身场地等;新塘、陈家冲、牛古大丘3个新农村建设点内均设有篮球架等健身器材。

设有乡村诊所1所,占地面积120平方米,配备乡村医生2名。

村内群众购买养老保险550人左右,享受社保100人左右;享受低保人员69人。2020年将闲置的老村委会三层办公大楼改造为新尤养老服务中心,占地面积为1000

新尤村

新尤村养老服务中心

余平方米,可为60名老人提供居家养老服务。

村内设有垃圾投放点50个,保洁员3人,环卫所每天定期清运垃圾;绿化面积6000平方米。

特色地情 新尤村民风纯朴,村民多以种田为业,耕读传家,走出了许多优秀人才。钟彩元,曾任中国科学院长春应用化学研究室工程师主任研究员。钟焕邦(1910—1974),曾任中国科学院长春应用化学研究所第五研究所主任,解决了橡胶、冶金、石油多个工业的关键问题,1955年带领团队首次突破了将14种稀土元素从矿物中提炼出来的技术难题,1959年受到毛主席、周总理的接见。

改革开放后,新尤人民依靠党的政策勤劳致富,20世纪80年代成为全市第一家"电视村",后又开办了全市第一家氯酸钾厂。

七宝进口(现新尤村锅背口)沿途主路一带的地理位置、气候条件、土壤适合糯米种植,该地产的"七保糯米"品质优良,远近闻名。新尤村新塘钟古潭边原来建有一座油榨房,不仅榨油,还可舂米。

村内设有村庄记忆——彩凤阁,内有家常伦道知识介绍和农耕实物,如犁、风车、石磨、簸箕、蓑衣、锄头等,真实记录农村发展轨迹。

团丰村

村情概况 团丰村位于南坑镇南溪河东岸,与镇政府隔河相望,东与团群村、阪田村接壤,南接南坑村,北与大岭村、圭田村为邻。由天子庙生产队、石码头生产队合并成村。村里耕地系全镇高产稳产良田,有"南坑粮仓"之称。全村有15个村民小组,722户2865人。主要姓氏有王、周、黎等。

自然环境与资源 属丘陵地带,境内小河由南向北蜿蜒流淌,全村共有水塘800余亩,山塘9口,分布在上家坊、石码头、排上、黄泥塘、豪几冲、雷公山。林木资源有油茶、毛竹、杉木等。

经济概况 农业以种植水稻为主,种植面积800余亩。有企业8家,分别是加油站、液化气站、食品加工厂、电瓷厂、塑业厂、竹木加工厂,解决就业200余人。有商业网点6个,解决就业8人。顾家购物中心是比较重要的商贸超市。

2022年集体经济收入16万元。

基础设施 老芦南公路贯穿团丰村,长3.4千米,宽4.5米。大丰路面沥青改造长1.2千米,宽12米。组组通硬化公路:上家坊0.6千米,石码头0.4千米,排上至黄泥塘1.4千米,汉武山1千米,排上至雷公山0.8千米,天子庙至芦南桥1.5千米,走马坪0.5千米。

团丰村

团丰村黄泥塘

有邮政代办点1个,宽带安装数525户。供电用户638户。全村由南坑镇自来水公司集中供水459户,其余农户由黄泥塘集中供水点工程解决用水。

修建水渠1万余米,水坝2座,萍水河修缮4000余米。

有新农村建设点7个:黄泥塘新农村点、排上新农村点、洲下新农村点、雷公山新农村点、樟树下新农村点、石码头新农村点、牛型里新农村点。受益1500余人。

社会发展 团丰村小学创办于新中国成立初期,占地面积3000余平方米,现有教师11人,学生130人。

文体广场有黄泥塘社区广场、富贵冲社区广场、樟树下社区广场、洲上篮球场、洲下社区广场、雷公山社区广场、排上社区广场,天子庙大舞台。其中洲下社区广场设有步行走廊,黄泥塘社区广场、富贵冲社区广场、洲上篮球场、樟树下社区广场安装有篮球架和健身器材,雷公山社区广场、排上社区广场安装有健身器材。

全村参加医保2112人,参保率100%。有村诊所2所,配备乡村医生2名。

低保人员79户93人。

村内设置垃圾投放点15个,保洁员3名,环卫所每天定期清运垃圾。

特色地情 村内有庙供奉瞿王天子。传说瞿王生于南宋嘉定元年(1208),系江西省袁州府(今宜春市)萍乡县(今萍乡市)长丰乡一保一图(现张家坊乡)瞿田村人。

七宝村

村情概况 因清朝时属长丰乡七保而得名。当地亦有传说该村有七个宝地,分别是:鹿形,在石灰岭周家冲;马形,在七宝捡下;狮形,在太冲双狮;象形,在七宝无人凹井;猪形,在洞口学校后背;荷花精,在七宝石背;蚌壳精,在七宝、新尤交界处。传说石背荷花和陈家冲蚌壳,在每晚的子时左右会发光,像火把一样明亮,而鹿、马、狮、象、猪守护着此地,使之百姓平安。七宝村于1957年由7个初级社转为1个高级社,新尤为一社,黄统为二社,高田为三社,四社为捡下,太冲为五社,洞口为六社,攀头仑为七社。1961年分为新尤、宝元、高丰3个社。1968年合并为宝元大队。1972年分为新尤、宝元、高丰3个大队,1984年宝元和高丰合村,名为七保村。后改为七宝村。

七宝村坐落于南坑镇西部,西与白竺乡源头村接壤,南与乾村村交界,东与新尤村交界,北与五陂镇大田村交界。村委会距镇政府3.6千米,交通较为方便,全村总面积约8平方千米,地势由低至高,S229贯穿七宝村,是湘东区与芦溪县的重要交通枢纽。

有29个村民小组,711户2432人。居住人口中以汉族为主,还有彝族、土家族、苗族、回族、壮族、黎族等少数民族。

主要姓氏有李、王、童、钟、潘、胡姓。

自然环境与资源 七宝村地貌以山峰、丘陵为主,主要山峰有芭蕉顶、婆婆岩、沙冒顶,丘陵有大鹤仑、太冲、苏圣山。七宝河在境内长约1.5千米,汇入萍水河。境内水库3座,为油榨冲水库、大冲水库、清水冲水库;山塘13口,分别为砖段哩、松山塘、柏老塘、应中塘、全老埔、群夫塘、水古老塘、水古老塘、河叶塘、三眼塘、杨梅塘、鸭形里水塘、太洋坪。

矿藏资源有煤、石灰石等。

经济概况 农作物以水稻种植为主,种植面积约1600亩。

境内有工业企业1家,即宝源陶瓷有限公司,坐落在七宝村攀头仑,解决就业100余人。村内有6家小卖部。2021年村级集体经济收入15万元。

基础设施 S229省道穿境而过,境内长约3.5千米。辖区主要村组路面均已硬化,约7.4千米,其中沥青路面约5.5千米。

宽带安装用户450户。供电用户711户,年用电量约300万千瓦时。全村通自来水,水源为山泉水。

修建水渠约8千米、水坝3个,分别是大冲至洞口、龙水冲至田下坳、杨梅塘至太

七宝村

阳坪。

共有7个新农村建设点：大冲新农村建设点，直接受益农户20户85人；黄统下新农村建设点，直接受益农户60户246人；林家山新农村建设点，直接受益农户22户96人；刘家坊新农村建设点，直接受益农户52户208人；攀头仑新农村建设点，直接受益农户72户268人；高田新农村建设点，直接受益农户125户508人；大合仑新农村建设点，直接受益农户25户105人。每个建设点都有活动场所、文体设施。

社会发展　村内有小学和幼儿园各1所。小学有学生104人，教师11人。幼儿园于2019年建立，占地面积10亩，有专职幼师7人，学生48人。

主要文体广场有攀头仑、太冲、刘家坊、高田、大合仑等广场，设有文化活动室、健身场地、游步道、公厕等，绿化面积约4亩。

有乡村诊所2所，配备乡村医生2名。

全村享受社保552人（其中享受失地农民保险322人），低保人员79户110人。

境内设置垃圾集中投放点6个，有保洁员6名，环卫所每天定期清运垃圾。

特色地情　童蒙泉（1878—1951），号君逸，光绪四年（1878）出生于萍南七宝松树下。1910年加入同盟会，曾在国民政府总统府任秘书。1924年随朱培德军，任军部秘书长。北伐结束后，先后出任安义、安福两县县长。1942年至1946年任萍乡参议长兼财委会主任。

里大洞，位于南坑镇七宝村境内，本地人叫"洞口"，也叫"双狮洞"。有上下两洞，内有石田、石山、暗流，规模宏大，可容千人之众，曾为乡人避战乱之所。离洞口不远，一汪洞泉汇聚成水洼，深2米，水清冽而冰凉。《昭萍志略》记载："里大洞，在县南长丰乡，距城三十里，山圆如覆钟，两洞相接。上洞口在山趾，石田广柔。又数步，有石，雪色,名雪峰。一石窍斜穿,投以石,良久抵伏流。下洞口,出山腹,巨石如屏,中有小溪。两洞可容千人,宋建炎初,避乱者归焉。巨寇张成功围数日,洞中人仰射贼,有死者,乃退。"

七保傩神庙,位于七宝村台下龙形山上,始建于唐代,清康熙之前称为台下傩神庙。清康熙二十九年(1690)萍乡县区划调整,台下属长丰乡第七保。台下傩神庙作为保下名庙而相应改为七保傩神庙至今。傩神庙曾多次毁于战乱,又多次重建,1992年重修,塑有神像全套。1999年至2000年再次修缮,并重建戏台。现占地3000平方米,建筑面积1200平方米。

萍乡傩神庙绝大部分曾有傩舞或走香。七保傩虽同属萍乡傩,却无傩舞,从来不跳傩神仰傩神,而是采用另一种方式,叫正月十五"出行"。这是傩神庙的每年一次的重大行动,140余人的队伍,用傩轿抬着唐、葛、周三主神出行,大锣开道、彩旗飘扬、童男童女身穿傩服、头戴面具、手持傩器随队而行,军乐队、锣鼓队、腰鼓队欢歌奏舞,围绕着上社、中社、下社、夏雨社、寒泉社等地转一大圈,为所到之地逐疫驱邪,送福保平安。每年的"出行",风雨无阻、雷打不动,自古传承至今。2015年农历七月二十一日,是七保傩神庙1200周年大庆,庙管委会将此日作为该庙的首届傩文化节。2011年,七保傩神庙被中国傩文化传承保护基地授予第一批"中国·萍乡重点傩神庙"。

七宝村里大洞

1930年,七保傩神庙曾作为乡苏维埃政权办公和会议地点。

村内还有七宝佛文化景区,庙宇对联称此地:"连三县衍罗霄峰耸仙岩称七宝,踞二狮涌龙水樟阴古庙谓双雄。"

妙泉村

村情概况 传说很久很久以前,天子山脚下连年干旱、田地龟裂。村民的饮水都要到很远的地方去挑。有一天,村头来了位拄着拐杖的老婆婆,伸出一口破碗向村民讨口水喝,一个十多岁的女孩见婆婆可怜,便将家里仅有的一碗水端出来给了这个婆婆。老婆婆接过水一饮而尽,边走边说:"伢妹子都这么善良懂事,可见此地教化好,这么好的地方怎么能没有水呢?"她走到天子山脚下,将拐杖向地下一凿,地里顿时涌上一股清泉来,原来这婆婆是神仙的化身。这股泉水因少女的善行感动了神仙而来,村庄因此取名为妙泉。

妙泉村位于南坑镇东部,是南坑的东大门,北与山田村毗邻,西靠阪田村,南接团群村,东面是上埠镇,妙泉河穿境而过。辖区面积5.6平方千米,耕地面积1700余亩,山林面积5000余亩。

下辖9个自然村,21个村民小组,共有农户955户,农业人口3600余人。居住人口中以汉族为主,还有少量畲族居民。

村民主要姓氏为谢、刘、黎、陈、王、周等。

自然环境与资源 妙泉村为丘陵地带,主要山峰有天子山。妙泉河从上埠镇而来,穿境而过,流经境内河口、妙泉、白露树下,流入阪田村河流,境内长约2.5千米。

境内有山塘7口,分别为跃进山塘、三沙塘、非洲坪山塘、碧冲山塘、王古塘、老屋里山塘、彭家里山塘、狮冲山塘、桐云冲山塘。

矿产资源有煤炭、铁、石英砂等,煤炭主要在天子山一带,石英砂主要在牛形湾、小布塘、石背一带。

经济概况 农业以水稻种植为主,种植面积约800亩。

境内有工业企业2家,分别是妙泉村联林鞋厂,解决就业30人;萍乡市萍深电子厂,解决就业50人。

有商业网点8个,解决就业20人。

2022年村级集体经济收入103.75万元,其中经营性集体经济收入46.84万元。

基础设施 芦南公路S225穿境而过,境内长约2.5千米。辖区主要村组路面均已硬化,其中水泥路面约8.7千米,沥青路面约1.5千米。主要村组路有原芦南公路,长约2.6千米,其中沥青路面1.2千米,途经河口、妙泉、白露树下,三级公路,路面宽5.5米;牛形湾路口至宁家冲公路,长约1.5千米,四级公路,水泥路面,路面宽4.5米;六月湾至石背公路,长约0.9千米,四级公路,水泥路面,路面宽4.5米;六月湾至碧冲公路,长约1.5千米,四级公路,水泥路面,路面宽4.5米。

村内有邮政代办点3个,宽带安装750户。

有供电用户965户,年用电量约400万千瓦时。全村共有供水人数大于100人的集中供水工程4处,均为山泉水,其中碟子塘集中供水点工程解决56户221人饮水,碧冲集中供水点工程解决52户196人饮水,桐云冲集中供水点工程解决桐云冲48户172人饮水,茶园里集中供水点工程解决茶园里33户132人饮水。另还有76户286人大约15户共用一个蓄水池通过山泉水解决安全饮水问题,其余690户2902人通过上埠益民自来水厂集中供水。

修建水渠约20千米、水坝4个,主要河道妙泉河已全程完成河堤修筑。

对全村6处进行新农村点改造:泉丰广场新农村建设点,受益农户958户3200余人;六月湾新农村建设点,受益农户64户243人;石背新新农村建设点,受益农户95户312人;桐云冲新农村建设点,受益农户69户241人;白露树下新农村建设点,受益农户75户242人;茶园里新农村建设点,受益农户61户205人。

社会发展 有学校1所,名为妙泉学校,内设幼儿园、小学、初中,创办时间1978年,占地面积5225平方米,现有教师28人、学生320人。

主要文体广场为泉丰广场,设有百姓舞台、文化活动室、健身场地、游步道、公厕

妙泉村

妙泉村新农村建设点

等,绿化面积约10亩。

有乡村诊所3所,分别是妙泉村丰田卫生所、妙泉村卫生所和妙泉村卫生分所,共配备乡村医生4名。

全村购买养老保险1602人,享受社保552人(其中享受失地农民保险218人),低保人员67户86人。

村内设置垃圾投放点70个,保洁员12人。

特色地情　境内有妙泉花卉苗木景区,建有百姓大舞台、泉丰广场,满山苗木,郁郁葱葱。

莲池庵,始建于明天启二年(1622),清乾隆五十三年(1788)重修,旁有麻衣神寺。

山田村

村情概况　山田村因四面青山环抱、中央肥沃粮田而得名。民国时期属南溪乡,1950年属安源区南坑乡,1958年为芦溪区南坑公社山田大队,1984年改制为山田村。

山田村位于南坑镇最北端,东与上埠镇交界,北和高坑镇比邻,距县城和乡政府所在地10千米,面积约4平方千米,土地面积8000余亩,林地面积3358余亩,耕地面积900余亩。管辖范围包括泉下、桐子坪、蚂蝗塘、袁家里、山田屋场、朱家冲、西源冲和天子山等8个自然村组,下辖村民小组12个,共611户2154人。人口较多的姓氏有尹、谢、袁、王、廖、易、刘等。

自然环境与资源 地处丘陵地带,平均海拔高度约500米,其中天子山自然村海拔高度为593米。全村有水塘10余座,小(2)型水库一座,分布在泉下、西源、朱家冲、桐子坪、袁家里等自然村组,是农田灌溉的主要水源。

土地总面积4平方千米,其中耕地910亩。有煤炭、石英、碳酸钙等矿产资源。

林地面积3358亩,森林覆盖率90%。其中经济林种植油茶450余亩。有3000亩泡桐经济林,每逢春天4月泡桐盛开,漫山遍野,风景优美。

经济概况 农业种植以水稻、油菜等为主。种植中稻500余亩,早稻50余亩,油菜500余亩。

有蜂窝陶瓷有限公司1家,解决本村就业劳动人数20余人。

有6家经营性小卖部。

2021年村级集体经济收入15万元。

基础设施 村主干道经芦南路妙泉村河口至山田村,再至南坑镇石上村,全长2.5千米。村组路多条,均为水泥硬化路。

宽带安装覆盖全村区域,宽带安装户数520户。供电覆盖全村区域。供水水源有山口岩饮用水、蚂蟥塘饮用水,部分村民用山泉水及井水。

2018年修建水渠5000余米,现有部分村组水渠不同程度损坏,影响农田灌溉。同年引进山口岩饮用水,全村大部分村组已完成自来水管网铺设。2019年袁家里山塘改造一座,泉下屋场河流水坝冲毁。

2009年以来,先后在泉下、山田屋场、西源冲、袁家里、蚂蟥塘自然村组建设新农

山田村

山田村油菜花海

村点,每个点主要由政府拨款15万元至30万元,村民少量自筹建设。改善了各自然村组面貌,提升了1000多位村民生活、生产质量。未建设新农村点的村组有桐子坪、朱家冲、天子山等。

社会发展 山田小学创办于1958年,校址由山田大福社庙迁至山田红小庙,再迁至山田村委会旁边,于2021年重新修建,现山田小学与幼儿园占地1500平方米,共有老师5人,学生30人。有文化广场2处,文体广场4处。卫生所1处,医生1名。

部分村民购买居民养老保险。有低保户49户70人,特困户6户6人。2021年建成居家养老活动中心。

特色地情 境内有蓝仙庵、将军庙。蓝仙庵位于山田村天子山自然村组,始建于清朝年间,后因年久失修,破烂不堪。2013年冬群众自愿捐款、多方筹资近60万元,群众投工投劳,分期改造,于2014年冬天建成。将军庙初建于民国时期,庙屋简陋,房小屋窄,几经小改微造,2016年农历十月经多方集资、村民自愿捐款计70余万元,改建为仿古建筑形式,包括庙主体正屋和戏台。

圭田村

村情概况 圭田村因境内圭田湾屋场而得名。圭田湾屋场为冲积滩涂,土地肥沃,面积300余亩,据说是由朝廷封赏给某位立功的将士,故称圭田,因地形像圆弧形,后人将该地起名为圭田湾。

圭田村东临阪田村,南临团丰村,西临大岭村,北临双凤村,面积为4平方千米,坐落在南坑镇的北部,天子山南部。

全村以自然村分为7个村民小组,分别为王家坪、圭田湾、老屋坪、虎塘坪、小江桥、下院、王家山,共计户数507户,人口数2058人,居住人口中以汉族为主,有少数民族6人。主要姓氏有江、宁、杨、刘、童、贺、王、朱、饶、钟、袁姓等。

自然环境与资源 圭田村为丘陵地带,森林覆盖面积约2.2平方千米。境内河流从上埠镇而来,由东向西流经境内河口、妙泉、阪田、流入圭田村河流,境内长约3千米。

境内山塘4处,分别为下院山塘、虎塘坪山塘、老屋坪山塘、河背山塘,集水面积共27亩,灌溉面积186亩。

矿藏主要有煤炭,石英砂等。煤炭主要在水仔边一带,石英砂主要在南竹山一带。

经济概况 农业主要作物为水稻,种植面积1176.72亩。

圭田村

境内有工业企业4家，分别为江西新龙电瓷电器有限公司、萍乡市神州电瓷厂、江西华浩有限公司、江西中南绝缘子集团，解决约300人就业问题，其中江西新龙电瓷电器有限公司解决约200人就业问题，属当地有名的龙头企业。

村内有7家小商店，解决就业12人。

圭田村2022年村级集体经济收入16万元。

基础设施 全村路网总计约6千米，其中省道约200米，宽12米；县道约300米，宽8米，为沥青路面；乡镇公路1.7千米，宽6米，为水泥路面；村主干道1千米，宽5米，为水泥路面；村组公路约2.8千米，宽4米，其中2千米为水泥路面，0.8千米为泥沙路面。

网络用户420户，覆盖率85%。供电用户为507户，企业用电户10户，年用电量约200万千瓦时。南坑水厂自来水覆盖全村，用水量约10万立方米。水渠4千米，为古人修建，1980年改造。水坝1座，于2019年建造。河道约5千米，河堤2013年修建1.2千米，2023年修建650米，未修复河堤3.15千米。

对全村5处进行新农村建设点改造，圭田湾社区新农村建设点，受益农户120户400余人；老屋坪新农村建设点，受益农户80户230人；小江桥新农村建设点，受益农户62户180人；下院新农村建设点，受益农户68户196人；王家山新农村建设点，受益农户116户420人。

社会发展 村里有学校1所，为圭田小学，始建于1975年，占地面积约300平方米，现有教师2名，学生19人。

主要文体广场为王家山社区，设有百姓大舞台、健身场地等，占地面积约660平方米。设有篮球场4个，体育器材40套，分布在各自然组，投入资金约30万元。

圭田村有乡村卫生诊所3所，覆盖全村范围，分别是圭田村卫生所、圭田村卫生分所、圭田村上陇卫生所，配备乡村医生3名。

全村购买养老保险人数约300人，享受社保人数约480人，其中310人为失地农民保险，低保人数58人。圭田村境内一、二级残疾人数为13人，三、四级残疾人数为12人。

村内设置垃圾投放点8个，有保洁员4人。提升农村人居环境，清理乱堆乱放60处，清除乱搭乱建4处，清理河道2条1500余米，村容村貌得到明显改观。

特色地情 境内有名的特产小吃为土嘛哩食品。"土嘛哩"为江西百利食品有限公司的品牌，公司位于芦溪县，是一家加工果蔬蜜饯的环保型食品企业。

团群村

村情概况 原为团群大队、小水大队。团群大队由水口、安下、下岭、岩下四个生产队组成的,小水大队,由小水下棚、小水上棚、鲇塘珑上组成的,1984年合并为团群村。

团群村坐落在南坑镇东部,东与上埠下源村相邻,西与阪田村相接,北临妙泉村,南靠南坑村。全村共辖8个自然村小组,辖区6平方千米,山林面积5517余亩,耕地面积882.58亩。

全村共320户1102人,居住人口中以汉族为主,有少数民族7人(其中壮族4人、侗族1人、布依族2人)。主要姓氏为王、刘、李、余等。

自然环境与资源 属于丘陵地带,森林覆盖率70%。境内有夏家塘、安下水塘、下岭大塘、山塘里、老虎塘等5口山塘,集水面积共37.2亩,灌溉面积560亩。矿产资源有石灰石、铁矿石、电瓷泥。

经济概况 农业主要作物为水稻,种植面积300亩。

内有各类小型商店2个,解决就业3人。

村集体经济主要为光伏发电收益。2021年村级集体经济收入8万元。

基础设施 村主干道路从工业园至小水,长4.5千米,宽5米。村组路从安下至水口桥,长1.5千米,宽5米,岩下至小水下棚,长1.2千米,宽3.5米,皆为水泥硬化路面;

团群村

团群村砚池

下棚至鲇塘,长4千米,宽3.5米,为泥石路面。

全村年用电量约6.5万千瓦时;全村共有集中供水工程2处,其中年塘供水工程,解决了水口至下棚(部分)165户599人用水问题,上棚供水工程解决17户58人用水问题,其余7户为分散供水,水源皆为山泉水。

村里建设有东干渠、红旗渠;已改造渠道3千米,未改造7千米。自来水管铺设主管网3.7千米,分管网12千米。

历年来新农村建设主要有水口新农村建设自建点(26户75人受益)、安下新农村建设点(30户110人受益)、下岭新农村建设点(64户255人受益)、垅里新农村建设点(120户440人受益)。

社会发展 村内文体广场有篮球场,满足群众日常文化体育生活需求。

村内设有1所卫生室、有1名医生。

全村有209人享受居民养老保险、有7人享受社保。村内设有老年活动中心、居家养老服务中心。

村内设置集中投放垃圾箱4个,有2名保洁员,转运人员1人。

特色地情 主要山峰为马鞍山,位于团群村、上埠镇、张家坊的交界处,山势两边高中间低,呈"凹"字形,像一个巨大的马鞍,植被以杉林、松林为主。有马鞍山寨,海拔265.6米,相传曾有绿林豪杰在此立寨。

阪田村

村情概况 阪田，古称巴田。阪田因该村地貌得名。阪，即坂，山坡或斜坡之意。

阪田村东与团群村接壤，西靠天子山，北与山田、妙泉两村毗邻，南接重田村。总面积2.3平方千米，耕地1313.58亩，林地2.4亩。

有13个村民小组，652户2353人。居住人口中以汉族为主，还有少数土家族。主要姓氏有刘、黎、贺、易、王等。

自然环境与资源 阪田村地处丘陵地带，阪田河穿境而过，属湘江水系，从妙泉河流入阪田村河流再到圭田村河流，境内长约3千米。

境内有26处山塘水库，矿产资源有白泥、石英砂等。

经济概况 农作物以水稻种植为主，种植面积约600亩。

境内有工业企业1家，为萍乡市高压电瓷厂，解决就业45人。

村内有商业网点5个，解决就业12人。

2021年村级集体经济收入36.49万元，其中经营性集体经济收入11.50万元。

基础设施 芦南公路S225穿境而过，境内长约1.3千米，二级公路，路基宽19米，路面宽9米，双车道。辖区主要村组路面基本已硬化，其中水泥路面约3.6千米，沥青路面约0.5千米。主要村组路有芦南公路边至长塘坪、芦南路边至石头山、刘家坊至窑老上、窑老上至苏家冲、芦南路边至坳上、老芦南路。

阪田村

阪田村公路驿站

村里有邮政代办点2个,宽带安装512户。

有供电用户652户,年用电量约153万千瓦时。有集中供水工程1处,为苏家冲集中供水工程,解决37户112人饮水,水源为山泉水。其余600户2241人通过上埠益民自来水厂集中供水。

修建水渠约15千米、水坝2个,主要河道阪田石头山河全程完成河堤修复。自来水管网铺设覆盖全村13个村民小组。

新农村建设点主要有清水塘新农村建设农村点,受益农户358户780余人;岩上新农村建设点,受益农户58户212人;石头山新农村建设点,受益农户60户286人;芦南路新农村建设点,受益农户70户252人;苏家冲新农村建设点,受益农户59户232人;长塘坪新农村建设点,受益农户68户226人;刘家坊新农村建设点,受益农户80户335人。

社会发展 阪田小学始建于1943年,几迁校址,数易校名,1980年秋定名为阪田小学。占地面积1000余平方米,有学生100余人,教师10人。

主要文体广场为清水塘社区广场,设有百姓大舞台、文化活动室、健身场地、公厕等,绿化面积约2亩。

有乡村诊所1所,配备乡村医生1名。

全村购买养老保险630人、享受社保400人(其中享受失地农民保险50人),低保人员42户60人。

村里设置垃圾投放点13个,有保洁员3名。

特色地情 黎味莼(1883—1957),名恭儒,又名颂尧,字楣高,味莼是其号。阪田村苏家冲人。自幼敏达,少时入袁州府学,成为茂才(秀才),后留学日本,入东京成城学校读书。回国后又考入北京法政专门学校政治经济科就读。曾任萍乡教育局视学(监察督导)。后回归教育,先后担任凌云高小校长和南溪高小校长。先生为人忠厚正直,深得乡里敬重。新中国成立后,作为民主人士被聘为萍乡县政府参事。

黎明昌,男,阪田村苏家冲人,生于1939年。同济大学毕业后分配到国防科委下属第七研究院十二研究所工作,为海军装备建设服务历时50年,曾任第四研究室主任、多项国防重点项目主任设计师或副主任设计师、总工程师办公室专家顾问以及全国标准化委员会委员。业务专长为海上水下载体之动力系统研究,领衔或作为技术骨干取得的成果,获全国科学大会奖1项,部队一、二、三等奖7项,国防专利4项。

刘洪彪(1954—2024),字后夷,号逆坂斋主。中国书法家协会理事、草书委员会秘书长,第二炮兵政治部文艺创作室主任,国家一级美术师。先后出版作品专集和合集六部,出版文集《缀连琐碎》,主编《第二炮兵团书法作品集》。

村内打造苏家冲生态园景区,后倚武功山,前仰天子山。村户多是书香门第,耕读传家,又是长寿之乡,美名远扬。

坪村村

村情概况 原为萝卜坑村和枫坑村。清乾隆年间,方氏族人来到这里定居,种植萝卜盛产,故取名为萝卜坑村。枫坑村因村内枫树成林而得名。20世纪70年代,因修建坪村水库,萝卜坑村和枫坑村划入坪村水库管理处管辖范围,更名为罗富坑村和丰坑村。2007年合并为坪村村,划入南坑镇管辖。

位于芦溪县南坑镇东南部,东南与张家坊杂溪村、李家坊村,北与南坑镇新坪村、西与南坑镇窑下村相邻。辖区面积10.67平方米,其中耕地面积170亩、山地面积15080亩、水面面积750亩,森林覆盖率96.45%。境内有国家AAA级明月湖风景旅游区、江西省省级示范森林公园——三尖峰省级森林公园。

有2个村民小组,130户322人,居住人口中以汉族为主,有少数壮族。

主要姓氏有方、左、黄、唐、潘等。

自然环境与资源 坪村村地形以山地、丘陵为主,内含三尖峰省级森林公园、婆婆岩、明月湖等。有1座水塘、1座中型水库,总面积为1080亩。水库承担南坑镇、萍乡

坪村村

市安源区饮水、南坑镇农田灌溉任务。

主要矿藏资源为石灰石、煤炭。

经济概况　农业以种植水稻为主,有种植30亩水稻,20亩蔬菜。有一个肉鸽养殖场,现有种鸽1000对,占地面积10亩。

有水电站2座,解决本村10余人就业问题。

村内有小型商店2个,解决就业6人。坪村方组商店集餐饮、住宿于一体,在明月湖水库境内,依托景区每年接待游客2000人次。

2021年集体经济收入15.2万元。

基础设施　境内有S311省道,路面宽12米。村主干道宽6米,主要村组路面宽3.5米。村道白改黑路面有3.5千米。

有邮政代办点1处。宽带安装户数55户,基本上整村覆盖。

全村供电用户130户,年用电量4.2万千瓦时。

坪村有山塘1座,因年久失修,淤泥积累,有渗漏等情况。

2020—2021年新农村建设有罗富坑组、丰坑组、萝卜坑组,提升了村民的生活条件。

社会发展　坪村中心小学创办于20世纪70年代,占地面积1500余平方米,因生源少,于2016年停办。

建设文体广场2个(罗富坑组、丰坑组)。文体广场有各类健身器材15套,文化长廊2座。

2008年建成1个村级卫生医疗所,有乡村医生1名。

村内群众养老保险参保率80%、享受社保占比15%(其中失地农民保险6户15

明月湖

人），低保人员38户77人。建有老年活动中心。

特色地情　坪村村有三尖峰省级森林公园、明月湖风景区。明月湖湖面较大，湖水清澈，林木茂盛，山环水绕，空气清新，集发电、养殖、休闲娱乐于一体。

南坑社区

南坑社区成立于1970年，位于芦溪县南面，南邻大岭村，东邻金钩湾村，西邻团丰村，北邻南坑村，面积5.2平方千米，辖区主要范围为南坑老街和大岭街。属镇政府所在地，镇上商铺林立，交通发达。

有6个居民小组，1640户3379人，以汉族为主。主要姓氏有刘、王、陈等。

辖区属于平原地区，南坑河贯穿南坑老街。南坑老街为原南坑镇政府、合作社、医院所在地。大岭街为集镇区域，建有南坑农贸市场。

S231省道贯穿大岭街至南坑街，南坑老街道路白改黑沥青铺设未完成。

南坑社区

辖区内有1家邮政所,5家快递点。学校2所,为南坑中心学校、南坑镇中学,均为公立学校。

社区注重文化体育活动,有军鼓队、腰鼓队、柔力球队、广场舞队等多支队伍,每年都代表南坑镇参加市县级比赛。

辖区内有南坑镇卫生院,另有诊所3家(上南坑诊所、南坑村诊所、车湘分所),药房6家。

特困供养5人,低保340人,残疾人82人。93%的社区居民购买了养老保险。

境内设置垃圾投放点90个,环卫所每天定期清运垃圾。社区绿化面积1.2平方千米。

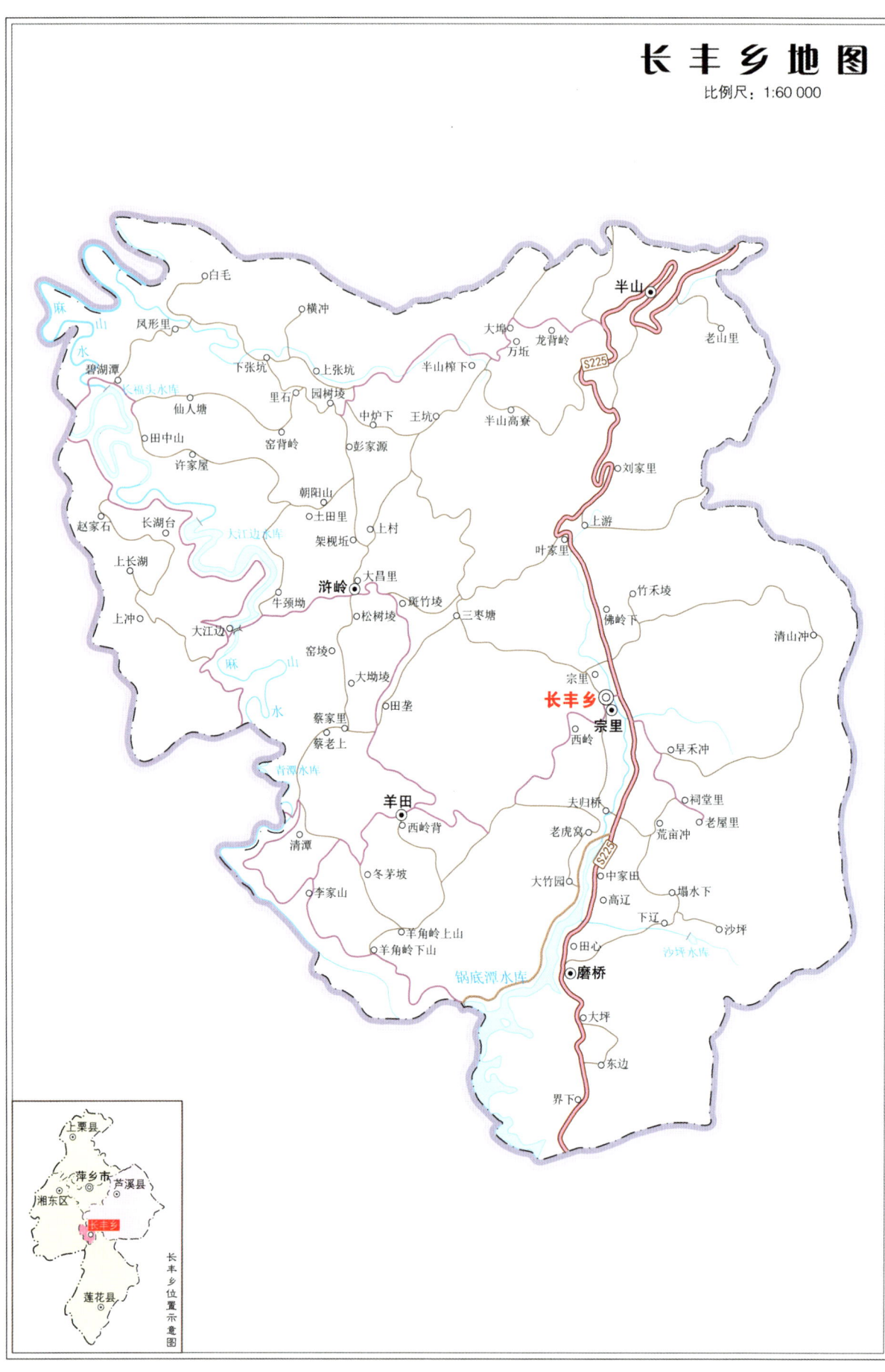

长丰乡

长丰乡位于萍乡中部,芦溪县西南部,芦溪县、莲花县、湘东区三地交界处,东、南临莲花县六市乡,西、北接湘东区白竺乡,东北与南坑镇毗邻,距萍乡37千米,距芦溪40千米。长丰乡总面积76平方千米。

民国时属萍乡县南溪乡、乐群乡。1950年属萍乡县安源区长丰乡、南坑乡和麻山区白竺乡。1952年属新七区长丰乡、浒岭乡、白竺乡和安源区南坑乡。1956年属安源区长丰乡、南坑乡、白竺乡。1958年属白竺公社、南坑公社。1961年合为长丰公社,隶属萍乡市麻山区,1966年属萍乡市,1971年属萍乡市芦溪区。1974年撤社建乡,为萍乡市芦溪区长丰乡,1997年至今为芦溪县长丰乡。辖宗里、浒岭、磨桥、半山、羊田5个行政村,下设49个村民小组。

辖区总人口4225人,以汉族为主,2023年人口出生率4.41‰,人口死亡率5.25‰,人口自然增长率-0.84‰。城乡低保户共157户,275人。全乡享受居民养老保险待遇694人。

自然环境与资源　地处罗霄山脉北段低山地区,地势东南高西北低,全境均为低山,平均海拔450～600米之间,海拔最高点——斗涧山位于宗里村,海拔1123.4米,最低点碧湖潭位于半山村,海拔220米。长丰山区分布广泛,喀斯特地形发育典型,有石峰、石穴和大型溶洞。

属亚热带湿润季风气候,光热充足,雨量充沛,春暖秋凉,夏热冬寒,四季分明,夏季高温多雨,冬季寒冷干燥。年平均气温14.9℃,年平均日照时数1500.9小时,年平均生长期

275天，年平均无霜期279.1天，年平均降雨量1560毫米。境内河道属湘江水系，主要有长丰河、浒岭河，河流总长度5.6千米，河网密度0.074千米/平方千米。最大河流为长丰河，从东北至西南流经宗里村、磨桥村，境内长3.8千米，流域面积6.5平方千米，年均流量3.6立方米/秒。

已发现有高岭土、滑石、铁矿石、石灰石、瓷石、粉石英、镁质黏土等10余种。现已探明石灰石储量5000万吨以上，瓷土储量达5亿吨以上，具有品位高、易开采、用途广的特征，主要分布在半山、宗里等村。

森林资源物种以杉树、马尾松、油茶和毛竹为主，还有银杏、罗汉松、红豆杉等珍稀树种，森林覆盖率达96%以上。有松鼠、野猪、山兔、刺猬等20余种野生动物，有水鹿、穿山甲、灵猫等珍贵保护动物，有燕子、杜鹃、啄木鸟、画眉、猫头鹰、黄鹂等20余种鸟类，有黄腹角雉等一级保护鸟类。

经济概况 着力发展生态农业和生态旅游业。大力发展蜂蜜、黑山羊、油茶、猕猴桃、板栗等优势产业。在磨桥村、羊田村种植了200亩的"秋雪蜜桃"，在宗里村打造了约130亩的板栗种植基地。充分利用生态资源优势，围绕"绿水青山就是金山银山"实践理念，根据总体思路，对长丰乡进行总体规划设计，确定了"不忘初心"韶井咽喉要道、葫芦丝乡村音乐田园综合体、羊田高山度假氧吧、"柿不分梨"爱情天堂、"环锅底潭水库半程马拉松"赛道等特色旅游项目，不断做好农旅结合。

有工业企业10家，规模以上工业企业3家。2023年新入统项目2个（江西世博家具有限公司8000万元、江西拓海技改10500万元），新增批零限上企业2家（萍乡市萍吉农业发展有限公司、芦溪县慧农土特产有限公司）。截至2023年底，签约项目2个，1个为总投资5亿元的年产2万吨时代配套泡塑新材料智能化生产项目——江西润锦新材料有限公司，1个为总投资10亿元的上海南翔食品有限公司。

2021年完成税收3580万元。其中实有税源完成1007万元，占收入比重28.16%，总部经济完成2083万元，占收入比重58.26%，列收列支490万元，占收入比重13.71%，完成全年税收任务的100.13%。

基础设施 有S225省道过境，境内长17千米，双向7.5米车道。有乡、村级公路3条，总长16千米。5个村委会、全乡村民小组全部通水泥路。

2021年末，有邮政代办所1处，乡村通邮率92%。电信企业1家，电话交换机总容量725门，固定电话用户125户，移动电话用户925户，宽带接入用户105户。

农村饮水方面累计完成投资82万元，资金全部来源于中央投资，10个农村饮水安全集中供水工程，解决了2227名农村居民的饮水问题。2022年末，长丰乡有水力发电站8座，装机容量10000千瓦，发电4000万千瓦。

域内溪流多、地势高、落差大、水量足，水资源非常丰富，已开发水电站12个，装机容量达1.42万千瓦,年发电量近6000万千瓦时,因此有"水电之乡"美誉。境内中型水库——锅底潭水库总容量为2207万立方米,集水面积71.6平方千米,水库设计洪水位为455米。

近年来建设新农村建设点10个,2000多名农户受益。

社会发展　长丰乡中心幼儿园创办于2015年9月,是长丰乡唯一一所幼儿园。长丰乡5个行政村适龄幼儿皆由中心幼儿园辐射入园。全园占地面积为1467.93平方米,建筑面积983.91平方米,户外游戏面积542平方米。开设一个混龄班级,在园幼儿30名,教职工8人,专任教师3人,保育员1人,专职保健医生1人。长丰乡学校是一所九年一贯制寄宿学校,有教职工30人,学生133人,9个教学班。

有文化站1个,有村级文化活动中心5个,农家书屋5个,藏书1.8万卷。有宗里村、磨桥村军腰鼓队各2个。

有篮球场3个,9个新农村建设点全部安装了健身器材,各村都成立了老年体育协会。

有各级各类医疗卫生机构6个,其中卫生院1所,村级卫生所4个。其中公立卫生机构床位10张,每千人拥有医疗床位2.21张,固定资产384万元。专业卫生人员12人,其中执业医生1人,执业助理2人,注册护士3人,平均每千人拥有卫生技术人员2.65人。农村安全饮用水普及率100%,农村卫生厕所普及率80%,2021年城乡居民医疗保险参保人数3687人,参保率99.35%。

投入约350万元完成长丰学校校园文化建设、运动广场提升改造建设,投入约270万元对宗浒公路、半山村碧湖组入户路、羊田村进村路等路段实施道路改造提升工程。社会救助方面,累计发放城乡低保金、特困资金、临时救助等资金共200余万元。城乡居民医保方面,2021年参加医保人数3687人,申报率99.35%,乡财政按每人20元的标准补贴给参保居民,合计补贴参保款6万余元。

特色地情　革命烈士王麓水是长丰乡宗里村人。王麓水故居被纳入江西省第一批不可移动革命文物名录。为了纪念王麓水将军,乡政府投资300余万元,对王麓水故居进行修复,并进行内部布展及附属工程建设,打造了王麓水事迹展览馆。

长丰乡地处山区,森林覆盖面广,四季繁花不断,蜂蜜养殖是当地的"老行当",也是乡里重要的特色产业。近年来,长丰乡通过"党建+基地+养殖能手+脱贫户"的模式,发展蜂蜜扶贫产业,2017年成立了芦溪县长丰乡麓水蜜蜂养殖专业合作社。截至2023年底,全乡共有养蜂带头人8人,参与农户150余户,养蜂5000余箱,年产蜂蜜10万余斤。

宗里村

村情概况　民国时期,宗里属萍乡县南溪乡。1950年,属萍乡县安源区长丰乡。1952年,分属新七区长丰乡宗里。1956年,分属安源区长丰乡。1958年,分属白竺公社长丰宗里。1961年,为芦溪区长丰公社宗里大队。1971年,属萍乡市为芦溪区长丰公社宗里大队。1974年,属萍乡市芦溪区长丰乡宗里村。1997年,属萍乡市芦溪县,改制为长丰乡宗里村。

宗里村位于萍乡市的南端,东向与莲花县大石村相邻,南向与莲花县六市乡毗邻,西向与湘东区白竺乡相邻,北向与芦溪县南坑镇毗邻。土地面积12平方千米,其中:耕地面积1620亩,森林面积14440亩。山林覆盖面大,有"长于绿水青山,丰及金山银山"之说。

全村由宗里、佛岭、双园、九辽、亩冲4个屋场组成。共计10个村民小组,有348户1066人,居住人口中全部为汉族。

早年间村主要姓氏为王姓,后增加陈、刘、李、贺、林等多个姓氏。

自然环境与资源　地处罗霄山脉北段低山地区,地势东南高西北低,平均海拔500余米,山区分布广泛,喀斯特地貌发育典型。全村山林以杉树木材林和竹林覆盖为主,山林占总面积的60%。

村中有长丰河,源于上游组,贯穿6个村民小组,各个山林泉水汇集,流向锅底潭,

宗里村

是属于萍乡市饮用水安全保护区域,也灌溉着全村农田。

野生动物有野猪、野鸡、野兔等,有千年红豆杉10棵,银杏树2棵。

宗里村为山林地区,土质疏松,多数农户居住在山脚下,常发生自然灾害。

经济概况 宗里村主要以农业发展为主,以水稻为主要农作物,同时也大量种植各季所需的蔬菜、油菜、大豆等副业,其中种植水稻面积590余亩。

长富矿业有限公司,带动10名村民务工,带动司机30人就业。

村内有杂货小商店6个,帮助村民解决日常生活所需。

2021年村级集体经济收入10万元。

基础设施 经过村境内的省道S225为主要干道,长4千米,主要村组路为宗里至双园下以及大塘组、宗里组、上游组,长3.5千米,宽3.5米;均为柏油、水泥路面。

宽带安装全覆盖。全村供电用户348户,年用电量大概100万千瓦时。

建设水渠10处,分别为大塘水渠、佛岭水渠、老屋水渠、亩冲水渠、长丰水渠、高台山水渠、上游水渠等,长丰乡河道建设从宗里村福主庙至水口山下沿岸砌石,长1.5千米。

2016年建设宗里、长丰、大塘3个新农村建设点,对道路、房屋、围墙、排水沟等多项进行整治改造。2017年建设上游、佛岭、各岭3个新农村建设点,完成所有的道路硬化。2018年人居环境整治中建设垃圾收集点20个,有专职清洁环卫5人,污水处理1人,志愿服务队3个。2022年又新建佛岭片污水处理厂。

社会发展 境内有中小学1所,幼儿园1所,为长丰乡学校、长丰乡幼儿园。改革开放初期就建设了长丰乡中心学校,师生最多时达到1000余人。2015年长丰乡幼儿园提升改造,有良好的学习设施,教育团队素质也在不断提高,其他4个村的孩子们都到宗里村就读。

村内文体广场设置篮球场1个,有健身广场5个、足球场1个。

宗里村隶属长丰乡中心区,长丰乡卫生院在村辖内,所有村民可就近就医。

全村共有119人享受居民养老保险;低保人员39户74人;村内有居家养老食堂,让独居老年人生活都有保障。

宗里村人居环境落实门前"三包",日常环境由专业环卫公司承包清扫。

特色地情 王景澄(1812—1891),字祖恩、号清如,长丰乡宗里村人,清道光二十四年(1844)甲辰科二甲第一名进士。

王麓水(1913—1945),原名王培岳,长丰乡宗里村人。1926年加入中国共产主义青年团。1930年参加中国工农红军。1932年加入中国共产党。先后任军委警卫班班长、红军团保卫局科长、特派员。长征出发时,任二师五团政治处主任。抗日战争爆发后,曾参加平型关战斗。1945年12月,在攻打山东滕县的战斗中牺牲。王麓水牺牲后,董必武、陈毅等同志为其题词。董必武的题词是:"身是萍乡一雇工,参加革命显

长丰乡王麓水烈士纪念碑（贺红艳摄）

英雄；鲁南解放开新局，痛惜滕郊未竟功。"

王麓水故居，原是宗里王氏的宗祠，始建于清代，坐西朝东，砖瓦结构，硬山顶，二进四间，面宽24米，进深36米，面积864平方米。2006年公布为县级文物保护单位，2020年公布为江西省不可移动革命文物。

宗里屋场西北向有一大开井，俗称雾露湖，每逢天气变化就有山雾弥漫，临近有一小石坡道，道旁有一仙人石坐美景。

磨桥村

村情概况 磨桥村，民国时期为萍乡县三保三图磨头社。新中国成立后改名为磨头村。1959年分设为磨头大队、高桥大队。磨头大队由7个生产队组成（界下一生产队、界下二生产队、东边生产队、大坪生产队、磨头第五生产队、磨头第六生产队、田心生产队）。高桥大队由4个生产队组成（沙坪生产队、夫桥生产队、中家田生产队、高辽生产队)。1965年合并为磨桥大队,除磨头五、六生产队合并为磨头生产队外,其余9个生产队名称不变。20世纪80年代初改名为磨桥村,所辖10个生产队改称为组。

磨桥村位于芦溪县北端,长丰乡南部,距县城所在地50千米,东邻莲花县界,北接宗里村,西连湘东区,南连六市乡。土地总面积11平方千米,其中耕地1560亩,人均耕地1.42亩。山地面积12680亩,森林覆盖率93%。其中,生态公益林8928亩,杉、松、杂用材林4794亩,竹林2600亩,是县级生态村、市级水资源保护地。

共有10个村民小组,323户,总人口1090人。主要姓氏为王姓、刘姓。

自然环境与资源　属于喀斯特地貌,整村呈带状。平均海拔高度500～550米,其中沙坪组海拔高度为880米。森林覆盖面广,树木品种丰富,竹林茂盛。主要有野鸡、野兔、松鼠、野猪及鸟类等野生动物,还有松树、红豆杉树、桂花树等极具价值的野生植物资源。

经济概况　2023年发展优势农业产业油茶种植250亩、蜜桃种植100亩。种植水稻570亩、红薯120亩、大豆30亩、玉米60亩、土豆30亩、蔬菜180亩。

发展民宿产业,改造一家面积1200平方米的民宿,共有10间房、20个床位、一间食堂和餐厅。2022年村级集体经济收入2.5万元。

基础设施　S225省道穿境而过,距离319国道6千米,距离萍莲高速互通口9千米。

磨桥村鸟瞰(王萍摄)

磨桥村农家书屋(贺红艳摄)

磨桥村移动网络信号覆盖率100%,宽带网络使用率约95%,有线电视使用率100%。

有变压器10台,用电率100%。村民主要生活用水来源于山泉水,有10个饮水工程,村民用水全覆盖。

共修缮农业供水水渠11000余米,水塘水坝10处。

磨桥村村委会大楼建于1965年,设有乡村振兴工作站、图书室、党员教育学习室、党群服务中心、综治四室一窗平台建设等多个服务平台。建设有磨头、界下2个新农村建设点。

社会发展 20世纪90年代曾有过2所小学,后停办,现学生在长丰学校就读。

村内建有2个标准篮球场。在村内设有5个功能室、3个功能点:理论宣讲室、文化服务室、科技科普室、卫生室、心理咨询室、健身体育点、教育服务点、社会治理综合体服务点。

设有1个村级卫生所。全村共有179人享受城乡居民养老保险;城乡低保户26户46人。

2022年在城乡环境品质提升示范点进行房相改造、道路沥青铺设、景观打造等基础设施建设。

特色地情 八洞贯,内有八个石洞,相传张三丰师兄弘真曾带弟子八人,各占一洞修炼,故取名为八洞贯,锅底潭水库修建后,八个石洞被水淹没。

半山村

村情概况 民国时期属萍乡县南溪乡。新中国成立后,1950年属安源区南坑乡。1958年为南坑公社半山大队。1961年为萍乡市麻山区长丰公社半山大队。1965年为长丰公社半山大队。1971年为芦溪区长丰公社半山大队。1984年改制为长丰乡半山村。1997年为芦溪县长丰乡半山村。以村委会驻地半山自然村而得名。

半山村位于长丰乡西北面,东北二向毗邻南坑镇,西连湘东白竺,南接宗里。2003年由半山村、张坑村合并而成。境内有半山、船形里、马颈里、龙背岭、大埠、万丘、榨下、干仔上、上张坑、下张坑、礼石、白毛、横冲、大冲、凤形里、碧湖潭、仙人塘、竹子坪、园树仑、大竹文、王坑、窑背仑、中炉下、彭家源、牵弓等屋场。

半山村下辖有12个村民小组,上屋组、中屋组、下屋组、上棚组、团结组、桥边组、跃进组、大埠组、王坑组、碧湖组、文树组、姚背组,共322户1013人。居住人口中以汉族为主。共有20个姓氏,其中贺、刘、李、邓、练姓人数均超过100人。

自然环境与资源　半山村地处罗霄山脉北段低山地区,地势东南高西北低,山区分布广泛,海拔最高点位于大埠29公桩,高度为1000米,海拔最低点位于碧湖潭,高度为220米。村内有半山河、张坑河两条河流。瓷土矿藏较为丰富。山林面积18000亩,多为天然林、公益林。

经济概况　主要种植水稻、油茶,养殖蜂蜜、黑山羊、牛等。水稻种植80亩,油茶种植500亩,种植户约40户。蜜蜂养殖户18户,年产量约1.5万千克。猪、羊、牛、鸡均为散养。

2022年村级集体经济收入16万元。

基础设施　S225省道经过半山村,为沥青路面,路况良好。村组公路为水泥路面,宽3~3.5米。

半山村(曾祥炳摄)

半山村梯田（贺红艳摄）

半山村移动网络信号覆盖率100%，宽带网络使用率约85%，有线电视使用率100%。设有变压器2台，用电率100%，村民主要生活用水来源于山泉水，有5个饮水工程，村民用水全覆盖。境内有碧湖潭水库，有半山、张坑2条河道，3条水渠，用于农田灌溉。

申报建设2个新农村建设点，改善了村情村貌。

社会发展　文化活动场地约300平方米，村委会、新时代文明实践站为一体，新时代文明实践站设理论宣讲室、图书室、党员活动室。有1个卫生室。

全村共有192人享受居民养老保险；低保户44户70人，40岁以上村民均已购买农保。

人居环境较为良好，村庄道路网基本形成，村内有路灯50盏，"厕所革命"整治厕所30个。

浒岭村

村情概况 境内有一片山岭统称浒岭,因而得名。村委会驻地大昌地。清朝康熙年间,欧阳氏商人十四世文锦公从莲花龙家坊移居至浒岭姚岭组龙形背,不久搬迁至现浒岭村委会对面居住至今。因生意红火,家庭兴旺,欧阳氏文锦公自费修建居住地至王坑、宗里、大安岭、长福头四条乡村古道,便于过往行人,同时还新修建大江边河的桥梁,耗资七万余两银子,并成立其商号命名为大昌,其居住地因而得名大昌里。欧阳氏在樟树经商时认识张姓药材商人,将其介绍到浒岭庙下安居,并将庙下后背的荒山、土地无偿供张姓商人种植药材,将庙下命名为天宝堂。张氏安居后,能助人为乐,无偿给当地村民医治,形成当时远近闻名、安居乐业之地。

浒岭村位于长丰乡西部,全村面积约11平方千米,东与宗里村上水坑交界,南与羊田村蔡老上交界,西与白竺乡源头村碧湖潭交界,北与半山村八竹坪交界。

共有11个村民小组,共239户,791人,村上95%以上村民外迁至南坑、五陂、萍乡郊区等地居住。

浒岭村

主要有5大姓氏，分别为刘、汤、王、陈、尹。

自然环境与资源　浒岭村地处罗霄山脉北段低山地区，地势西北高东南低。平均海拔500余米，喀斯特地貌发育典型，有石峰、石穴和大型溶洞。主要山峰有朝阳山、大王山、江西山、虎形里、王坑、山姚岭、塘古岭、大坳岭、灯盏形、大芭蕉。海拔最高点斗山位于朝阳山，高度为760米；海拔最低点浒岭村委会，高度为262米。境内河道属湘江水系，主要有大江边、碧湖，河流总长度8.2千米，河网密度0.074千米/平方千米，流域面积6.5平方千米，年均流量3.6立方米/秒。

矿藏资源主要以石灰石为主，其他还有铁矿石、锰矿石、电瓷泥等。

境内有水鹿、穿山甲、灵猫等珍贵保护动物，黄腹角雉等珍贵保护鸟类。森林资源物种以杉树、野樱桃、香樟树、油茶和毛竹为主，还有银杏、罗汉松、红豆杉等珍稀树种。森林覆盖率95%以上。

经济概况　共有耕地面积1290.9亩，山林面积11850.7亩。因95%以上村民外迁，村上目前只有60多亩水稻田，另有200亩用来种植猕猴桃，227亩种植油茶。

境内有大江边小水电、长福头小水电。村里无工厂，无商贸。2023年村级集体经济15.6万元，主要以奖补资金为主。

基础设施　浒岭村地处偏远山区，交通闭塞。宗浒公路和大江边公路于20世纪90年代建成，总长14千米，单向3.5米车道。大江边桥总长68米，宽6.5米。

电信宽带安装户数4户。全村供电用户23户，年用电量约2万千瓦时。

建设有二丰组水渠、姚岭组水渠。自来水管网铺设3.5千米。

2019年建设1个新农村建设点。

社会发展　有文化站1个，村级文化活动中心4个。农家书屋1个，藏书1000余册。

有村级卫生所1个，医疗床位1张。安全饮用水普及率95.5%，农村卫生厕所普及率70.2%，新型农村合作医疗参合人数783人，参合率99.24%。

全村享受居民养老保险待遇149人；城镇最低生活保障户数1户，人数1人；农村最低生活保障户数34户，人数60人。农村医疗救助12人次。农村五保集中供养3人；农村五保分散供养5人。国家抚恤、补助各类优抚对象7人。

特色地情　朝旸山红色文化——1928年，共产党员王聘葛到浒岭一带秘密开展工作，筹建党的组织。同时，湖南地下党员孙其宗在大昌租了间房子，表面上做小买卖生意度日，暗中进行革命活动。与王聘葛取得联系后，共同发展党员。同年冬，建立中共浒岭支部，王聘葛任书记。1930年4月，南溪区（南三区）苏维埃政府成立于长丰朝旸山下的浒岭，辖浒岭、界下、磨头、宗里、妙泉、阪圭、南山、窑下、龙仙、上南坑、下南坑、乾村、中元13个乡。土地革命时期，浒岭村王寿瑜、王呈瑞、陈信和、陈友文等人为革命牺牲。浒岭村现存有王呈瑞烈士用笋壳书写的宣传标语"创造铁的红军"。

朝旸寺遗址（含古墓群）位于浒岭村坐西北朝东南的朝阳山山腰处。朝阳寺遗址坐西北朝东南140°，海拔412米，寺庙遗址面积2万余平方米，遗址以东100米处有一处古墓群，古墓数量约为30余座，面积约4000平方米，墓群坐北朝南，海拔407米。据《萍乡县志》记载，长丰乡古有"六大寺庵"，朝旸山寺为其一，建于康熙十七年（1678年），现存遗址（含古墓群）有墙脚遗址、碑文、墓塔铭等。

羊田村

村情概况　1965年，田山大队与羊角大队合并成羊田大队，羊田村的村名由此而来。

羊田村地处长丰乡西南部，东与长丰乡宗里村交界，南与磨桥村锅底潭交界，西与湘东区白竺乡交界，北与浒岭村交界。土地面积11平方千米。有6个村小组（清潭组、田垅组、新建组、西岭组、下山组、上山组），共90户283人，常住人口70余人。人口居住以汉族为主，有布依族1人。主要姓氏有曾、李、王、汤、尹姓。

自然环境与资源　羊田村平均海拔在450～600米，山地是典型的江南丘陵，成梯田式分布，森林覆盖率96.06%。村境内河道属湘江水系，长丰河总长度5.6千米，贯穿全村3.2千米，境内有电站水坝2座，河水有羊角愣河、清潭河，属于长丰河干流。有小河、小溪3条，其中张田丘、庙前小溪水经"木斗澄"流入清潭河；上山、下山小溪流入羊角愣河；李招小溪流入浒岭河，汇入长丰河。全村有水塘5个，分别在西岭组和田垅组，水域面积约1580平方米。境内有铁矿石资源，分布在西岭组冬茅坡。

境内有国家二级保护动物白鹇、野猪、麂子等，有珍贵古树红豆杉、百年松树等。河滩、石壁、怪石林立，河水落差较大，流域长。有万亩竹海。

经济状况　羊田村境内原有耕地522.8亩，退耕还林面积397.4亩，秋雪蜜桃种植70亩，农户种植油茶及蜜桃30亩，种植蔬菜及药材10.4亩，抛荒5亩正在治理中。

20世纪末创办木材加工厂和竹子加工厂（织竹帘），带动当地劳动力就业，在西岭组冬茅坡兴办了油茶榨油坊。

羊田村经济基础薄弱，集体经济起步较晚。2022年村级集体经济收入14.9万元。

基础设施　羊田村于20世纪80年代修建3.5米宽覆盖全村的泥路基础交通网，在21世纪初，全村泥路得到全面硬化。2017年，下山组至锅底潭进村道路，拓宽至6

米并硬化,并与莲花县六市乡交界,经垭坞村可达319国道,783乡道贯穿全村与225省道相交。全村有水泥公路约13.5千米。

境内设有邮政代办点,移动宽带安装11户,电信安装12户。全村供电用户32户,年用电量约6.15千瓦时。6个村小组均修建集中供水水塔,每个水塔储水量约20立方米,供水入户。2022年在下山组建设一个约30立方米的污水处理池,将下山组村民的生活污水集中排放至污水处理池。

2019年,下山组新农村建设点对广场进行了沥青改造。2022年西岭组新农村建设点对西岭背进行了房相改造品质提升及停车场建设,受益10户39人。

2020年,对西岭组人居饮水水源处水坝进行维修,对清潭组人居饮水水源处水坝进行维修并铺设水管400米。2021年对西岭组冬茅坡人居饮水水源处水坝进行维修并铺设水管600米,2022年对田垅、新建组人居饮水水源处水坝进行维修,2022年对下山组人居饮水水源处水坝进行维修并铺设水管300米。

社会发展 羊田村获得2018年度长丰乡第二届"旭华杯"男子篮球赛体育道德风尚奖,2020年在清潭组新建休闲广场,2022年在新建组新建休闲广场。

2017年新建村级卫生室,备有医疗常用药品,医疗保障报销等系统完备。

羊田村一角(王强摄)

羊田村文体广场(肖婷摄)

村民283人,其中农保参保率80.6%,社保参保55人,占参保总人数的19.4%,医疗保险参保率100%。全村有特困供养户2人,有14户25人享受最低生活保障。建有老年活动中心,全天向村民开放。

人居环境良好,每户庭院绿化面积约10平方米,投放垃圾箱共4个,垃圾桶共60余个。

新泉乡

新泉乡历史悠久，明清时期，素有"大安粮仓"美誉。明代在市上村有一街市，店铺10余家。清代，商业贸易逐渐移至新店里，清咸丰年间（1856—1861）罗姓由上店迁入（新泉街）新建店坊，故名新店里，即新泉老街，街道由鹅卵石铺成，全长约400米，宽约4米，后因迭遭火灾，遂寓泉水熄火之意，取名新泉。

新泉乡地处芦溪县东南部，武功山脚下，袁河源头处。南与安福县泰山乡、钱山乡为界，西与张佳坊乡相连，北与上埠镇、芦溪镇接壤，东北与万龙山乡为邻。辖11个行政村，1个社区，136个村民小组。户籍人口1.46万人，常住人口1.06万人，国土面积75.88平方千米，其中耕地17511亩，林地88105亩，森林覆盖率79.33%。

自然环境与资源　新泉乡地处罗霄山脉北段低山地区，地势四周高中间低，由东南向西北渐次倾斜，周边为山地，中间为丘陵，海拔最低点牛皮境位于市上村，高度为220米。境内河流为袁河及其2条支流，河流里程27千米，其中袁河（新泉段）全长约6千米，支流长度21千米，山塘67座，总容积70.34万立方米。入河排污口共计36个，袁河（新泉段）两旁共有出水口15个，东安里河两旁共有出水口8个，塘下河两旁共有出水口13个。

矿藏有檀树下温泉、矿泉水。

经济概况　新泉乡活立木蓄积量26.12万立方米，乔木林单位面积蓄积量75.2立方米，经济林面积1.38万亩。新泉乡公益林总面积57659.2亩，国家级14922.7亩，省级42170.5

亩，市级566亩。油茶林1万余亩，竹林2万余亩，果树种植约2000亩、草莓种植30亩、柚子种植1000亩。新泉乡共有省、市级龙头企业2个、省级农业示范园1个、农业企业12家。2022年共有养殖户66户，一年生猪出栏约4760头，牛出栏约300头，羊出栏约450头。蜜蜂养殖28户，299箱。

境内有工业企业7家，商贸企业3家。

基础设施　境内S311省道由市上牛皮垅经新泉至塘上加油站，全长6.7千米。X105县道由大安林场至两丘田，全长14.7千米。乡道13条，合计40.02千米。村道66条，合计78.7千米。

乡境内电信用户数2306户，宽带安装数1168户；移动用户数8876、宽带安装数5700余户。

2022年全乡全年居民用电量约1072.35万千瓦时，其他用电量约4918.32万千瓦时。

社会发展　新泉乡有小学2所，为新泉学校、东安里小学。新泉学校现有18个班级，学生645人，教师53人。东安里小学2个班级，学生17人，教师3人。幼儿园5所，为新泉乡中心幼儿园、东安里村幼儿园、颜家坊村幼儿园、垅下村幼儿园、乔岭村幼儿园，共计幼儿225人，教职工数41人。

建有1个乡综合文化站和14个村级综合文化服务中心；建有1个4050平方米的足球场和1600平方米的室内篮球场馆。

新泉乡大安中心卫生院成立于1950年，现有职工68人，专业技术人员58人，其中高级职称5人，中级职称18人。开设门诊部和住院部，设有外科、内科、妇产科、儿科、中医科、医技科、手术室等临床科室。全乡现有村卫生室15个，乡村医生20人，行政村卫生室覆盖率100%；全乡各类私营诊所、药店10余家，从业人员20余人。

特色地情　新泉乡是革命老区，1930年建立区、乡苏维埃政府，全乡有钟林、周道益、曾启山、陈怀明等200多名烈士。

红军战壕遗址。新泉乡市上坳口是进入大安苏区的必经之地。为了防止敌人的进攻，苏区军民利用市上坳口进山通道狭小的地理优势，在两边山头修筑军事防御工事。1930年10月，湘东独立师成立的第二天，即在此全歼由芦溪来犯的国民党七十七师一个营，缴枪200余支。绕山修建的战壕共三层，每一层之间相互连通，深度在1米左右，并在适当位置挖有1.5米左右见方的方坑，用于休息，囤放弹药、粮草，安置伤员。战壕总长在万米以上，目前已经清理的战壕长度有7000余米。

红军小道。新泉杨家湾经十八湾、两丘田至莲花的山路，是土地革命战争时期萍乡至莲花的主要通道，彭德怀、萧克、王震率领的红军及游击队、赤卫队等革命武装经常由此往返。白军为了"清剿"革命武装，在大安里各个山头建碉堡，在交通要道派兵把守。在白色恐怖下,革命斗争陷入极度困境之中。武功山红军战士和赤卫队队员誓死抵抗,用生命和鲜血染红了杨家湾的山间小道。

红军洞。杨家湾村从狗井里直至十八湾下的阴江里,是险峻的二十里峡谷,最窄处仅十余米,最宽处也不过二百余米,峡谷中有一个石洞深藏于千年古木林中。红军部队曾多次在此隐蔽藏身,三年游击战争时期,曾为红军医院和游击队的藏身之处。

新泉乡境内历史上现存的古迹有30处,如下表所示:

遗址	时间	遗址类型	种类	所在地
羊路上遗址	新石器时代	古遗址	聚落遗址	新泉村羊路上组（大安中学内）
古小虚社	清早期	古建筑	坛庙祠堂	新泉村十三组
蛇背龙王庙	清乾隆二十年(1755)	古建筑	坛庙祠堂	河坑村蛇背组
回龙寺	清道光四年（1824）	古建筑	寺观塔幢	市上村
福庆祠	清道光十一年(1831)	古建筑	坛庙祠堂	杨家湾村杨家湾组
东安里福神祠	清光绪十四年(1888)	古建筑	坛庙祠堂	东安里村一组
罗凤冈墓	清光绪十八年（1892）	古墓葬	名人或贵族墓	颜家坊村坎坑组
科公祠	清	古建筑	坛庙祠堂	新泉村二组
锡侯公祠	清	古建筑	坛庙祠堂	新泉村桅杆坪组
古昭王寺	清	古建筑	寺观塔幢	新泉村老屋里组
坡下彭氏宗祠	清	古建筑	坛庙祠堂	坡下村二组
苏氏宗祠	清	古建筑	坛庙祠堂	坡下村六组
罗凤冈故居	清	古建筑	宅第民居	檀树下村长丰组
塘下阳氏宗祠	清	古建筑	坛庙祠堂	移民村塘下组
定星桥	清	古建筑	桥涵码头	杨家湾村
乔岭上桥	清	古建筑	桥涵码头	乔岭村二组
乔岭下桥	清	古建筑	桥涵码头	乔岭村二组
阁下桥	清	古建筑	桥涵码头	乔岭村一组
永安桥	清	古建筑	桥涵码头	市上村西岭下组

续表

遗址	时间	遗址类型	种类	所在地
东安里下桥	清	古建筑	桥涵码头	东安里村一组
塘上福主庙	清末	古建筑	坛庙祠堂	颜家坊村塘上组
小河边福主庙	民国	近现代重要史迹及代表性建筑	宗教建筑	新泉村小江边组
古王子庙	民国	近现代重要史迹及代表性建筑	宗教建筑	新泉村小江边组
宾公祠	民国	近现代重要史迹及代表性建筑	宗教建筑	新泉村
古中墟社	民国	近现代重要史迹及代表性建筑	宗教建筑	颜家坊村颜家访组
文昌阁	民国	近现代重要史迹及代表性建筑	典型风格建筑或构筑物	乔岭村一组
市上红军战场遗址	1932年	近现代重要史迹及代表性建筑	军事建筑及设施	市上村狮形岭
中美合作所旧址	1946年	近现代重要史迹及代表性建筑	军事建筑及设施	新泉村
市上大公庙	1947年	近现代重要史迹及代表性建筑	宗教建筑	市上村市上组
东安里上桥	1958年	近现代重要史迹及代表性建筑	道路交通设施	东安里村十组

境内有杨家湾十八湾省级森林公园、杨家湾红军洞、杨家湾千年红豆杉、市上红军战场遗址、马鞍山旅游徒步路线。名优特产有泉水豆腐、爆炒肚尖、六月苦瓜干、新店米糕、新店兰花根、新泉糖姜、大安刀豆等。

市上村

村情概况 市上村在民国时期名为市上保，属大安区。1950—1957年为市上村，1958—1983年为新华大队，1984年改为市上村。市上有个卖米街(位于现在的市上村街上自然村），古时整个大安里只有市上有条街。

市上村位于山口岩水库源头，东连檀树下、新泉村，西接张家坊三江口村，南邻移民村，北毗张家坊山口岩，全村面积共5平方千米，其中耕地面积1347.94亩，林地面积3617.2亩。境内有上西岭、下西岭、王家山、太厅下、田垄里、街上、山下里、横岭下、坳下里等自然村，辖15个村民小组，472户1745人，其中常住人口为974人，流动人口771人。居住人口中以汉族为主，还有极少数彝族、苗族。主要姓氏有陈、谢、周、高姓等。

自然环境与资源 属于丘陵山区，群山重叠，森林覆盖率72.3%。地表水资源充沛，主要河流是袁河，由南向北横穿村境内，属山口岩水库饮用水源。

经济概况 耕地面积1347.94亩，以种植稻谷为主，还有部分种植蔬菜。

境内企业有炎农生态有限公司、月池水厂，解决了市上村60多名村民家门口就业。

市上村为新泉乡的门户村，村内有各种商店和农庄。

村集体经济收入约15万元/年，其中光伏发电约7万元/年，老村委会出租1.8万元/年，村委会旁边的厂房出租3500元/年，生态补偿金6.4万元/年。

基础设施 芦新武S311省道穿村而过，村级内的所有村组道路都已硬化，村主干

市上村

市上村红军战场遗址

道有6米宽,村庄内的道路平均有3.5米宽,除山下里、横岭下和坳下里,其他自然村的村组道路都已完成"白改黑"。

境内村民98%都安装了宽带。供水供电全覆盖。

修建了田城里沙背垅里河堤和挡水坝;清理了坳下里、田垄里和下西岭等多个自然村的水渠和河道;为王家山铺设了自来水管并修建了山下里水井等水利建设。

9个自然村都有不同程度的新农村建设,全村受益。

社会发展 有6个体育文化广场,都配备了体育器材和健身器材。

有1个卫生所和1个门诊,2名驻村医生。最远的自然村离新泉乡大安医院路程不超过3.5千米。

全村40%的人购买了养老保险和失地农民社保。低保人数为58户79人。村内有居家养老服务中心和老年人活动室。

境内林地面积3617.2亩,没有滥砍滥伐,森林野外用火的情况。定期组织公益性岗位、党员,村民代表对村主干道和村庄内的环境卫生进行清扫。

特色地情 水湾桥位于现在的芦新武S311省道新桥上方约50米,建于清代同治年间,共5拱,长约30米,宽6米,是一座古老的大型石拱桥。

檀树下村

村情概况 檀树下村得名缘于村中三棵檀树。在村东的今檀树下村委会所在地,有一棵千年古檀树,数抱之粗,数丈之高。村中原"百笋厅"屋后及村尾各有一棵檀树,树龄小于村东的那棵,就像是村东那棵檀树的子孙一样,绕膝于旁。

民国时期属大安乡,1950年属大安区,1956年属新泉乡,1958年为新泉公社新民大队,1984年改制为新泉乡檀树下村。

檀树下村位于新泉乡北部,东连东安里村,南邻新泉村,西接市上村,北毗邻上埠镇王源村。面积5平方千米,其中耕地面积1630亩,森林面积4906亩,森林覆盖率72.5%。

境内有檀树下、大坪里、羊路上、大元冲、沈家坊、岭上、院冲、庆丰、金山下、金冲等自然村。辖16个村民小组,346户1346人。主要姓氏为罗、陈、刘、谢姓。

自然环境与资源 地形为北高南低的丘陵地带。北有沙界子坡,海拔610米左右,南有毛坪里,海拔280米左右,中有焦冲凤凰岭,海拔320米左右。

有丰富的花岗岩矿产和温泉资源。

经济概况 共有耕地面积1630亩,以种植稻谷为主。境内企业仅有大安液化气站。

檀树下村

檀树下村锁铜桥

2022年村级集体经济收入6万元。

基础设施 袁河新泉段在境内流过,老芦新万公路穿村而过,境内交通路线长度约9.8千米,主要干道为檀树下路、庆丰路、院冲路、大元冲路、沈家坊路、沙子垅路。主干道硬化率达100%。

98%的村民家都安装了宽带。

社会发展 村内建有文化广场,经常组织电影下乡、送文化下乡、健身等活动。有2家卫生所。

村内60岁以上老年人都享受了城乡居民养老保险待遇,低保人数为38户48人,特困供养户18户18人,低保金、特困供养金每月都按时发放到位。村委会建设了居家养老中心。

村内垃圾箱合理配置,有专人定期清运垃圾。

特色地情 罗凤冈(1856—1892),檀树下村人,萍乡哥老会起义重要首领之一。1892年9月18日,哥老会在芦溪大安里起义时,罗凤冈任总办粮台,封平南王。起义军在南坑失利后,退守大安里,罗凤冈隐蔽在刘家陂包家里。10月被捕,解往南昌。10月18日被杀害。葬于今芦溪新泉乡磨形岭上,后人不敢在碑上刻其姓名,乃刻一凤鸟落在山冈之下,意为"一凤落山冈"(落凤冈),借指"罗凤冈"。罗凤冈故居与墓地现为芦溪县文物保护单位。

锁铜桥,位于檀树下村沈家坊,建于明朝后期,共三拱,长50余米,宽5米,是新泉一座古老的石拱桥。

彭寿生(1915—2003),檀树下村人,1931年2月参加革命,1933年7月加入中国共产党。红军主力长征后,在武功山区坚持三年游击战争。抗日战争时期,历任新四军一支队老二团(即新四军老虎团)排长、连长、营长。在黄桥勇战敌顽,身负重伤,失去右臂。解放战争期间,历任华东野战军主力第一纵队第二师第六团团长等职,参加宿北、鲁南、莱芜、孟良崮等一系列战斗,屡立战功。1955年被授予上校军衔,1961年晋升为大校军衔。历任江苏省南通军分区司令员、江苏省军区副参谋长兼直属党委书记。著有60多万字的革命回忆录《高山上的火苗》。

特产有烟笋、豆腐等。

新泉村

村情概况 新泉,原名新店里。清咸丰年间,罗姓人以上店迁入新建店坊,逐步形成街道,因而称为新店里。后因迭遭火灾,遵寓水克火之意,取名为新泉。民间习惯仍称新店里,直到1958年成立新泉人民公社,新泉才通用。民国时期属萍乡县大安乡第一保。新中国成立后,1950年属萍乡县大安区新泉乡。1956年属芦溪区新泉乡。1958年为新泉公社新泉大队。1961年属萍乡市大安区新泉公社,1962年另立小江边大队,1963年又另立新萍大队,1965年小江边、新萍两个大队并入,仍称新泉大队。1984年改制为新泉村。

新泉村位于新泉乡中部。东连颜家坊,西接市上,南邻移民、垵下,北毗檀树下,地势东高西低,处于群山环绕的盆形底部。聂万公路、芦新武旅游公路穿村而过,袁河新泉段在境内流过。面积2.8平方千米,其中耕地面积1339.6亩,林地面积6340亩。有老街、新街、花柳陂、桅杆坪里、嘴里石、上碓、上店、新屋里、老屋里、庄园湾里、义下壁里、大坪里、东岭、小江边等自然村。辖17个村民小组,528户1860人。

新泉村

新泉村垂晚桥

主要姓氏为罗姓和易姓。

经济概况　耕地面积1339.6亩,都以种植稻谷为主。

境内企业仅有竹木王子生活用品有限公司,就业人员约110人。

新泉村是新泉乡政府驻地,也是大安地区的经济贸易集散中心,街道宽阔整齐,各类商品琳琅满目。公历每月逢五赶集,周边县乡山区的农民,将各自的农林土特产品来此交易,热闹非凡。商贸超市有中润联华超市、家惠超市、爱家乐超市、老地方超市,解决约50人的就业问题。

2022年,村级集体经济收入22.8万元。

基础设施　芦新武公路在新泉村穿村而过,桅杆坪里的村组路进行了白改黑,其他村组道路都已硬化。

境内的村民98%都安装了宽带。

特色地情　新店里。新店里自古是大安里地区政治文化商贸中心,老街建筑为明清风格,古朴雅致。康熙年间曾建有祠堂十余幢,现保存完好的有小江边宾公祠。还曾建有天主教堂、崇文书院等。20世纪30年代初,在老屋里珂公祠成立了苏维埃政府。1932年1月31日,湘赣独立一师第三团由团长谭家述、政委王震率领,攻克麻布垅的碉堡,直捣设在新泉天主堂的地主武装及保安团的老巢,红军大获全胜。抗日战争时期,国民政府于1945年在此创办中美合作所,为抗日战争培养和输送了人才。新中国成立后,大安区政府在新店里成立。

垂晚桥。为石拱桥,位于新泉公路新桥上方约50米,建于清代同治年间,共五拱,长约30米,宽6米。

泸水古渡。袁河源流经新泉段古名叫泸水,小江边叫龙江。古时靠摆渡过河,在小江边与市上田垄里交界的隘口,设立过江渡口,原址仍保留了锁船石及渡口名称石牌。

当地特产有豆腐、盐果子等。

陈家坊村

村情概况 相传古时陈姓族人为躲避战乱迁居到马鞍山附近,遂将定居地命名为陈家坊村。后来陈姓族人逐渐外迁,其他姓氏越来越多,但是陈家坊作为村名保留了下来。

陈家坊村位于新泉乡北部,与新泉乡东安里村、万龙山乡牛宕村、茅店村相邻,距新泉乡政府5千米,辖区面积4.5平方千米。有7个村民小组,187户682人,主要分布在陈家坊、马鞍山、刘家陂三个自然村内。居住人口全部为汉族。主要姓氏有罗、彭、陈、廖、钟、包、曾等。

自然环境与资源 毗邻武功山风景名胜区,地形以山地丘陵为主,平均海拔在300米以上,全年气温较低,是天然的避暑场所。矿泉水资源丰富,富含人体所需各种矿物质,已有两家饮用水企业建厂投产。生态环境良好,地貌景观丰富,适合农业及旅游业发展。

经济概况 耕地面积为1116亩,主要经济作物为水稻、油菜。

陈家坊村

福畴寺

村内有两家饮用水企业(清鑫水厂、阿尔卑斯水厂),两家水厂共解决60名村民就近就业问题。

村内有3家小食品店(增含食品店、增春食品店、志寒食品店),均为村民自营。

2022年陈家坊村集体经济收入为15.8万元,主要为光伏收益和入股分红。

基础设施 村内有3条主干道,沟通村外和主要自然村,1条主干道完成"白改黑"和亮化工程。为方便村内学生上学,定制专线班车接送学生。

通信网络信号覆盖率达100%。约120户使用宽带网络,23户使用有线电视。

用电户122户,供电全覆盖。饮用水水源为山泉水,建成3个水塔,供水稳定,自来水实现户户通。建设水渠3千米,用于灌溉农田和排水。

陈家坊村为"十四五"省定乡村振兴重点帮扶村,进行了陈家坊内道路硬化和亮化工程,对刘家陂和马鞍山自然村道路进行了修缮和拓宽,对马鞍山道路进行了"白改黑"改造。

社会发展 村委会前广场经常组织电影下乡、健身等活动,一年放映6~8次。

村内有1家卫生室,使用面积约140平方米,配备1名村医。

村内60岁以上老年人有132人,都享受城乡居民养老保险待遇。其中8人享受失地社保。低保人数13户17人,特困供养8户9人。村委会增设了居家养老中心,提升老年人生活品质。

村庄内环境干净整洁,村内垃圾箱配置合理,安排专人定期清运垃圾。

特色地情　据《昭萍志略》中记载:福畴寺,旧名牧牛寺,在县东大安乡。明万历四十三年(1615),僧秋月建。清乾隆十六年(1751)重建。如今,禅寺只剩斑驳的门楼。

村内古迹遗址现存有八卦拱桥、古塔、造纸厂遗迹,还有塔碑、九思制造石缸等。"八卦拱桥"是马鞍山入口处的一座石拱桥,桥身附有八卦图。相传这里由于地理条件的原因,春夏之际,阳光经过不同密度的气层,发生明显折射,常把地面景物显现在空中,出现奇异幻景。此景被认为是吉祥之兆。

村里"青石古道"是一条悠长的青石板路,直通芦溪水山村。古时的马鞍山曾是大安乡人前往县城的交通要道,如今这条古驿道默守深山,历史的痕迹被野草掩埋。

特产主要有茶油、艾米果、霉豆腐等。

东安里村

基本情况　民国时期属大安乡第九保,新中国成立初属大安区东安区,1958年划入东风农场,1959大安乡第九保。新中国成立初属大安区东安乡,1958年划入东风农场,1959年撤场分队,名东风大队,属新泉公社。1982年改为东安里大队,1984年称东安里村。2003年前为11个村小组,365户1136人。2003年3月与长沙埂村合并,仍称东安里村。

东安里村位于芦溪县东部,S314省道贯穿其中。离芦溪县城24.5千米,是一个边远山区村。辖区面积12平方千米,四面环山,东面靠近万龙山,南面靠近武功山。西面靠近新泉乡政府,北面靠近芦溪。

全村有4个自然村(东安里、赵家冲、太阳前、陈山口),19个村小组,511户1727人。

全村共有15个姓氏,主要姓氏为罗、陈、易等。

自然环境与资源　四面环山,土地富硒。5条小溪齐聚,1条主河贯穿村中心。有矿泉水资源,日出水量300吨以上。

经济概况　耕地2400亩,种植其他产业520亩,种植蔬菜150亩,种植粮食1680亩,其他50亩。

东安里村

村内有1家企业,名叫优全鞋面厂,解决劳动就业85人。

从2017年到2022年,村集体经济由"0"增长到18万元,具体情况如下:2017年为0元,2018年为1万元,2019年为3万元,2020年为6万元,2021年为10万元,2022年为18万元。

基础设施 主干道是沥青路,属县道。村组公路11条,长计12千米,路面宽度3米,为四级公路,大部分为水泥硬化路,都是集资+投工投劳+上级项目资金建设而成。还有2条未水泥硬化,计1千米路面。

有邮政代办点1个,网络覆盖全村,安装宽带380户。

供电用户460户,年用电量每户在1500千瓦时左右。

建设水渠12千米,水坝15座。有自来水池12处,安装自来水管网15千米。新农村建设点2个,受益农户120户。

社会发展 东安里小学创办于1968年,占地面积1600平方米,现有老师7人,学生62人。

有文体广场4个,分别分布在4个自然村,即东安里、赵家冲、太阳前、陈山口。

有1所村卫生室,配有乡村医师1名。

全村有56人购买了养老保险,90%以上的成年人购买了农村社保。低保人员100人。配备了居家养老服务室、老年活动中心。

特色地情 村里有一座古石桥,位于进入东安里村的总水口,传说锁住了全村的所有财富不会外流,因此老一辈叫它聚宝桥。村内还有文化祠堂、杨光文化馆。

村里有一所网红民宿"民国小院",有"虎杖"药材种植基地和富硒大米基地。长沙埂至芦溪有乡村徒步路线。

河坑村

村情概况　河坑,原名河坑口。据欧阳氏族谱记载,袁河源头支流杨家湾、桥岭两条溪流在境内上游汇聚,河道呈S形。萍乡县通往吉安府最近的商道刚好在溪流汇聚处经过,古时此处建有商铺饭店方便过往商客歇脚用餐,一度比较繁荣,故名为河坑口。清道光六年(1826)发洪水,将S形的河道冲成一条笔直的大坑,后来商铺、饭店慢慢地没落,人们寓意被洪水冲走了财气,就将河坑口的"口"字去掉,将其更名为河坑。民国时期河坑隶属大安里三保二图,新中国成立初期属大安区杨家湾乡管辖,设河坑农会,1956年属新泉乡塘下农场;1958年属新泉公社河坑大队,1968年至与塘下、苏家坊合并为新泉公社民主大队,1972年属新泉公社河坑大队,1984年改制为河坑村。

河坑村位于新泉乡东南部。东连杨家湾村,西与张佳坊裕丰村交界,南邻桥岭村,北毗移民村,地势由南向北倾斜,处于群山环绕的长形地带。105县道穿村而过,袁河源头桥岭、杨家湾河汇聚在境内流过。境内有江背、上坪、黄土岸下、中园里、蛇前、蛇背等自然村。辖6个村民小组,195户693人。面积2.5平方千米,其中耕地面积1046亩,林地面积2560亩。

主要姓氏为刘姓和欧阳姓。

自然环境与资源　境内东有河四兰山峰,南有袁水环抱的园山山峰,西有境内最高山峰中埭山峰,为东南西山峰环抱。村内生态环境良好,植被茂盛。

河坑村

河坑村福主龙王庙

经济概况　有耕地面积1046亩，全村粮食种植收入约160万元。2018年河坑村引进江西省康亦园农业有限公司，主要以种植武功稻香富硒富锌稻谷为主，流转村民土地400余亩，带动劳动力就业100余人次，生产的"武功稻香"大米，获得绿色食品A级、有机转换、富硒产品等认证证书。

村内有3家小食品店。另有农家乐1处，经营者为本村村民，解决了3名村民就业，带动销售本地土鸡、土鸭、腊肉、霉豆腐、盐姜等农产品。

村级集体经济年收入由弱变强，异地置业项目购买的新泉乡集镇7个门面，年租金收入3.5万元，光伏发电项目年收入约8万元，入股合作社分红收入约6万元。

基础设施　主干道为105县道。部分村组路进行了"白改黑"，其他村组道路都已硬化。

村民98%都安装了宽带。供电用户195户，供电供水全覆盖。

建设灌溉水渠长约5千米，拦河坝4座，河堤建设长约2.2千米，自来水管网铺设约13千米。

社会发展　有文体广场2处，分别是蛇前广场、黄土岸下广场，广场安装建设了百姓大舞台、健身娱乐器材、篮球场、文化墙等。

村内设有村卫生室，坐诊乡村医生1名。

全村有316人购买了农村基本养老保险，参保率76%。有低保人员26户46人。2021年成立了居家养老服务中心，面积近100平方米，内设活动室、食堂、阅览室、棋牌活动室等。

新建房屋统一规划，美观敞亮。实行道路、广场、庭院绿化。村内绿化面积约8000平方米，森林覆盖率达72.3%。

特色地情　欧阳晖,男,1967年2月出生,中共党员,新泉乡河坑村村民。2008年因挺身救工友导致下肢瘫痪,回乡后为了帮助贫弱乡亲,摇着轮椅建立"爱心小屋",发起成立爱心基金协会,创办"欧阳晖好人驿站",乡亲们尊称他为"轮椅哥"。2018年被评为"中国好人",2019年获江西省脱贫攻坚奋进奖,2020年获评全国残疾人脱贫先进典型。

河坑村豆腐有着深厚的底蕴。"豆腐大王"刘清华在2017年新泉乡首届传统工艺豆腐比赛中获一等奖。刘家的豆腐作坊是新泉豆腐的传承老店,历经几十代并不断地创新改良,传承至今。

村内有一座福主龙王庙。传说武功山脉九龙山有九条龙盘踞,有次山洪大暴发,一条龙顺着山洪而下,安居在杨家湾木沙陂龙王潭,当地村民为求龙王保佑,在龙王潭旁边建造了一座小龙王庙。随着河坑境内住户增多,龙王庙经过几次搬迁,于乾隆二十年(1755)搬至蛇前,更名为福主龙王庙。后又经过多次翻修,2003年将福主龙王庙改建至现址。

埆下村

村情概况　民国时期属萍乡县大安乡。新中国成立后,1950年属萍乡县大安区新泉乡,1956年属芦溪区新泉乡,1958年为新泉公社埆下大队,1968年新泉公社前进大队,1984年改制为新泉乡埆下村。全村经济以农业为主,有少部分林果业。

埆下村位于新泉乡东南部,三面环山一面临水,紧邻新泉乡政府驻地,与芦新武旅游公路一河之隔。2003年与山湾村合并为新泉乡埆下村,面积约5.5平方千米,有耕地面积1629.92亩,林地面积4659.43亩。

埆下村有农户402户,人口1520人。境内有车斗下、园背、埆下、桥头、王家陂、上屋场、破下、山湾、下山湾、凤形里、江上等自然村。辖11个村民小组。

全村有吴、彭、苏、李、郁、谭等59个姓氏。居住人口基本为汉族,有侗族1人。

自然环境与资源　境内地势为四周高中间低,南北长东西短的长形盆地,生态环境良好。

经济概况　耕地面积1629.92亩,以种植稻谷为主,特色种植(草莓基地、马家柚等)共计340多亩,解决10人就业问题。

境内企业仅有企业呈祥竹业有限公司,有4家小商品店,解决5人就业问题。

坡下村

2022年坡下村集体经济收入为15万元。

基础设施 村内有3条主干道,沟通村外和主要自然村,1条主干道完成"白改黑"和亮化工程改造。

宽带网络接入了218户。村内用电户402户,供电全覆盖。共6处供水源,自来水管道约4.87万米,自来水实现户户通。水渠建设约1.36万米。

2019年完成"居家养老服务中心"修建工程、芦溪县红十字会"红十字博爱卫生站"项目。2020年完成坡下村下斗渠道、河堤水毁修复工程、坡下村新农村建设扩建项目。2021年完善了村委会到车斗下道路拓宽和水沟新建,完善了州上农田、州上水渠、上屋场水渠修复。2022年完善了州上水渠新建和上屋场至坡下中桥道路"白改黑"项目,改造村委会围栏、上屋场篮球场等。

社会发展 有1所隶属新泉中心幼儿园公办的坡下村幼儿园,占地面积1100平方米,建筑面积390平方米。有3~6岁幼儿16人。有专任教师2名,保育老师1名。

村委会前广场经常组织电影下乡、坡下村龙灯队、老年人广场舞、健身等活动。建设了5个健身活动场所。

村内有1个药房,1个诊所,医生1人。

村内60岁以上老年人都享受城乡居民养老保险待遇。低保人数75人,特困供养户17人,低保金、特困补贴金每月按时发放到位。村委会设有居家养老服务中心。

特色地情 村内古迹遗址有山湾古树林、山湾古寺(有碑文记载)、山湾江上崇实学堂旧址、山湾栖凤岭、师鼓冲古战场、上山塘红军小道(有军资掩埋)、漆家坡碉堡遗址、虎形山瞭望亭、丹江桥、傩神庙、水仙公古刹(有石碑记载)、苏维埃政府驻地、红军军械库、红军工农饭店、暗冲400米红军战壕等。

自古以来有老冬酒、谷酒、糊酒、红薯酒的酿酒制作,尤其是红薯酒远近闻名,地道的红薯、土药子制作,酒纯正、美味,民间流传"埌下的番薯酒,醉翻个兜子样"。

乔岭村

村情概况　明正统元年(1436),谭氏族人由湖南攸县桥岭迁徙而来,为了铭记祖先,故取名桥岭,后简化为乔岭。

乔岭村是芦溪县新泉乡西南边的一个山区村,地处狭长山谷之中,与安福县交界,距县城30千米,离乡政府驻地8千米,离大广山组7.5千米,离西江口组9.5千米,于2003年由大广山、西江口、乔岭原3个行政村合并的。全村面积18.6平方千米。全村10个村民小组,共有392户1364人。居住人口全部为汉族。主要姓氏有谭、罗、刘、朱、彭、贺等。

自然环境与资源　乔岭村毗邻武功山风景名胜区,村内地形多以山地丘陵为主,其中西江口自然村、大广山自然村海拔在700米以上,全年气温较低,是天然的避暑场

乔岭村

乔岭村九栋十八厅

所。村内富硒、富锌饮用水资源丰富,有2家饮用水企业。村内生态环境良好。境内有西江口水库,又名梦泉湖,适合垂钓、避暑、休闲。

经济概况 耕地面积为2051亩,其中水稻面积993.22亩,旱地面积140亩。有林地面积15027亩,其中油茶林400亩,松杉林500亩,毛竹6000余亩,主要经济作物为水稻、油菜。

境内有两家饮用水企业(大安山泉、伊戈尔矿泉水有限公司),解决了当地村民38人就业问题。

村内有5家小食品店(吴铭润食品店、李良文食品店、易松荣食品店、罗丽春食品店、谭红梅食品店),解决了5人就业问题。

村集体经济每年主要有大安山泉水厂服务费3万元,水库租赁费1万元,公益林补助1万元。2023年新增光伏电站收入约4万元,老供销社租赁费1.68万元,学校宿舍租赁费1.3万元。

基础设施 村内有1条主干道,长2.51千米,通村外和主要自然村,完成"白改黑"和亮化工程改造。今年已完成乔岭至大广山,西江口村组路面硬化5.6千米。定制专线班车接送学生。

宽带网络全覆盖。供电用户191户,供电全覆盖。自来水实现户户通,自来水网管铺设3.8千米。

社会发展 村内有1个幼儿园,占地面积200平方米,幼师3人,学生11人。

村委会前广场、同形里广场经常组织电影下乡、健身等活动。一组新农村点、二组广场、石冲新农村点均配有娱乐设施,健身器材。

村内有2家卫生室,诊室医疗设备齐全。

村内60岁以上老年人278人都享受城乡居民养老保险待遇。低保人数91人,特困供养户10人,低保金、特困补贴金每月按时发放到位。村委会设有居家养老服务中心。

村庄沿主干道多处绿化带,种有杨梅树、砂糖橘树、板栗树等,村内环境干净整洁。

特色地情　现存古民居九栋十八厅,建于清乾隆年间,当地有谭氏捡银子建房的传说。据说有一年,谭世璋在家里后院挖出九坛银子,当地的大地主知道后,前来认领。当地主揭开坛盖,发现坛中装满了清水,而谭世璋看到的却是白花花的银子,每块银上都刻有"谭甫煌"三字。谭世璋于是用九坛银子建起了九栋十八厅。

村内古迹有乔岭阁下石拱桥,始建于清朝时期,已有一百余年历史。

特产主要有茶油、艾米果、霉豆腐等。

新店社区

新泉街原名新店里。为便于新泉集镇管理,2018年12月在新泉街道设立居民委员会。

新店社区位于芦溪县南部,距离县城20千米,距离武功山游客中心5千米,辖区范围是新泉乡人民政府所在地的街道,由主街道3条(迎宾路、大安路、府前路)、1条老街和富贵城组成,面积约0.8平方千米。共有居民小组4个,常住人口1372人,居民住户420户。辖区共有20多个姓氏,人口较多的姓氏有罗、陈、刘姓。

新店社区

新店特色老街

境内地势平坦,袁河自东南向西北横穿而过。

辖区内个体工商户大多从事门店经营。公历每月逢五日,周边县乡山区的农民,将各自的农林土特产品来此交易。居民人均可支配收入3.2万元。辖区内较大的商贸超市有中润联华、老地方和佳惠超市。

省道S311和S314穿境而过,主干道长1.5千米。辖区内的居民98%安装了宽带,安装户数450户。

新泉街道全长1.5千米,经过历次提升改造,街道干净整洁,人居环境有较大改善。

辖区内有乡政府、农商银行、富民银行、学校、卫生院、防保站、供电所、邮政、电信、移动、烟草公司、自来水公司、市监分局等单位,是全乡政治、经济、文化中心,也是大安地区的经济贸易集散中心。

街道有豆腐商家7家,被誉为"豆腐小镇",传统工艺生产的石磨豆腐洁白如玉,软滑细嫩,远近闻名。

颜家坊村

村情概况 1958年属新泉公社火箭一农场,1959年撤场,称颜家坊大队,1963年析出塘上、坎坑两个大队,1966年又合并为新路大队,1984年改称颜家坊村。

颜家坊村位于新泉乡东面,与武功山景区相连,东接长冲村,南与石溪村、埞下村隔河相望,西邻新泉村,北和东安里村、牛宕村毗邻。面积13平方千米,其中耕地面积

2318.83亩,林地面积9250亩。共有13个村民小组,356户1256人。居住人口中以汉族为主,有少数苗族、壮族、布依族。

全村有20多个姓氏,人口较多的有颜、罗、刘、彭、李、陈姓。

自然环境与资源 全村分属山地和袁河河谷平川地貌,森林覆盖率达60%。水源丰足,有坎坑、湄毛泗、张公湾等几条山溪,汇入袁河上游。

村内有铁矿石、锰矿石等矿产资源。

经济概况 农业主要作物为水稻,种植面积约655亩。特色种植有八月瓜、百香果、马家柚、葡萄等瓜果,共计700多亩。

2022年村集体经济年收入2.5万元,主要收入来源为综合大楼对外租赁,入股龙王潭水电站分红。

基础设施 20世纪80—90年代,由各自然村组自筹资金组织劳动力,靠手挖肩挑,开辟了颜家坊—坎坑,坎坑—上棚,塘上—眉毛泗,獭形里—张公湾,獭形里—花园—石溪,以及各自然村内的泥沙公路。从2006年起,逐步完成了村组公路和农户入户道路的水泥硬化建设。投资修建了花苑大桥、獭形里中伏大桥,改修了花桥上马坳里、芭蕉湾等小桥。

通过以上举措,加上芦新武旅游公路穿村而过,极大地改善了颜家坊村的交通条件,为对接武功山旅游大开发,发展民俗旅游打好了基础。

修建了坳下拦河坝、塘上拦河坝、獭形里水闸,修建了各处的水泥灌溉渠道共计25000余米,改善了水利灌溉条件。

颜家坊村

颜回文化长廊

对全村2处进行新农村点改造。河壁新农村建设,66户288人受益;杨家冲新农村建设,20户106人受益。

社会发展　境内有幼儿园1所,即颜家坊村幼儿园,创办于2011年,占地面积1100平方米,现有师资3名、学生8名。

村内文体广场投入50余万元设置篮球场。

村内设有1个卫生所,配有1名医生。

全村共有258人享受居民养老保险;102人享受社保,其中56人为失地农民保险;低保人员77人;村内有幸福食堂。

人居环境卫生整洁干净,拆除老屋15栋,严格落实门前三包。

特色地情　土地革命战争时期,颜家坊村属苏区。有罗日联、颜信生、罗德全、刘贞祥、易冬炘、彭全古、罗仲梅、彭下苟、彭祥古、刘甫庆、彭宝宋、颜梅和、颜兆丙、颜秋生、颜丕成、颜圣文、颜正生、彭桂生、颜红、高水生等20多位革命烈士。

罗日联(1907—1933),1925年考入北京大学,1929年加入中国共产党,同年回到萍乡,以教员身份为掩护,秘密进行发展组织、筹建红色政权、策动农民暴动等活动。1930年组织了大安里的"春荒暴动"。1930年10月任中共萍乡县委委员、常务委员兼县委秘书长。1931年11月,他作为中共萍乡县委机关的代表出席中共湘赣省第一次代表大会,不久被任命为省委秘书长。1933年因王明"左"倾路线错误被错杀。新中国成立后,被追认为革命烈士。

坎坑有百年老屋,20世纪30年代曾用作红军的盐仓,2020年9月被评为芦溪县历史建筑——新泉乡坎坑古民居。

杨家湾村

村情概况 民国时期属萍乡县桥岭乡。1950年属萍乡县芦溪区桥岭乡。1958年为新泉公社红星大队。1971年为新泉公社羊角湾大队。1984年改制为羊角湾村。2012年改为杨家湾村。

杨家湾村地处芦溪县新泉乡南部，全村总面积约28平方千米，东与麻田塄头村交界，南与安福县交界，西与桥岭村交界，北与河坑村交界。

有8个村民小组（龙形组、荆坪组、黄竹塘组、杨家湾组、岩下组、狮子岩组、磨形组、十八湾组），共182户648人。居住人口中以汉族为主，有苗族1人。

主要姓氏有徐、周、刘、王姓等。

自然环境与资源 杨家湾村四面环山，峡谷纵横，森林面积18000余亩，森林覆盖率93.9%，海拔最高点十八湾有900余米。境内有千年红豆杉群，其中磨形里千年红豆杉树林负氧离子高达108000个/立方厘米，是天然氧吧。2019年12月被国家林业和草原局评为"国家森林乡村"。

境内有下拢水库，水域面积约12亩，灌溉水田60余亩。

有钨矿石、石灰石等矿产资源。森林面积覆盖面广，野生动物偏多，常见的有野猪、野鸡、野兔、竹鼠等，稀有的有猕猴、水鹿、穿山甲、獐、果子狸、麂子、獾等。

经济概况 农业主要作物为水稻，实际种植面积723余亩。

羊角湾森林驿站

杨家湾村红军桥

有水力发电站3处,解决10余人就业问题。

村内常住人口偏少,居住又稀散,只在人口居住比较集中的杨家湾四组设有南杂货小型商店1处。

2023年村级集体经济收入18万元。

基础设施 经过村境内的S105省道为主要干道,境内长14千米。主要村组路为河坑村至杨家湾村四组,长5千米,宽4.5米;杨家湾村委会至十八湾组两丘田境内,长9千米,宽6米;均为水泥硬化路面。新修X105县道旅游线连接安福。

宽带安装户数162户,网络宽带基本实现全覆盖。

全村供电用户182户,年用电量大概24.6万千瓦时。全村8个村民小组,新建了9个供水点解决居民基本生活饮用水问题。

村里农田灌溉建设有龙形水渠、荆坪水渠、杨家湾抗旱拦河坝、磨形水渠、十八湾新农村建设排水渠等;河道建设为杨家湾四组至黄竹塘组护岸工程。安全饮水是乡村振兴、人居环境整治的一项重要民生工程,8个村民小组的饮水安全管道、储水池、过滤池以及附属配套工程全覆盖。

自2017年至2023年期间对全村6处进行了新农村建设。比如:荆坪组新农村建设,25户101人受益;黄竹塘组新农村建设,19户63人受益;杨家湾组新农村建设,37户147人受益;狮子岩组新农村建设,28户90人受益;磨形组新农村建设,14户36人受益;十八湾组新农村建设,20户78人受益。

社会发展 村内体育健身广场投入20余万元设置了篮球场。

村内设有1个卫生所,在黄竹塘组新农村建设点。

全村共有114人享受居民养老保险,11人享受社保。26户76人已实现全部脱贫,低保人员57人。村内有居家养老服务中心。

特色地情 杨家湾是一个萍乡与安福交界的山村,土地革命战争时期为苏区,见证了20世纪20—30年代湘赣边区红色革命斗争的十年光辉历程,涌现出了一批英勇的革命人物,发生了很多可歌可泣的革命故事。革命烈士中有坚守武功山的县委书记周道益烈士,忠贞不屈的共产党员钟林烈士。有4处红色战斗遗址:红军洞,展现周道益、钟林等带领萍乡县委和游击队驻扎红军洞指挥战斗的红色故事。红军战壕,展示中共湘赣临时省委书记谭余保带领游击队打击白军碉堡的红色故事。一条红军小道,长度约8千米。红军桥,彭德怀带部队走过的石拱桥。还有一座烈士墓,即钟林烈士墓。位于狮子岩下峡谷河流边上。一座周氏烈士故居,为岩下组的一所老房子。

村内祠庙2座。福主祠,位于杨家湾村狮子岩组,占地面积150平方米,建筑面积100平方米,于2021年重新修缮。福庆祠,位于杨家湾四组,占地面积220平方米,建筑面积120平方米,2017年重新修缮。

土特产有冬笋、干笋、土鸡蛋、霉豆腐、烟熏腊肉、火腿、糯米酒、茶油、甜茶、藤茶等。

移民村

村情概况 移民村是20世纪70年代末80年代初由本乡西江口村大广山和上埠镇的九州村因修建水库移民而组建的行政村。2003年9月与塘下和苏家坊合并。全村面积4.5平方千米,耕地面积有1328亩,林地面积有4875亩。共14个村民小组,全村有280户1016人。居住人口以汉族为主。主要姓氏有欧阳、苏姓,其他还有贺、刘、

移民村

移民村苏家坊·梅林诗苑

张、黄、冯姓等。全村由3个自然村组成。山湾街自然村（原来的移民村）是西江口水库和山口岩水库移民而搬迁过来的。主要姓氏有贺姓、欧阳姓、张姓等。

自然环境与资源 移民村是一个三面环山，依河而成的村落，森林覆盖率达82.5%。有丰富的矿泉水资源，"月池"矿泉水给水点在移民村苏家坊自然村。

经济概况 移民村有养牛存栏80头，生猪存栏35头，有桃子、杨梅、李子等果园面积300余亩，林地面积4785亩，主要是毛竹、杉树、油茶。

2022年村集体经济年收入11.5万元，主要来源于光伏发电、农发公司分红管理费、地方公益林等。

基础设施 通往十八湾森林公园的省道公路是村主干道。全村3个自然村、14个村小组全部完成水泥路面改造约12.5千米，完成白加黑沥青路面改造6.2千米。

境内99%的村民家庭安装了宽带网络。供电、供水全覆盖，有供水水塔8座，有85户家庭安装了省自来水公司水源。

修建了河堤3200米，修建排水沟5400余米，确保村民农田水利灌溉。

3个自然村进行了新农村改造，其中山湾界自然村，改善村民38户、170人的环境卫生和改水改厕，苏家坊自然村打造了全县新农村观摩点，获评萍乡市委、市政府"美丽村庄"，全村水、电、路基础设施基本完成。

社会发展 2013年建设村小学办公楼1栋，面积2.2亩，有幼儿班1个，学生21人，小学1—2年级两个班，学生52人，有教师4人。

建设了5个体育文化活动场所,配齐了体育器材和健身器材。

设有1个卫生所和门诊室,配有1名村医。

全村有58%的人购买了养老保险和失地农民保险。低保人数29户、38人享受保障金额28910元/月,2022年投资40万元建立了居家养老服务中心和老人老年人活动室。

人居环境优美,近几年拆除老屋危旧房57栋,公路两旁栽种桂花树、红叶石楠1200棵,公园内栽种各种名贵树木450余棵,铺设草皮2100平方米,投资30万元建设了污水处理池,全村改水改厕率99%。

特色地情 苏家坊自然村打造了"梅林诗苑"、文化广场、最美庭院等设施。以"东坡遗风"为核心进行设计,按"白墙灰瓦"的风格对房相进行改造。村落倚河而成,村中有古樟树,四周是独具江南特色的传统民居。

村内有福主庙、观音堂2处庙宇,建设时间大约在20世纪70年代末。村口有一棵500多年的古樟树。村内有月池矿泉水厂,还有民宿2家。有果园250余亩,主要种植杨梅、桃子。

张佳坊乡

张佳坊乡位于萍乡市芦溪县南部,东与新泉乡毗邻,南与莲花县高洲乡接壤,西靠南坑镇,西北连上埠镇,距县政府驻地20千米、市中心34千米,紧邻国家AAAAA级旅游景区武功山。全乡面积80平方千米,森林覆盖率84%。

1950年,属萍乡县大安区,境内划分为张家坊乡、敦仁乡、杂溪乡;1952年,属萍乡县大安区,境内划分为张家坊乡、三江口乡、敦仁乡、杂溪乡、瞿田乡;1956年,分属萍乡县芦溪区、安源区,境内划分为芦溪区张家坊乡、安源区杂溪乡;1958年2月,成立张家坊公社;1959年,更名为张佳坊公社;1961年,为萍乡市大安区张佳坊公社;1962年,属大安区,境内划分为张佳坊公社、杂溪公社;1966年2月,杂溪公社并入张佳坊公社;1971年,为萍乡市芦溪区张佳坊公社;1984年改制为张佳坊乡。

张佳坊乡辖10个行政村,即张佳坊村、杨家田村、李家坊村、三江口村、坑口村、报恩台村、裕丰村、朋乐村、瞿田村、杂溪村。乡人民政府驻张佳坊村。截至2021年末,全乡户籍总人数为1.19万人。

自然环境与资源 张佳坊村属罗霄山脉北段,地势南高北低渐次倾斜,南部属武功山脉西段,北部为低山丘陵地带,最高峰玉皇山海拔1234米。

境内水源丰富,是湘赣水系的分水岭,是坪村水库和山口岩水库的主要水源地之一。有国家一级保护植物"千年夫妻红豆杉"、罗汉松等。

境内有高岭土、石灰石、砷、铜等矿产资源。

经济概况 全乡耕地面积总共14502.85亩,其中已确权14347.2亩,园地264亩,林地97387.65亩,草地1107.45亩,城镇村及工矿用地2212.35亩,交通运输用地1609.5亩,水域及水利设施用地1870.05亩,其他土地1720.8亩。全乡有省级龙头企业2家:芦溪县一村食品有限责任公司、萍乡市豫章现代农业发展有限公司。一村食品获得富硒认证并进入中国富硒追溯体系。发展秋雪蜜桃、特色小红薯、中药材、生姜、玉米等产业基地3000余亩,种植紫红米1000余亩、油菜620亩。

全乡共有工业企业16家,其中规上企业6家。2021年,完成工业增加值6799万元,增幅11.1%,规上工业增值税881万元,增幅52.2%,规上工业用电量777万千瓦时,增幅55%,规上服务业营业收入4821万,增幅21.3%。纳税超300万元以上企业3家,其中超600万元以上企业1家。

2021年财政总收入完成3564万元,完成全年目标的110.2%,同比增长6.9%。其中,实有税源1809万元,占比50.8%,总部经济税收1389万元,同比增长15.4%。2021年一般公共预算收入1556.59万元,补助收入1761.22万元,全年结算收入共计3317.81万元,同比增长16.7%。

基础设施 境内有省道2条,S533聂家店至张佳坊牌坊,境内长12.7千米,S311牌坊—张佳坊—南坑,境内长11.7千米。有县道1条,X804张佳坊—莲花高洲,境内长15.7千米。有乡道8条,合计24.607千米。村道144条,合计69.684千米。

境内有山塘4个,李家冲为全乡重点山塘,库容为10万立方米,大冲塘库容为1.02万立方米,沧家冲塘库容为1.11万立方米,五指冲塘库容为0.5万立方米。有水电站7座,分别为湾溪、东岭、楠木冲、浦溪、瞿江口、花子岩、新龙。

投入200余万元,建成乡文体中心。投入40余万元,改造完善了乡退役军人服务站和乡综治中心建设。完善了乡办公场所、便民服务中心、文化站等基础设施建设,建设生态护坡2.7千米、健身步道2.5千米,安装太阳能路灯500余盏,安装景观栏杆1300余米,完成绿化带草皮铺设2000余平方米,完成街道路面"白改黑"工程6000余米。2021年,完成三江口村、裕丰村、杂溪村等6个新农村点建设。持续开展"厕所革命",全乡卫生厕所改厕率达91.5%。大力开展城乡环境整治行动,清理"三房"66栋6853平方米,清理建筑垃圾2000余吨。李家坊村获"江西省森林乡村"荣誉称号。杨佳田村、李家坊村、朋乐村、杂溪村、瞿田村荣获2021年市级"文明村镇"称号。

社会发展 境内有九年一贯制学校1所:张佳坊中心学校,14个班级,学生452人,教师45人。有村小3所:三江口小学,4个班级,学生23人,教师6人;裕丰小学,4个班级,学生39人,教师6人;杂溪小学,4个班级,学生17人,教师4人;共计学生531人,教师61人。

全乡有文化站1个,村级综合文化服务中心10个,都设有专职人员管理,全部免费开放。完成对杂溪红军学校进行修旧如旧恢复原貌,修通虎形里到红军学校石板路,列入省级重点文物保护单位。对报恩台刘章恩烈士故居进行装修布展,打造成红色教育基地和文化服务中心。投入200余万元建成乡文体中心。

有1所卫生院,1所卫生防疫保健站,8所村级医疗所。乡卫生院现有职工29人,专业技术人员28人,其中中级职称4人。卫生院设有住院综合科、中医科、医技科、公卫科等科室,编制床位数25张,全年实际开放病床40多张,拥有DR放射系统、彩超、全自动生化分析仪、全自动血液分析仪、电解质分析仪、心电监护仪等诊疗设备。

卫生防疫保健站有工作人员3名,配有1台电脑,实现了疫情报送信息化。

2021年末,全乡有农村低保对象有425户563人,人均补助标准402.38元/月,城市低保20户21人,人均补助标准530.71元/月。五保对象121人、集中供养对象38人、分散供养对象83人、失能人员31人,人均补助标准为自理80元/月、半失能350元/月、失能1380元/月。优抚对象70人、优待人员18人。

乡集镇污水处理站正常运行,各项主要指标均符合标准。投入300余万元,完成坑口村污水管网铺设。完成瞿田村、杂溪村、报恩台村农村生活污水收集处理设施建设,完善张佳坊村污水管网及杨佳田村污水处理终端升级改造。

特色地情 有省级文物保护单位龙上红军学校(王家大屋),位于杂溪村龙上。

境内有玉皇山,自汉晋起,被道佛两家择为修身养性之洞天福地。据载,玉皇山庵堂群始建于唐代,盛于明清,散落于玉皇山周边的社、庵、观、宫达100余处。其中玉皇山上,顶有顶庵,中有怀音堂庵,下有脚庵(莲花庵),经年香火不断,钟磬常鸣,蚊虫不生。

历来玉皇山门有联,上联:崇山峻岭,胡而天也胡而帝;下联:奇峰高耸,有是地自有是神;横匾:古今名山。此联暗寓张百忍升天故事。玉皇古宫正殿有联,上联:位冠天地人,尊而无上;下联:教宗儒释道,主宰一元;横匾:皇矣上帝。此联既体现了玉皇古宫在道家的尊崇地位,也体现了玉皇古宫的宗教包容性。2014年底重建玉皇古宫,于2016年完工。玉皇古宫(灵霄宝殿)大殿为重檐庑殿,仿唐式建筑,面阔九间。建筑面积约800平方米,建筑高度15.9米,大殿室内高度12.4米。

三年游击战争时期,玉皇山曾是湘赣边游击队活动区域。1937年,陈毅曾来到玉皇山寻找湘赣临时省委和红军游击队。

特产有一村米露、武功紫红米、腐乳紫玉红酒等。

杂溪村

村情概况 杂溪村由原杂溪村、龙上村、湾田村三村合并而成,面积32平方千米。位于张佳坊乡最南端,东与吉安市安福县交界,南与莲花县为邻,森林覆盖率93%,2020年入选为首批国家森林乡村。全村有17个村民小组,517户1734人。居住人口中以汉族为主,有3人为少数民族。主要姓氏为王、何、曾、刘、聂、严、朱、黄姓。

自然环境与资源 属高山地区,最高山峰为玉皇山,海拔1234米,群山环绕,村组大部分依山落居。村内由3条河流组成的支流流往南坑河。有鱼塘60亩,分布在沙河、上杂、上龙、东江等组。

村级境内山上有野猪、蛇、老鹰、石蛙等,农户养殖的有草猪、黑山羊、黄牛,植物资源有红豆杉、松树、杉树、樟树、桂花树等,其他自然资源有集红色、绿色、古色为一体的旅游景点(玉皇山、红军学校、刘家祠、夫妻红豆杉、龙潭泉、沙河药材基地、红军战壕旧址等)。

经济概况 农业主要种植水稻、小红薯、玉米、油菜等,耕地面积约1800亩。村内有中药材种植基地,种植面积达500余亩,带动就业劳动力20余人。

2022年村级集体经济收入约22.5万元。4个千亩产业:村集体流转土地92亩,种植秋雪蜜桃,村级年收入约6万元。入股富硒产业:2021年入股农发公司115万元,2022年入股农发公司70万元,按照0.5%分红,年收入9.25万元。入股萍乡市玉皇山

杂溪村

云鼎旅游服务有限公司发展民宿30万元,每年享受股金5%的保底分红,年收入1.5万元。15万元用于购买闲置沙河老造纸厂,对纸厂进行维修改造,形成村级固定资产,租赁给枫林谷生态农林发展有限公司,年收入7500元。

2018年安装1个100千瓦光伏电站,2023年新建1个150千瓦光伏电站。

基础设施　2022年完善X804县道沥青路,杂溪至龙上道路拓宽维修,2023年圳岸下组至湾田组道路拓宽维修,全村主干道沥青道路全覆盖。村级客运每天2趟,方便村民出行。

邮政代办点设在杂溪超市店。宽带安装数175户。供电全部入户。

杂溪村梯田

全村有19条水渠,40千米水渠保障良田灌溉。有水坝1个,修建防洪河道建设1千米。

2020年实施湾田组新农村建设,农户受益45户122人;2021年实施沙河组新农村建设,农户受益46户143人。

社会发展　辖区内有杂溪红军小学,建于1962年,占地面积18790平方米,现有师资4人,学生17人。2022年杂溪小学成功申报芦溪县教育系统"代代红工程"示范基地校,改名为杂溪红军小学。杂溪幼儿园有教师2人,幼儿13人。

学校内有篮球场、乒乓球桌。各村组均设立健身场所。

有1个居家养老服务中心。有2个村诊所,配备村医2名。

杂溪村共有60岁以上人口385人,其中75人参加城乡居民基本养老保险。征地人员均购买了失地农民保险。全村低保享受人口69户102人,按时发放低保金。村内有森林护林员8人,定期巡山和防火。村内安排了公益性岗位20个,对村级路段进行清理卫生。

特色地情　红军学校（又名王家大屋），省级文物保护单位，位于杂溪龙上，始建于1886年，于1892年建成，坐西朝东，砖瓦结构，面阔45米，进深29米，二进三开间三天井，上下两层，共计房间25处，建筑面积1700余平方米。1927年9月，毛泽东率领秋收起义部队途经杂溪村，在王家大屋驻扎休整。1930年，萍乡县苏维埃政府军事部曾在王家大屋开办了红军学习班。学员主要是来源于芦溪、莲花、安福一带加入红军的贫苦农民，为当时的前线培养输送了大批的革命战士。大屋外墙右侧写有标语"白军弟兄是工农出身，不要替军阀打工农""欢迎白军弟兄打土豪分田地"等字迹仍然清晰可见。

当地村民自建创立了杂溪乡土文化艺术团、玉皇山民间艺术团，以茶灯、龙灯、军鼓、腰鼓、广场舞等为特色，传承文化艺术。

瞿田村

村情概况　瞿田村因为瞿姓产业而得名。瞿田村东邻裕丰村、南邻新泉乡桥岭村、西邻南坑坪村、北邻张佳坊村。总面积10平方千米。有8个村民小组（野鸡岭组、竹山下组、肖家坪组、大夫弟组、杉木岭组、楠木冲组、江下组、长岭组），205户735人。主要姓氏为张姓、朱姓。

自然环境与资源　村庄属于高山地区，最高山峰山尖峰，海拔514米。村组大部分依山而居。村庄属于水源保护地，水资源丰富，村内由3条分流组成的支流流往南坑河。

经济概况　耕地面积1051亩，主要种植水稻、蔬菜，种植面积260余亩。

2022年村级集体经济收入约15万元。4个千亩产业，村集体流转土地130亩，种植秋雪蜜桃，村级年收入约1万元。入股富硒产业：2021年入股农发公司25万元，按照5%分红，年收入1.25万元。光伏发电收益6万元左右；玉皇谷开发旅游公司分红1万元，老教学楼学校租用费8500元等。

基础设施　水渠修复2.3千米，河道清理1千米。

村主干道宽4.5米，有760米水泥路面硬化，通楠木冲组宽4.5米，有470米水泥路面硬化，野鸡岭组窄路面拓宽1千米长，其余户户通3米不等宽水泥路。

村内有篮球场、乒乓球桌。建有居家养老中心，设有健身场所。

社会发展　全村购买养老保险有277人，享受社保有161人；低保人员20户27

瞿田村

人,特困3户3人;村内有幸福食堂。

村内有森林护林员3人,定期巡山和防火,安排公益性岗位12个,对村级路段进行清理卫生,人居环境整治情况基本达标。

特色地情 瞿田村新农村示范点通过党建引领为主、村民参与共享、文旅生态双结合等方式,聚焦产业发展,带动人居环境美景催生"美丽经济"。以玉皇谷旅游开发为契机,推进"乡村+旅游+文化+生态"四位一体战略布局,引进风景独好有限公司,在保护生态环境的前提下,打造了竹筏游、环谷徒步、野营烧烤、森林木屋、亲子采摘等新型文旅亲子游基地,带动周边20名农户在家门口实现就业。同时,该地山水资源被纳入全市文旅优质资源库中。

裕丰村

村情概况 裕丰村由愚公生产队、月岭生产队等生产队合并而成。面积10.5平方千米。东接新泉乡乔岭村,南至张佳坊乡瞿田村,西至张佳坊村,北至朋乐村。有20个村民小组,431户1731人。居住人口中以汉族为主,还有土家族、布依族各1人。主要姓氏有彭、刘、欧阳、朱、张、陈姓等。

自然环境与资源 裕丰村森林面积覆盖率80%,大部分村组依山而居。村庄属于水源保护地,村内5条袁河分支汇流至朋乐村流入山口岩水库。

裕丰村

其他自然资源,境内有唐尼庵400多年的罗汉松等古树。

经济概况 主要农业有种殖、养殖。耕地面积约1048.21亩,主要种植水稻,年产量约250吨。养殖猪、黑山羊、蛋鸡、黄牛等。

2022年村级集体经济收入约15万元。有2个千亩产业:村集体流转土地500亩,种植秋雪蜜桃,村级年收入约3万元。入股富硒产业,2021年入股农发公司20万元,按照5%分红,年收入1万元。每年享受持股金5%的保底分红,年收入1万元。

基础设施 村内公路均水泥路面硬化。其中主干道4.5米宽,4千米长;通乔岭公路3.5米宽,2千米长;其余户户通3米不等宽。

全村宽带安装户数210户。供电用户数量431户,年用电情况正常。

全村水渠30条、5千米,水坝5个,修建防洪河道800米。在坳头建有水厂,占地面积2亩,日产量2000吨,水池储存量400吨,铺设管道8千米。建有2个污水处理池。

2017年马坳新农村点建设36户受益。2019年愚公新农村点建设38户受益。2021年阳家片新农村点建设48户受益。2023年月岭刘家片新农村点建设46户受益。

社会发展 裕丰小学占地800平方米,有老师6人,学生76人。现已拆除,待重建。

村内有卫生所,配备村医1名。

全村共有60岁以上人口312人,购买养老保险881人,低保享受人口58户86人,按时发放低保金。

村内有森林护林员6人,定期巡山和防火。安排公益性岗位18个,对村级路段进行清理卫生。

朋乐村

村情概况 朋乐村的村名是1958年由3个农业合作社合并时所定。民国时期属大安乡五保二图,新中国成立初期为敦二乡,1958年归张家坊人民公社管辖。1958—1970年,先取名为朋家坊大队,后更名为朋乐大队。1970年至1973年,与裕丰、月岭合并为三红大队。1973年后分拆,又改回朋乐大队。1984年更名为朋乐村。

朋乐村位于张佳坊乡政府东2.6千米,东临新泉乡移民新村,南接裕丰村,西靠张佳坊村,北毗三江口村,辖区面积4.7平方千米,其中林地面积为5300余亩,植被覆盖率73%。耕地面积为1500余亩,其中梯田面积占四分之一。

下设13个自然村民小组,有267户1032人。有3个村民小组居住在高山脚下,10个小组居住在沿河两边呈连带式。主要姓氏有邹、易、郭、罗、杨、颜、张、余、刘、朱、曾等。

自然环境与资源 朋乐属丘陵地形,地势为东高西低,河流南北贯通,最高海拔480米。植被丰富,溪流较多。村内有一座建于20世纪60年代、储水量为1万立方米的防旱山塘,可保障70亩农田抗旱和应急灌溉。林地主要是以杉木林、油茶林和竹林三大自然林为主体。

基础设施 从三江口到裕丰段村辖区2.6千米公路为主干道,路面宽6米,已硬化。完善村内3.5米宽入组公路总计4.5千米的路面改造。2019年将2千米红荷公路

朋乐村

从3.5米宽拓至5米宽,并硬化。通过奖补激励方式,全面完成入户路衔接硬化。

供电线路,由20世纪70年代的电线杆,至1999年第一次农网水泥线杆改造,再至2019年第二次农网提升改造,由原来的2个台区分成4个台区,由原来的供电裸线换成护套线,既保障了户外供电安全,同时也保证了正常用电。通信网络全覆盖。

利用水源充足的先天条件,采取引渡的方法,全村铺设了2万多米管道,合计建立了200多立方米的储水池,确保了全村村民的正常饮水。

自20世纪70年代至90年代,在村内主干河道上共修建5座石拱桥,4座拦河坝,改善交通,保障沿主干公路大片农田的灌溉。2018年以来,维修和改造水毁水坝5处,水渠1000余米,保障农田供水。

自2004年以来,分别在泗家里(2004年)、石陂头(2006年)、台州上(2008年)、朋乐小组(2011年)、乐家冲(2016年)、朋乐大组(2019年)进行新农村建设,通过合理的规划,消除脏、乱现象,并修建了健身场所。新农村建设点共投资335万元,完成6个小组的基础设施建设,受益农户195户757人。自2017年以来,人居环境品质提升工作列入常态化,适当安排公益性岗位,维持新农村建设点的后期管护,保村容村貌整治常态化。

社会发展 朋乐小学始建于20世纪60年代,至20世纪70年代末为兴盛期,当时有100多名学生。之后生源减少,至2017年关闭。

2016年修成村卫生计生服务室,1名有着40余年工作经验的中医坐诊。

三江口村

村情概况 三江口村因位于三河汇集处而得名,面积5.1平方千米。东至新泉市上村,南至朋乐村、张佳坊村、杨佳田村,西至报恩台村,北至坑口村。

有8个村民小组(大坪、新坪、横岭下、石陂、塘弦上、龙家里、大山冲、朱家陂),355户1160人。居住人口中以汉族为主,还有少数布依族、壮族、瑶族、苗族。主要姓氏有罗、郭、陈等。

自然环境与资源 村庄属于山区,群山环绕。属于水源保护地,水资源丰富,小溪河流水域都流向山口岩水库。

全村有19条水渠,总长4万米,保障了农田灌溉。全村有水塘3处,面积都是2至3亩一个。

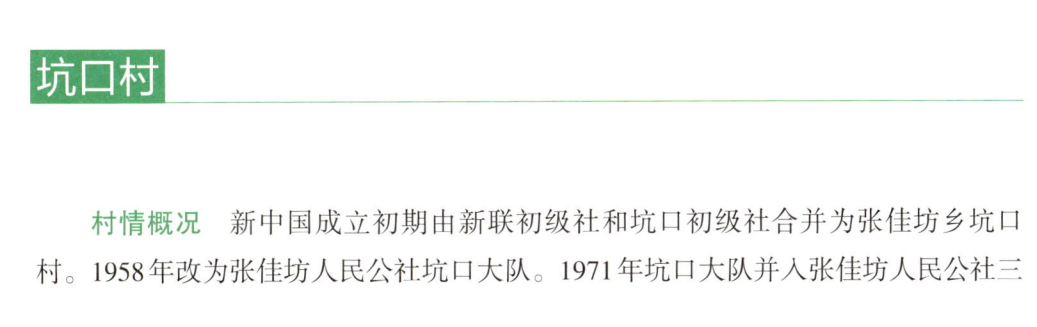

三江口村

经济概况 全村以种植水稻为主,耕地面积1482亩。2021年、2022年村级集体经济收入均在15万元以上。

基础设施 全村主干道沥青道路全覆盖。村级客运每天半小时一趟,方便村民出行,交通方便。宽带全村覆盖。

社会发展 三江口村小学新建于2020年,有教师7名,学生50余名。村级诊所于2017年新建使用,有专业医师1名。全村享受城乡居民养老保险人员209人,享受社保10人,享受失地农民保险3人,低保人员53名。

购置垃圾桶、挂壁式垃圾箱,每户居民2个垃圾桶,村境内20个挂壁式垃圾箱,有8个保洁员负责清扫居民入户路垃圾,有专人负责收居民家中垃圾。有污水处理池1座,铺设污水管1.2千米。不定期地组织党员群众开展环境整治活动。

特色地情 土特产有黑山羊、土鸡、土鸭、腊肉、茶油、板栗、蜂蜜、谷酒、老冬酒、红薯酒。

坑口村

村情概况 新中国成立初期由新联初级社和坑口初级社合并为张佳坊乡坑口村。1958年改为张佳坊人民公社坑口大队。1971年坑口大队并入张佳坊人民公社三

坑口村

忠大队（由坑口、三江口、报恩台组成）。1984年恢复为张佳坊乡坑口村。

坑口村位于张佳坊乡北面，与上埠九州村、新泉市上村、张佳坊三江口村接壤，距张佳坊乡政府5千米，距离市区30千米，距离县城14千米，X161公路穿村而过，交通便利，山清水秀。区域总面积7平方千米，全村耕地面积130余亩，山林面积5000余亩。

有4个村民小组，分别为湾里、庙背、竹山背、江背。共147户576人。居住人口中以汉族为主，还有瑶族、土家族、壮族、白族共7人。主要姓氏有林、陈、刘、朱姓。

自然环境与资源　坑口村地处山口岩水库旁边，山清水秀，空气清新，负氧离子含量高，是天然氧吧、避暑胜地。村境内有大中型水库一座，水域面积3.2平方千米。

经济概况　坑口村有生态公益林4066亩。因修建水库，基本农田几乎全部被淹没，利用闲置土地流转种植油茶等作物。2022年村级集体收入约15万元。

基础设施　经过坑口村的道路有S166县（市）道、S533省道，村组道路全部为水泥硬化路，主干路宽3.5米。

宽带网络全覆盖，供电全覆盖。排水通过污水处理后排放至水库。

社会发展　坑口小学始建于20世纪70年代，共设小学3个年级，至1994年关闭。义务教育学生在张佳坊乡、新泉中心学校就读。

村里有文化广场500平方米，内设篮球场，健身器材，方便群众休闲娱乐。

村内设有卫生室，有专职村医坐诊，医疗有保障。

全村享受失地农民养老保险人员79人，享受社保人员13人，享受低保人员87人。村委会办公楼内设老年活动中心、幸福食堂。

村委会购置垃圾桶、挂壁式垃圾箱，每户居民2个垃圾桶，村境内12个挂壁式垃圾箱,有4名保洁员负责清扫居民入户路垃圾。有污水处理池11座,铺设污水管道5.6千米。

特色地情　土特产有板栗薯、茶油、腊肉。

报恩台村

村情概况　在报恩台村还没有形成此地名之前,在明朝万历年间,最先是兰姓氏族在此拓荒创业,建立家园,后兰姓迁走。刘姓、郭姓、周姓等逐渐迁入。据《萍东刘氏族谱》载,清雍正末年刘姓迁此。据传曾有一少年落难至村中的傩神庵,庵主收为弟子,并资助读书,后少年发迹当县令,书赠"报恩台"匾额亲来庵中致谢,故名。民国时期属大安乡第五保。新中国成立后为报恩台村,1968年冬与三江口大队合并为三忠大队,1973年又分开,仍名报恩台大队。1984年改为报恩台村。全村管辖面积3.2平方千米。

报恩台位于张佳坊乡偏北部,距乡政府驻地约5千米,海拔高度约400米,山林面积4200亩,森林覆盖率95%以上,耕地面积750亩,其中一部分在三江口村境内,传统耕作以种植水稻为主,兼红色旅游文化发展。2020年获省级乡村森林公园称号,同年荣获市级红色名村称号。

有4个村民小组,132户675人(包括城镇户口人员)。居住人口中以汉族为主,有苗族、布依族各1人。主要姓氏有刘、郭、周等。

自然环境与资源　村庄属于山区,森林覆盖率80%,最高山峰属三乡界,海拔400米。村组大部分依山而居。村庄属于水源保护地,水资源丰富,村内有2条小河汇聚为一条河流,弯曲穿村而过至水口上,经三江口村流入坑口河。全村有8条水渠,4.5千米长。

村境内山上有野猪、蛇、老鹰、石蛙等,农户养殖的有草猪、黑山羊、黄牛,植物资源有红豆杉、松树、杉树、樟树、桂花树、油茶树等。

经济概况　耕地面积约700亩,农业种植主要有水稻、红薯。农家自酿酒品质良好。

2022年村级集体经济收入约15万元。有4个千亩产业项目。村集体流转土地377.17亩,种植秋雪蜜桃。

基础设施　2004年修通三江口至报恩台村水泥公路约2.5千米。2018年环村公

报恩台村

路(水口上至榨坪、新水、大元冲组)拓宽维修及白改黑沥青路约1千米,方便村民出行。

宽带安装户数132户。供电全部入户,年用电量平均为190千瓦时。

全村有水渠8条、水坝1个,修建防洪河道500米。

2018年新农村建设:路面拓宽约3千米,打造庭院5个点,房相改造70户,河道修复4千米,修建徒步道一条长4千米。

社会发展 村内有乒乓球桌,建立了居家养老中心,屋场设立了健身场所。

村内设有诊所,乡卫生院医生每周一、周四上午来村坐诊,方便村民就近就诊。

全村脱贫户12户33人;监测户4户12人;低保户22户33人;残疾人11户13人,其中9人享受两项补贴;特困分散供养6户7人,集中供养3户3人;60岁以上老人97人;享受高龄长寿金补贴19人;享受经济困难老年人两项补贴17人。

人居环境整治常态化管理,村内有森林护林员2人,每天巡山和开展森林防火宣传。村内安排公益性岗位6个,对村级路段、河道、房前屋后进行卫生清理。

特色地情 1927年9月,毛泽东率领的秋收起义部队在山口岩遭遇敌军袭击后,报恩台村地下党员刘章恩建议部队不要再走大路,而改走小路绕报恩台前行。部队在报恩台村境内的马坪里对伤员进行简单救治后,进入村内分四个屋场稍作休整。报恩台村秋收起义红色路线由此而来,后将刘章恩故居打造成农村党校。

土特产有农家自酿谷酒、糊酿酒、烧酒、甜酒。

杨佳田村

村情概况 明末清初时,杨佳田原地名为王家店。清康熙初年,杨、郁两姓由安福迁居王家店,两姓以插标为界,改地名为杨佳田。

杨佳田村位于芦溪县张佳坊乡东南部,距县城25千米,距乡政府所在地1千米,距国家AAAAA级景区武功山15千米。东南连张佳坊村,西连李家坊村,北与三江口村相连。

共有11个村小组(桥边上组、桥边下组、万里内组、万里外组、新庄上下组、新庄下下组、金明山组、石乐冲组、流里塘组、中页棚组、麦园组),全村223户888人。居住人口中以汉族为主,有极少数布依族。全村共有13个姓氏,其中杨姓、郁姓人口较多。

自然环境与资源 森林覆盖率近80%,最高峰为花雀岭,海拔888米。村内有3条小溪小河流向山口岩水库,有鱼塘40亩分布在五指冲、流里塘、麦园。有8条水渠,共长4千米。

野生动物有野猪、蛇、老鹰、石蛙等,农户养殖的有草猪、跑山猪、黑山羊、黄牛等,植物资源有松树、杉树、樟树、毛竹等。有500年以上树龄的枫树1棵。

经济概况 主要农作物有水稻、紫红米、红薯。有耕地575.2亩。

境内有江西省龙头企业—村食品有限责任公司,解决就业人数20人。

2022年村集体经济收入约12万元。

基础设施 全村主干道沥青道路全覆盖,S314省道穿村而过。水泥路通至所有农户门口,2018年完成全村沥青路改造4000余米。

杨佳田村桥头店设置邮政代办点。宽带安装户数121户。供电全部入户,年用电量户均248千瓦时。

有水渠8条、水坝7个,修建防洪河道建设1千米,山塘修缮五指冲1个。

2018年桥万组新农村点建设投资300万元,受益农户223户888人。2021年中叶棚、麦园组新农村建设投资30万元,受益农户42户172人。

社会发展 辖区内有张佳坊中小学,建于1957年,占地面积18790平方米,现有师资52人、学生546人。

村内有文体广场,在桥边沿河旁,有篮球场、乒乓球桌。

村内有1个村诊所,配备村医1名,方便村民就近就诊。

被征地人员均购买了失地农民保险,全村低保享受人口19户35人。全村共有60

杨佳田村

岁以上156人,设有老年活动中心。

村内有山地面积5400亩,森林护林员4人,定期巡山和防火。村内沿路段进行绿化,安排公益性岗位6个,对村级路段清理卫生,农户实行门前三包。

特色地情　山乡界有一条红色徒步旅游线(李佳坊—杨佳田—报恩台)。

李家坊村

村情概况　因李姓居多而得名。后李姓人口减少,毛姓取代,毛氏族谱上易名"礼嘉坊",但行政区划用名仍为李家坊。

李家坊村位于张佳坊乡西南面,西与明月湖相邻,北与上埠隔山相望,总面积7平方千米。

李家坊村分8个自然村(桃园、长江口、李家坊、白石口、王家岭、老连下、上村、下屋),下辖15个村民小组,320户1280人。居住人口以汉族为主。

主要姓氏有毛、贺、王、潘、廖、何等。

自然环境与资源　地处丘陵地区,以山地为主,地势东高西低。全村有鱼塘20亩,主要分布在铁乐冲、老连下、长坑口组,村内有2条小溪流向山口岩水库。

山上林木达80余种,药用植物有100余种,国家一级保护植物有红豆杉、银杏树、千年古樟树等。

经济概况　农业主产水稻,盛产甜茶。利用土地流转种植玉米、生姜、西瓜等粮食作物。其中水稻种植面积800余亩,特色种植200余亩。

利用当地毛竹资源丰富优势,成立了洪胜竹制品厂,解决了20余人就业问题。

依托县森博公司发展秋雪蜜桃种植基地;县农投公司发展100亩生姜种植基地,80千瓦光伏发电;发展富硒富锌油茶林1200亩。

基础设施　全村主干道沥青道路全覆盖,S311省道穿村而过,约3千米。水泥路通至所有农户门口,2017年完成村组沥青路5000余米。

村内设有邮政快递集中代办点,宽带安装户数300余户。供电全部入户、年用电量均278千瓦时。

全村有水渠8条、水坝4个。具体情况如下:2021年建设水渠6条,水坝2个;2022年建设水渠2条,水坝2个。

2021年长坑口组新农村点建设投入100万元,受益农户67户246人。

社会发展　以坐落在白石口组的新时代文明实践站(由毛氏祠堂改造而成的,建筑面积230平方米,设有会议室、棋牌室、阅览室,配套卫生间)为中心,健全村级老年体协组织场所,配备设施,组织象棋、广场舞等活动。

村卫生室建于2019年,建筑面积80平方米,承担全村的预防、保健、妇幼、健康教育等公共卫生工作。

李家坊村党群服务中心

李家坊村

征地人员均购买失地农民保险,全村低保享受人口22户30人,按时按政策标准发放低保金。有老年活动中心,全村共有60岁以上236人。

村内有山地面积3500亩,森林护林员3人。村内沿路段进行绿化,安排4个公益性岗位对村级路段清理卫生,农户实行门前三包。

特色地情 清末时期,李家坊村人文鼎盛,人才辈出,曾有"一进士(毛文利)、两桅杆、三秀才"之美誉。

村里保存有光绪庚子年进士毛文利四块桅杆基石、乾隆毛永斌武术大刀一把、嘉庆十三年(1808)寺庙梵钟一口、贺阳春百岁牌坊等文物。

张佳坊村

村情概况 原名张家坊村,为彰显包容性、开放性,更名为张佳坊村。由原红星大队、永忠大队合并成村。

为张佳坊乡中心村,东连朋乐、裕丰,南连瞿田,西接李家坊、三江口,北接杨家田。全村面积12.1平方千米,其中林地1万余亩,森林覆盖率近80%。全村交通便利,S311省道、X804旅游公路穿村而过。

全村辖16个村民小组,483户1710人。居住人口以汉族为主。主要姓氏有张、王、廖、邓、刘、罗等。

自然环境与资源 以丘陵地貌为主,四面环山,中间为低洼地带,总体地势南高北低。村组大部分依山而居。主要溪流有新水小溪、南源小溪;主要水塘水库为李家冲山塘,水域面积约8000平方米,库容为10万立方米,主要用于防洪、灌溉。

野生动物有野猪、野兔、山鸡、獐、无棘胸蛙等,植物有杉树、毛竹、红豆杉、香樟等。

经济概况 农业种植作物主要是水稻,种植面积约1100亩;养殖以生猪、黑山羊、食用牛、淡水鱼、鸡、鸭、鹅为主。

境内有筷子厂1个,鞋面加工厂1个,制衣加工厂2个,解决就业人口200余人。

境内有餐馆10家,中型超市2家,商铺30余间,民宿2间,宾馆2个,物流企业2家,解决就业人口100余人。大部分均为家庭经营模式,较大的超市为万韵购物广场,属全市连锁企业,产供销均比较成熟。

2022年村级集体收入9万余元。其中房租3万元,入股农发公司20万元,分红1万元,玉米基地收入3.5万元,秋雪蜜桃基地创收1.5万元。

基础设施 S11省道、X804旅游公路穿村而过,乡级、村级公路四通八达,省道、旅游公路、乡级公路均为沥青路。S311省道连接万龙山乡、张佳坊乡、南坑镇;X804旅游公路直通玉皇山旅游景点。

有邮政代办所1个,电信营业厅、移动营业厅各1个。网络接通入户覆盖率100%。供电全部入户。

境内有灌溉水渠约20千米,水坝35座。近年河道治理1000余米,山塘加固治理1个。

2021年新农村建设新溪祠组投入30万元,受益农户43户117人;2023年新屋场

张佳坊村

张佳坊村中心幼儿园

组新农村建设投入30万元,受益人口52户137人。

社会发展 境内有乡级幼儿园1个,新校建成于2017年,占地面积1000余平方米,有教职工20余人,幼儿100余人。

境内有乡级文体中心1个,普通篮球场3个。张佳坊村篮球队多次获得大安地区篮球赛冠军,2022年获庆国庆"玉皇杯"冠军。

境内有乡级卫生院1个,村级诊所1个,药房1个。

99%的群众购买养老保险,其中失地农民均购买失地保险,低保享受人员为83人。

村内有山地面积11000亩,森林护林员6人,定期巡山和防火。村内沿路段进行绿化,安排公益性岗位15人,对村级路段清理卫生,农户实行门前三包。

特色地情 张佳坊村是张佳坊乡人民政府驻地,有玉皇大道和新街老街三条街道,街道常住居民1000余人。每月逢10号、20号、30号赶集。

特色小吃有艾米果、盐果子、腊肉、特色皮蛋。

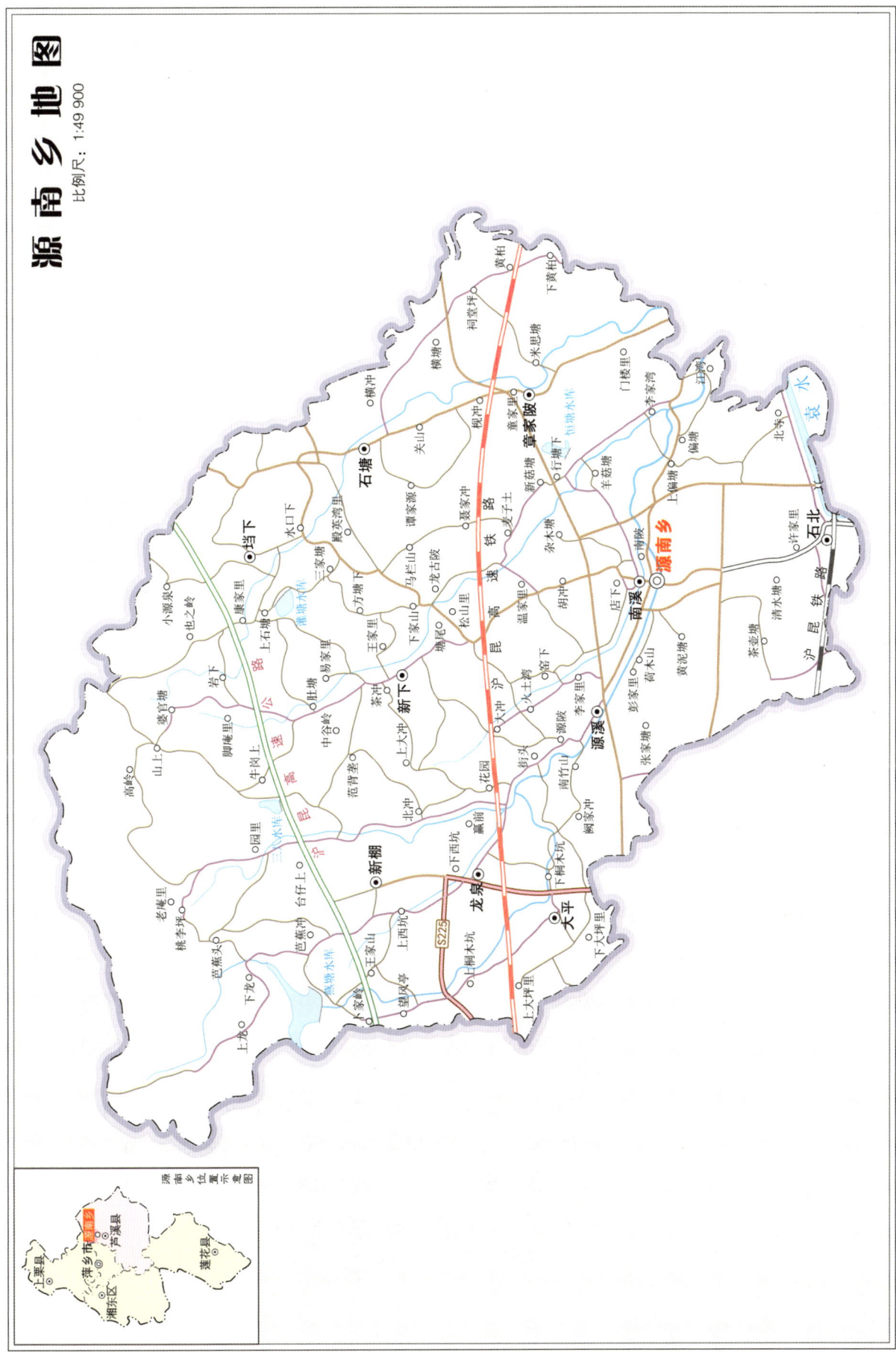

源南乡

源南乡位于芦溪县西北部,距县城4千米,面积34平方千米,东连银河镇,西邻安源区,南接芦溪镇,北毗上栗县。

中华人民共和国成立后,属萍乡县芦溪区,境内划分为源南、新霞2个乡;1952年,属萍乡县芦溪区,境内划分为源南、新棚、新霞、长联4个乡;1956年,4乡合并为萍乡县芦溪区源南乡;1958年,源南乡并入芦溪公社;1962年,为萍乡市芦溪区源南公社;1968年,属芦溪镇;1971年,属芦溪区芦溪镇;1990年,从芦溪区芦溪镇析出为芦溪区源南乡;1997年,为芦溪县源南乡。

截至2022年底,源南乡辖10个行政村:新下村、新棚村、源溪村、南溪村、大平村、龙泉村、章家陂村、石塘村、垱下村、石北村。乡政府所在地为南溪村。

户籍人口约1.68万人,其中少数民族59人,分别是畲族、布依族、侗族、哈尼族、拉祜族、黎族、苗族、畲族、土家族、瑶族、壮族等。

自然环境与资源　源南乡境内属低山地丘陵地形,形态浑圆,丘顶、坡麓平缓,宽谷低岭交错分布。全乡最高山峰为银凤岭,海拔584米。土壤多为红壤,适宜各类农作物的种植。

境内气候温和,四季分明,雨量充沛,阳光充足。年均气温17.2℃。年均降水量为1560毫米。全年无霜期约270天。

耕地面积12753.9亩,山林面积2.6万亩(其中省级森林公园银凤岭占地1.4万亩),森林覆盖率70%。

可能会发生的自然灾害有旱灾、水灾、冰灾和地质灾害等。源南境内利发煤矿、海源煤矿、宏发煤矿、新发煤矿4个煤矿是从80年代末开采,4个煤矿均在2018年关闭,煤矿开采时间达到30年之久。常年大规模的煤炭开采,产生大量的煤矸石等废弃物,造成了源南乡矿区周围大量的土地沉陷。破坏土壤结构,可能会引发地质灾害,为修护生态,建成了3000余亩全市最大的脐橙基地,实现了从"废弃矿山"到"绿水青山",再由"绿水青山"到"金山银山"的美丽蜕变。

经济概况 利用矿区土壤富锌富硒的优势,引进江西华辰生态农业科技发展有限公司,投资5000万元,对废弃矿山区进行脐橙种植,建成占地面积4000余亩的脐橙种植产业基地,成为萍乡市种植面积最大、品种最全的高标准脐橙种植基地,是芦溪县"千亩橙园"脐橙产业的龙头企业。据统计,自2020年挂果以来,共吸引游客10万余人次,现场销售脐橙300余万元,带动周边餐饮、零售业增收50余万元。

截至2023年,源南乡有规上工业企业7家,分别是萍乡市金牛皮革服饰有限公司、芦溪县源凤出口花炮制造有限公司、萍乡恒邦电力器材有限公司、江西省萍安塑业有限公司、江西省华林电力电器有限公司、江西双宏实业有限公司、意卡德(江西)数码驱动科技有限公司。有高新技术企业1家,省"专精特新"中小企业1家,入库科技型中小企业2家。

高危企业12家,分别是芦溪县源凤花炮出口制造有限公司、萍乡市胜驰烟花有限公司、新鑫花炮厂(停产)、芦溪鑫源乙炔厂(停产)、中石油源新加油站、京源石化(源溪)、京源石化(南溪)、菲尔生物、安顺液化气站、永发烟花鞭炮批发有限公司、鑫联汽运、龙海沙厂(停产)。

2022年财政收入9450万元,完成规上工业增加值2.189亿元;规上工业增值税1936万元;完成工业投资73662万元,增幅列全县第四;新增工业、服务业、餐饮业"五上"企业3个,完成全年1个商贸服务业的目标任务。

基础设施 源南乡交通路网便捷,沪昆高速、杭南长高铁、浙赣铁路和北环路、杨宣公路、快利公路等主要道路穿境而过。2023年,沪昆高速"四改八"重点项目开工;工程涉及5个行政村的县道共计1条,为X100(挡下—新下段),合计18.891千米。乡道共计4条,分别为Y080新下村长窝里至黄土堪段、Y008新棚村田心里至东边山下路段、Y053高速挂线至上山路段、Y009挂线至卜家岭路段,合计15.51千米。村道共计31条,合计约21千米。杨宣公路源南段共7.5千米。

有小(2)型以上水库4座,其中小(1)型水库1座,燕塘水库库容176万立方米,小(2)型水库3座,分别为灌塘水库11.1万立方米、恒塘水库20.2万立方米、三八水库20.9万立方米。根据全乡水系分布,形成了4个灌区,分别为燕塘灌区、灌塘灌区、恒塘灌区、三八灌区,大小山塘303座。2021年以来乡主要实施项目有燕塘水库除险加固工程项目和五河治理袁河石北标段工程项目。

源南乡下辖10个行政村,147个村民小组,建成10个党群服务中心,实现一站式服务。自2018年以来,新农村建设点覆盖各村,共建成63个新农村建设点,全乡整体环境面貌焕然一新。街道井然有序,环境卫生清扫全覆盖,河道水生态环境良好。10个村人居环境面貌得到整体提升,沥青马路四通八达、房前屋后干净整洁、橙园内果香四溢,美丽乡村建设惠及家家户户。

社会发展 辖区内有九年一贯制学校1所(源南中学)、村小4所(石塘小学,新下小学,南溪小学,新棚小学)、中心幼儿园1所(源南乡中心幼儿园)。

全乡文化基础设施配齐配全,设有1个文化站、10个村级文化活动中心、1个老年活动中心、1个灯光球场,各村均设有休闲娱乐小广场,充分发挥文化站的作用,常态化开展理论宣讲、文化服务、教育服务、科技科普、健身体育等文体活动,并定期开展机关趣味运动会、歌唱比赛。文化底蕴深厚,建有面积达2800平方米、气势恢宏的古建筑群——刘凤诰祖祠。

有卫生院1个,村级卫生室15个,其中公有制卫生室9个,乡村医生共计24人,均取得中专文凭,其中注册乡村医生24人,执业助理医师2人。

推进养老服务体系建设,完成了乡敬老院空调安装"温暖工程",提高老人们的生活水平。多措并举推动稳就业,组织开展线下大型招聘会,完成职业技能培训,新增城镇就业多人;扎实做好社保医保参保工作,医保参保率达99.58%。

扎实推进蓝天保卫战,抓好秸秆禁烧工作,加强工业源、生活源、扬尘污染治理,抓好"小散乱污"企业整治,强力推进畜禽养殖业整治,对禁养区和居民区群众反映强烈的畜禽养殖场进行了关停拆除。深入落实"河(库)长制""林长制",组织各级河(林)长巡河580余次、巡林800余次,南溪村获评省级水生态文明村。遵循"绿水青山就是金山银山"理念,积极探索以废弃矿山为抓手,打造了废弃矿山生态修复治理新模式,完成石里果乡·塘上田源项目建设。

特色地情 乾隆五十四年(1789)一甲第三名进士、探花刘凤诰(1761—1830)祖籍是源南乡源溪村,母亲彭氏是上栗县赤山镇观泉村人,他自幼跟随母亲生活在观泉村外婆家。刘凤诰聪明过人、学识渊博,是怀有奇才的楹联高手;刘凤诰官至太子少保,被乾隆皇帝称为"江西大器",为官期间一生清廉,留下了许多廉洁故事和良好家风。

刘凤诰祖祠又称源溪刘氏宗祠,始建于南宋末年,后多有改扩,总体坐北朝南,占地面积2800余平方米,项目总投资1500万余元,里面设有家风家训馆(成公祠)、刘氏渊源馆(总祠)、民俗文化馆(朝公祠)、国学教育馆(金公祠)和家风小广场,还有古戏台一处,祈福庙(福兴寺)一处,均为砖木结构。2011年,刘凤诰祖祠被列为县级文物重点保护单位,2019年,被列为萍乡市廉政文化建设示范点、江西省家风家教实践基地。

荣誉 2021年6月,芦溪县源南乡被江西省委、省政府授予"江西省脱贫攻坚先进集体"称号。

南溪村

村情概况 南溪村原名叫南陂,源南河穿境而过,为了引水灌溉农田在河中兴建一个坝体,谓拦陂,南陂、南溪由此得名。

南溪村是源南乡政府的所在地,区域总面积3.8平方千米,东邻章家陂村,南邻石北村、工业园,西抵工业园、源溪村,北靠新下村。有农田1552亩,山林面积1908亩,杉木林500亩。

全村553户1866人,民族以汉族为主。有9个自然村,分别是黄泥塘、店下、胡冲、南陂屋场、偏塘、行塘下、李家湾、新沽塘、羊沽塘。

主要姓氏有宋、李、曾、许、刘、朱等。

自然环境与资源 南溪村境内属低山地丘陵地形,形态浑圆,丘顶、坡麓平缓,宽

南溪村

南溪村茶松书院

谷低岭交错分布。土壤多为红壤,适宜各类农作物的种植。

经济概况 农业有以水稻为主的粮食作物和以油茶、蔬菜为主的经济作物,水稻种植面积1200亩,老油茶种植面积1100亩。

南溪村为源南乡的门户村,村内有各种商店和农庄,解决30余人就业问题。重点商超为华生商店。

基础设施 杨宣公路穿村而过,村级内的所有村组道路都已硬化,村主干道有6米宽,村庄内的道路平均有3.5米宽。98%的村民安装了宽带,供水供电全覆盖。排水正常,每个自然村都有排水沟。

修建并改造了源南派出所河堤;维修了胭脂塘塘坝;开展了黎家塘塘坝维修及清淤工程;加强了行塘上坝公路硬化工程建设;胡冲水渠维修了1.2千米;行塘下水渠维修了1.5千米;源溪河南溪段修复河堤300米,河道疏通、清淤2千米;完成了黄泥塘小农饮改自来水工程建设。另外,各自然村都有不同程度的新农村建设,投入资金在10万~100万元不等,全村均受益。

社会发展 村委会文化广场经常组织电影下乡、送文化下乡、健身等活动。

源南乡卫生院在村辖区内,村民可享受到便捷的医疗卫生服务,实现小病不出村。

村内60岁以上老年人都享受城乡居民养老保险待遇,低保户41户87人,特困供养户13户13人,村委会建设了居家养老中心,提升了老年人生活品质。

村内主干道硬化率100%,垃圾箱合理配置,有专人定期清运垃圾。

特色地情 南陂屋场有明清古建筑永青园,砖木结构,建筑面积为400平方米,距今已有500余年历史,保存完好,2021年南溪村投资40余万元进行重修,并在永青园设立南溪村新时代文明实践站、乡贤馆。

新下村

村情概况 民国时期属芦溪乡第三保,新中国成立后先后属新霞乡、芦溪公社、源南公社管辖,1968年由仰下大队、新塘美大队、新塘下大队合并为新下大队,1984年改为新下村。取新塘美、新塘下两个大队的各一字命名。

新下村东至源南乡垱下村、南至源南乡南溪村、西至源南乡新棚村、北至银河乡京竹。面积7.5平方千米。有22个村民小组,16个自然村(高岭、牛岗上、仰下、肚塘、范辈龙、新塘美、界几上、小满塘、塘尾、王家里、松山里、龙古坡、张家里、温家里、新塘下、聂家冲),755户2873人。居住人口以汉族为主,还有少数苗族、壮族。

主要姓氏为康、刘、曾、易等。

自然环境与资源 属丘陵地形。村内小河由三八水库流入源溪河,全村有水塘73口,水库1座,全村水塘面积约150亩,水库面积25亩。水库灌溉范围新棚、新下村。

经济概况 完成高标准农田建设1330余亩,占全村耕地的74%。水稻种植面积约1620亩。2023年集体经济收入21.7万元。

基础设施 境内主要县道为X160源南乡至马栏山县道,里程5千米,宽5米。主要乡道为长窝里至高岭,里程5千米,宽5米。沪昆高速经过新下村境内1.8千米,高铁经过新下村境内2.6千米。全村主要干道全长6.8千米。

新下村

新下村高标准农田

宽带全覆盖。全村供电用户755户,年用电量11万千瓦时左右。排水量约4万吨。

全村水渠建设4.6千米,水坝建设11处,河道建设1千米,山塘维修15口。自来水管网覆盖全村。

2016年度塘新农村建设点,总投入45万元,65户农户受益。2016年牛岗上新农村建设,总投入55万元,40户农户受益。2018年范背龙新农村建设点,总投入53万元,35户农户受益。2020年王家里新农村建设点,总投入39万元,40户农户受益,2022年月形山下新农村建设点,总投入65万元,85户农户受益。

社会发展 有小学、幼儿园各1所。新下小学创办于1954年,现占地面积1200平方米,教师有6名,学生45人。幼儿园创办于2009年,幼师2名,学生26人。

村文体广场投入20万元,有篮球场、健身器材等。

境内有2家诊所,配备村医。

全村居民都参加了医疗保险。全村78%居民参加养老保险,37户参加了失地农民保险,低保人员116人。

新棚村

村情概况 明崇祯年间，刘氏由安福迁此，初来建茅棚居住，故名新棚。民国时期属芦溪乡第三保。新中国成立后属芦溪区新棚乡，1958年为芦溪公社花园、新棚、上山、西坑四个大队，1969年合并为芦溪镇新棚大队，1984年改为新棚村。

新棚村地处源南乡北部，芦溪工业园规划范围内，东与新下村交界，南与源溪村、大坪村交界，西与龙泉村相邻，北部靠银峰岭自然山脉。面积约7.8平方千米。水田面积1200亩，林地面积4000余亩。沪昆高铁、沪昆高速连接线穿越而过。

有21个村民小组，536户2548人。居住人口以汉族为主，还有极少数壮族、苗族和土家族。主要姓氏有刘、曾、朱、李、袁等。

自然环境与资源 属丘陵地带，北部与森林相连。有一条小河，从老庵里森林起一直到花园里，流向源溪村。有小型水库1座：江龙潭水库，水域面积为10亩左右。山塘大小29口，面积1至5亩不等。

经济概况 种植的农田1000余亩左右，主要农作物是水稻、玉米、高粱、红薯等。全村水稻年产量400吨左右，玉米产量6吨左右，高粱产量4吨左右，红薯产量5吨左右。

依托高速公路，村民在高速出口开饭店6家，食品小卖部5家，主要服务人群是上、下高速的客人。在全村居民集中区有食品商店6家，其中花园木公祠路口1家，云前桥头1家，新棚里三岔路口3家，田心里路边1家。解决就业人口50人左右。

2022年村集体经济收入15.3万元。

基础设施 沪昆高速自西向东横跨新棚村东边山下、台嘴上等地。乡村公路完成花园至园里园主干路段长2千米，宽6.5米的沥青路面改造工程。其他片区均完成了水泥路面硬化。

在花园片思民便利店和新棚里来来超市设有邮政代办业务点。宽带全覆盖。

供电户数共510户，全年用电总量约55万千瓦时。饮用水由芦溪自来水公司和燕塘自来水公司供应，主要供应范围为花园片一组、二组、三组、四组、六组、七组、十一组。其他片区的饮用水来自桃李坪的山泉水，均安装了水管和蓄水池等。

全村有水渠20条，共计8500米，纵横交错在新棚村的各个农田片区。有微型水坝15个，分布在主要河道的各个农田灌溉点和居民生活区。2018年以来共投资30万余元修理修缮水坝、水渠以及河道。

新棚村

2018年以来,新棚村先后建设新农村7个,其中花园2个,北冲1个,新屋里1个,横冲里1个,东边山下1个,园里园1个,主要资金来源为上级财政拨款,受益农户达到200户左右。

社会发展 新棚村有2所小学。花园小学创办于2015年,总占地面积2872平方米,绿化面积1398平方米,运动场地650平方米,校舍建筑面积823平方米。新棚里小学创办于2008年,占地面积1028平方米,建筑面积650平方米,运动场地面积400平方米,绿化面积120平方米。

有乡村诊所3个,为村卫生所和云前诊所、横路上诊所。

全村有1856人购买了医疗保险,528人购买了城乡居民养老保险,496人因征地享受了失地保险。117人因病等原因享受了低保待遇。村内有1个"一老一小幸福院",所有60岁以上老人都享有养老金。

全村环境优美,森林覆盖面积4000余亩,人居绿化面积2000平方米左右。

特色地情 新棚村的古迹有二组木公祠的刘氏祠堂,四组上大冲的袁氏宗祠,六组王家里的王氏宗祠,七组曾家里的曾氏宗祠,八组新屋里的刘氏宗祠,十组横路上的刘氏书编公祠,十一组新棚里的刘氏宗祠,十四组河背的朱氏宗祠,十五组田心里的刘氏宗祠,十七组、十八组东边山下的朱氏宗祠等。

源溪村

村情概况 1950年属芦溪区源南乡。1958年为芦溪公社源溪大队。1962年为芦溪区源南公社源溪大队,1968年属芦溪镇源南大队,1984年改制为芦溪镇源南村,1986年更名为源溪村,1990年为源南乡源溪村。以村委会驻地源陂自然村而得名。

源溪村位于源南乡西部,面积约4平方千米,距离芦溪县城7.5千米。与南溪村、大平村、新下村、新棚村毗连,处于芦溪县工业园规划范围内,沪昆高速公路挂线穿村而过,交通便利。

有16个村民小组,14个自然村,分别为荷木山、彭家里、张家塘、庵下里、瑶下、李家里、砣湾、大冲、上流陂屋场、中流陂屋场、下流陂屋场、街头、程竹山、村阙家冲。共459户1583人。居住人口中以汉族为主,还有少数苗族、侗族、土族。主要姓氏有刘、李、朱、阙、潘、彭等。

自然环境与资源 属浅山丘陵区。境内一半是浅山丘陵,一半是农田。森林面积3228亩。境内有2条小溪、1条小河,均由新棚村流入,流向南溪村。全村的水塘22口,水域面积266亩,分布在大冲、瑶下、潘家塘、街头、张家塘。土层深厚肥沃,土壤以黄棕壤土为主。

经济概况 农业有以水稻为主的粮食作物和以油茶、蔬菜为主的经济作物,水稻种植面积710亩,老油茶种植面积1100亩。

源溪村

源溪村刘凤诰祖祠

在村境内有10家企业,分别为萍乡市九方新型建筑材料有限公司、萍乡方圆实业有限公司、萍乡市旭华电瓷电器制造有限公司、江西一互电器有限公司、爱瑞达电瓷电器有限公司、江西启晨实业有限公司、大莲电瓷(江西)有限公司、江西铂川自动化科技有限公司、京源石化加油站、萍乡市煜晟精密模具有限公司,解决就业人数230人。

2022年村级集体经济收入22.16万元。

基础设施 村境内沪昆高铁、沪昆高速公路挂线和乡村主干道穿过,农村道路户户通已经实现,路面宽度3米至3.5米,长约3.5千米。

宽带安装户数367户。村内水电管网体系完善,全村供电用户459户,年用电量50万千瓦时。年用供给水4.3万吨。

完成街头村组水渠修缮220米,大冲至理家里河道修缮800米,长沙塘、新塘、中塘、万公塘的维修。铺设自来水管网5.1万米。

完成新农村建设精品村庄——刘凤诰宗祠修缮工程项目,李家里新农村建设,大冲新农村建设,南竹山新农村建设,全村1583人受益,其中脱贫户31户109人。

社会发展 村境内有源南乡学校,创办于1901年,占地面积3.3万平方米,有教师93人,学生1050人。

文体广场设在凤诰公园,占地面积460平方米,为长方形布局。

村委会设立诊所、药房各1个。

参加医疗保险的有1581人,参加居民养老保险的有1269人,参加职工养老保险有270人,其中享受社保的有308人。低保人员52人,每个月都按时发放。

在村委会设立老年活动中心、幸福食堂。

特色地情 刘凤诰(1761—1830),字丞牧,号金门,祖籍源溪村。乾隆五十四年(1789)殿试一甲等第三名(探花),授翰林院编修,迁升为侍读学士、提督广西学政,后迁为内阁学士兼礼部侍郎,清嘉庆十一年(1806)迁为后部侍郎,十月,调任吏部侍郎科修,其间先后任过广西、山东、浙江等省的学政,充当过湖北、山东、江南等省的乡试下考官,官至正二品太子少保。乾隆皇帝称他为"江西大器"。著有《杜工部诗话》《五代史补注》《存悔斋集》,参与纂修《高宗实录》。道光元年(1821),因病回籍,道光十年(1830)病逝于扬州。

刘氏宗祠位于源溪村13组,占地60余亩,建筑面积3200平方米,坐北朝南偏西65°,宗祠为三进穿斗式,硬山顶内天井砖木结构,中有藻井,其余3栋(成公祠、朝公祠、金公祠)均为二进硬山顶风火墙内天井砖木结构,亦有藻井,门楼为吊楼式,方砖墁地,石屋柱带马栏,属清代典型宗祠建筑。配套设施有1千米的沥青路面、路灯、绿化、家风墙绘、休息亭、观光亭等。

该村六组有一棵200多年树龄的古樟树,枝叶茂盛。非物质文化传承有缩龙。

大平村

村情概况 大平村位于源南乡西部,于2003年11月由上桐木村、下桐木村、大坪园艺场合并而成。面积约4平方千米,林地面积1000亩,耕地面积约945亩。

有9个自然村,分别为王家山、卜家岭、排上、上桐木、望风亭、毛塘、麻棚、虎形里、下陇。共382户1580人。居住人口以汉族为主,还有极少数土家族。主要姓氏有李、刘、韩、袁等。

自然环境与资源 境内属低山地丘陵地形,丘顶、坡麓平缓,宽谷低岭交错分布。森林面积1500亩。村内小河由燕塘水库流入大平河,全村有水塘17口,水库1座,全村水塘面积约68亩,水库面积50亩。水库灌溉范围为大平村、龙泉村、源溪村。

经济概况 主要种植水稻,种植面积约890亩。

境内有4家企业,解决就业人数260人。

大平村垂钓基地

大平村

2022年集体经济收入17.5万元。

基础设施　内有沪昆高速公路、S225杨宣公路、迎宾大道公路,水泥路覆盖全村自然村。

全村供电用户362户,年用电量4万千瓦时左右。年用供给水5.2万吨。

全村水渠建设4千米,水坝建设4处,河道建设0.3千米,山塘维修4口,自来水管网覆盖全村。

完成新农村建设的自然村分别为王家山、卜家岭、排上、上桐木、望风亭、毛塘、麻棚、虎形里、下陇,全村1527人受益。有脱贫户27户67人,监测对象3户12人。

社会发展　村内适龄儿童和学生统一安排在源南幼儿园和源南学校就读。

村文体广场有篮球场、健身器材等。

村委会设立诊所1个,配备村医1名,药房1个。

全村参加医疗保险1527人。63%居民参加养老保险。低保人员58人。

特色地情　大平村水产养殖基地成立于2016年,按照优质鱼养殖池塘的标准要求,整合虎形里自然村沿线进行开发,主要从事鱼苗养殖、休闲垂钓、旅游观光等特色项目,集现代农业养殖技术、观光休闲旅游娱乐于一体,打造现代特色渔业养殖基地。

龙泉村

村情概况　龙泉村在2003年由上山村和西坑村合并而成,因在上山村区域内有一口出泉水的水塘叫龙塘、西坑村有一口出泉水的水塘叫泉塘,故取名龙泉。

龙泉村地处源南乡北部,东邻新棚村、南邻大坪村、西邻楠木村、北邻上栗县赤山镇,辖区面积约4平方千米。

全村分为下西坑、上西坑、芭蕉冲、上山4个自然村,共有13个村民小组,308户,1369人。居住人口以汉族为主,还有极少数壮族、土家族。

主要姓氏有李、刘、廖、袁姓等。

经济概况　耕地总面积约1000亩,其中水田面积为750亩,村民传统经营以农业为主,主要种植水稻、高粱、红薯、大豆等作物。

基础设施　龙泉村系芦溪县工业园区规划范围内,沪昆高铁、杨宣公路、沪昆高速和高速连接线穿越而过,交通便利。

燕塘水库距离源南乡政府5千米,水库所在河流为袁河一级支流源溪河;坝址以上控制流域面积3.18平方千米,坝高25.78米,水库总库容176.0万立方米。水库灌溉面积5000亩,是一座以灌溉为主、兼顾防洪、养殖、供水等综合利用的小(1)型水库。水库地理位置重要,下游有320国道、杨宣公路、昌金高速公路、高压输电线路等,水库保护下游1.2万亩农田和9000人的生命财产安全。自来水厂日供水600余吨,供水涉

龙泉村

龙泉村蜜桃基地

及6个村(大平村、新棚村、龙泉村、源溪村、南溪村、新下村),851户。

2016年以来,通过新农村建设、乡村振兴等项目的实施,乡村道路全面硬化,水泥路户户通,村内自来水、供电、宽带等惠民设施全覆盖。

社会发展 村委会文化广场经常组织电影下乡、送文化下乡、健身等活动。村内有1家卫生所。

村内60岁以上老年人都享受城乡居民养老保险待遇,低保户45户74人,特困供养户7户7人,低保金、特困供养金每月都按时发放到位,村委会建设了居家养老中心。

特色地情 西平李氏伍位公祠位于龙泉村上山。清乾隆元年(1736),李晟公三子李世龙从安福神源徙居萍东上山(现龙泉村上山)定居。1814年,李世龙子嗣松、德二辈兴建了李位公祠。1840年,宗祠失火复修。2013年,因该宗祠多处倒塌,李姓族人再次对宗祠进行了修复。

章家陂村

村情概况 清朝初期,章姓从湖南浏阳迁此,并在前面修建了一座水坝,命名为"章家陂",村庄因此得名。章家陂在民国时期属康乐乡三保。新中国成立后,1950年属萍乡县芦溪区新霞乡，1952年属芦溪区长联乡，1956年属芦溪区源南乡，1958年为芦溪公社章家陂大队，1962年为萍乡市芦溪区源南公社章家陂大队，1968年属芦溪镇长联大队，1984年改制属芦溪镇长联村，1990年为源南乡章家陂村。

章家坡村位于源南乡东部，东至墨溪村，南至芦溪镇阳谷陂村，西至南溪村，北至石塘村，面积3.5平方千米。

境内有章家陂、枕冲、横塘、黄柏、门楼里、江湾等自然村。有15个村民小组，346户1596人。居住人口中以汉族为主，还有畲族、壮族、苗族各1人。主要姓氏有章、林、阳、黄、童、刘、张、彭、康、李、曾等。

自然环境与资源 章家陂村属丘陵地带，境内的小河自西北向东南流去注入袁河，全村的水塘星罗棋布，水域面积约有200亩，但储水源全来自降雨。

经济概况 耕地面积1212亩，主要种植水稻。

2022年村级集体经济收入约10万元。

基础设施 章家陂村的交通网络为"田"字形，村组公路四通八达，水泥路户户通，路面宽度在3～4米之间。沪昆高铁从西北往东南穿过全村，162县道从南向北而走，阳宣公路在村庄北部从西向东直走。

邮政送货上门，宽带安装率95%，供电、供水全覆盖。

全村2006年以来共有老屋里、美师塘、祠堂坪、横塘、童家里、刘家里6个新农村建设点，投入资金150万元，其中上级拨款140万元。

章家陂村

章家陂村花卉苗木基地

社会发展 1974年以前境内有小学1所,名为民主小学,1976年改为章家陂小学。1976年有2所小学(章家陂小学、黄柏小学),2001年停办。2015年创办章家陂幼儿园,2023年9月停办。

村委会广场建设了2个活动场所,设有健身器材,日常开设有广场舞、跳绳、羽毛球等活动,村委会内设健身活动室,开设象棋、跳棋、五子棋等活动,还创办了军鼓队,丰富村民的业余生活。

村委会内设有石北村卫生室。

全村1438名村民中有328名满60周岁村民享受了养老保险,其中享受了社保的有35人(含享受失地农民保险);全村有30户农户共65人享受低保。

村内主干道设有垃圾回收箱9个,农户聚集点设有垃圾桶125个,垃圾做到日产日清,有6名环卫工人对房前屋后卫生进行打扫,村内环境干净整洁。

特色地情 芦溪县乡村振兴花木三产融合示范园项目,由芦溪县富硒富锌农业发展有限公司投资,县农发控股子公司江西紫溪休闲观光旅游有限公司兴建。项目总投资约3000万元,占地1500亩,项目建设分为三期,横塘基地为第二期,基地位于芦溪县源南乡章家坡村,计划建设面积750亩,于2023年底完成建设。通过打造梯田樱花林,以樱花种植与观赏来推动花卉苗木产业升级,梯田樱花林主要种植品种有红粉佳人、香水樱等。

石塘村

村情概况 原属长联大队，1984年属长联村，1990年从长联村分出，为石塘村。

石塘村位于源南乡东部，距芦溪县城8千米，沪昆高铁、杨宣公路、快利公路穿村而过，沪昆高速芦溪出口距石塘村3千米。土地面积3平方千米，其中耕地面积893.3亩，山地面积2400亩，森林覆盖率95%。境内有石塘、横冲、关山、谭家源等自然村，共有7个村民小组，272户1258人。居住人口中以汉族为主，还有苗族、瑶族等3人。主要姓氏有彭、曾、罗、刘、黄、易、张等。

自然环境与资源 属丘陵地形，境内的小河自西北向东南流去注入袁河，降雨量集中在春夏两季。

全村水塘14座。

境内有煤炭资源，曾有煤矿3座，于1958年开始开采，2017年停产。

经济概况 农业主要作物为水稻，种植面积846亩。

境内企业有江西武功山源华开发有限公司，带动就业10余人。江西华辰生态农业科技发展有限公司，带动就业30余人。

2022年村级集体经济收入20万元。

打造"石里果乡·塘上田源"项目，将生态修复、脐橙特色产业种植与乡村振兴有机结合，利用矿区土壤富锌富硒的优势种植脐橙，开展生态复绿，变原来的废弃矿山为现在的绿水青山。每到年底丰收时节，吸引大批游客前来观赏游玩和采摘脐橙，带动乡村旅游。

基础设施 快利公路穿村而过，连接杨宣公路、320国道和高速挂线。

石塘村

石塘村脐橙基地

供电272户,给排水272户。

全域河道待重建修缮,70%山塘待修缮。自来水管网铺设较完善。

2021年杨宣公路两边2个新农村点,2022年快利公路两边3个新农村点,2023年石塘村老屋场3个新农村点;每个新农村点投入30万元,全村受益。

社会发展 石塘小学创办于1921年,占地面积4560平方米,现有教师8人、学生53人。

移民区有篮球场1个,国家一级篮球裁判唐融军是石塘村人。

有村级卫生所1家,配备村医2名。

全村享受城乡居民养老保险人员174人,享受低保人员61人。设立了居家养老服务中心和老年人活动室。

人居环境整治逐步完善,地面硬化约1700平方米,排水沟约270米,安全围墙约260米,挡土墙约160米,墙面加固约500平方米等。

垱下村

村情概况 清乾隆年间曾氏由浏阳迁此,当时此地叫老虎窝,曾氏家人在水口山处砌一个片石高垱,以防老虎,遂改称垱下。1950年属萍乡县芦溪区新霞乡,1952年属芦溪区长联乡,1956年属芦溪区源南乡。1958年为芦溪公社垱下大队,1962年为源南公社垱下大队,1968年属芦溪镇长联大队。1984年改制属芦溪镇长联村,1990年为源南乡垱下村。

垱下村东与银河镇京竹村接壤,西与新下村相连,南邻源南乡石塘村,北至银凤岭与上栗县赤山镇新店村为界,辖区面积3.96平方千米。

境内有垱下、三眼塘、水口下、上石塘、小源泉、岩下、野鸡岭等自然村。有15个村民小组,328户1312人,其中常住人口482人,流动人口830人。居住人口中以汉族为主,还有藏族、土家族、佤族等少数民族4人。主要姓氏为曾氏。

自然环境与资源 以丘陵为主,银凤岭金鼎(海拔586米)为最高峰,其余的山峰都在海拔250米以下。全村森林覆盖率为86%。有银凤岭生态森林公园。

境内长联河及其他小溪都是由北往南流向;全村有26口山塘、1座小(1)型水库,总水域面积96.4亩,灌溉800余亩农田。

境内煤炭资源丰富,是萍乡市储量最大的无烟煤(俗称石炭),石英砂储量巨大。

经济概况 农业主要作物为水稻,种植面积754亩。

有1家商店,为绿源超市,解决3人就业问题。

村级集体经济主要来源为光伏产业、入股分红、脐橙产业等。垱下村的油茶产业基地是由荒山和低产油茶林改造的油茶基地,采取了"党支部+公司+农户"的发展模式。500亩油茶基地见效后,每年可为村集体经济增加5万元收益,流转土地的农户和脱贫户都有产业分红。

基础设施 境内县道X160为沥青路面,X162为水泥硬化路面。村主干道为5米宽沥青路面。主要村组公路为5米宽水泥硬化路面。

村内设有邮政代办点,宽带安装278户。全村供电用户328户,供水328户。

村级水渠11200米、水坝206米、山塘维修6座、水库修缮1座,自来水管网铺设等水利建设全覆盖。

截至2023年共有17个新农村建设点,受益人口936人。

垱下村

社会发展 境内有1个卫生所和1个门诊,1名驻村医生,诊所里的药品齐全,制度完善,村民感冒发烧、头疼脑热的都可以解决,最远的自然村组离卫生院路程不超过3千米。

全村购买养老保险586人,其中失地农民保险162人;享受最低生活保障69人;有老年活动中心1个、幸福食堂1个。村级养老待遇发放219人。

石北村

村情概况 石北村坐落在袁河以北,袁河中砂石多,故先人取名为石北。1950年属芦溪区源南乡,1958年为芦溪公社石北大队,1962年为源南公社石北大队,1968年属芦溪镇源南大队,1984年改制属芦溪镇源南村,1996年为芦溪镇石北村,1990年为源南乡石北村。

石北村位于源南乡南部,东南西三向毗邻芦溪镇,北连南溪。全村面积约3平方千米,距离县城2.5千米,距离源南乡政府1.5千米,地处芦溪县工业园区规范范围内。

境内有石北、北寺、梅源冲、箭子冲、清水塘等自然村。石北村有8个村民小组,全村有276户1115人,居住人口中以汉族为主,还有4名壮族女性。主要姓氏有李、肖、许、邹、张、黄、刘等。

自然环境与资源　石北村为丘陵地形。袁水河途经该村一组北寺。境内较大的水塘有长塘、李家塘、茅塘、枫树窝塘等。

经济概况　农业以种植水稻为主,耕地面积600余亩。

2023年成立芦溪裕鑫种植专业合作社,主营百香果种植、加工及销售。

石北村毗邻县工业园,境内企业有意卡德数码驱动、利峰电瓷等,解决本村百余名年轻劳动力就业问题。

2022年村级集体经济收入34.44万元。

基础设施　县道X160和北环路穿村而过,其中县道X160路面宽5米,是以前源南乡出入的主干道。路面宽30米的北环路于2018年建成,连接芦溪县站前一路与杨宣公路。辖区内村组道路均为水泥硬化路。

村委会设有邮政代办点,宽带全覆盖。全村8个小组全部接通自来水,由芦溪自来水厂供水。

近年来建设3个新农村点。2020年建设石北村委会至蔗棚村连接路段,2021年建设四组许家里,2022年建设三组百三里,改善村内人居环境。

社会发展　石北村委会广场建设了透水混凝土,设有健身器材,日常开设有广场

石北村

舞、跳绳、羽毛球、跳舞活动,村委会内设有健身活动室,开设了象棋、跳棋、五子棋等活动。

村委会内设有石北村卫生室。

全村有228名满60周岁村民享受了养老保险,其中享受社保的有85人(含享受失地农民保险);全村有13户农户共27人享受低保。

村内主干道设有垃圾回收箱10个,农户聚集点设有垃圾桶65个,垃圾做到了日产日清,有4名环卫工人对房前屋后卫生进行打扫。

萍乡武功山风景名胜区卷

萍乡武功山风景名胜区概况

萍乡武功山位于萍乡市东南部，萍乡、宜春、吉安三市交界处，地处湘赣边界罗霄山脉北段，呈北东向隆起于醴陵—攸县和茶陵—永新及萍乡、莲花等盆地之间。自古与庐山、衡山并称为"江南三大名山"，誉为"衡首庐尾武功中"，还被中国国家地理杂志社评选为"中国十大非著名山峰"之一。它的地理优势得天独厚，人文历史深邃厚重，民俗风情淳朴独特，自然风光神奇瑰丽，既是江西省西部旅游资源最为丰富的大型山岳型景区，又是一处享有盛名的国家AAAAA级风景名胜区。全区面积237平方千米，景区规划面积40.15平方千米，主峰白鹤峰（金顶）海拔1918米，园内景点200多处，以高山草甸、峰林地貌、飞瀑温泉、千年祭坛、优越生态为主要特点，其资源类型与特色被专家概括为"山景雄秀、瀑布独特、草甸奇观、生态优良、天象称奇、人文荟萃"。

1985年，武功山被江西省政府列为首批省级重点风景名胜区，经历了从无到有、从小到大、发展壮大的艰辛历程。2000年，芦溪县人民政府成立江西武功山风景名胜区芦溪管理局，与当时的麻田乡合署办公。2003年8月，萍乡市委、市政府同意设立萍乡武功山风景名胜区管理委员会，为市政府派出机构，正县级建制，委托芦溪县管理，同时撤销江西武功山风景名胜区芦溪管理局。2010年3月，萍乡市委、市政府对景区进行体制调整，武功山管委会为市政府正县级派出机构，管辖武功山风景名胜区。赋予景区县级政府的行政许可审核权、行政处罚权和社会事务管理权。

景区管辖麻田镇和万龙山乡2个乡镇，共有23个村和2个居委会，常住人口2.98万人。

麻田镇辖埈头村、沈子村、石溪村、龙王潭村、大江边村、麻田村、长冲村、株木村、东江村、蔡家村、月形社区。

万龙山乡辖茅店村、牛宕村、桂花村、三勤村、黄江村、龙山村、三星村、东坑村、长岭村、龙上村、南岭村、槽下村、下村村、新龙社区。

截至2022年底，景区共拥有4块"国字号"品牌：国家AAAAA级旅游景区、国家级风景名胜区、国家地质公园、国家自然遗产。同时，武功山成功入选联合国教科文组织世界地质公园候选地，云顶景区创成国家AAAA级旅游景区，还获国家体育旅游示范基地、全国非遗旅游景区、"中国天然氧吧"、全国风景名胜区自驾游示范基地、全国青少年户外体育运动营地、中国青少年科学考察探险基地、中国美丽田园、中国品牌节庆示范基地、最具创新价值节庆（帐篷节）、自行车运动主题公园、江西最美旅游名片、全省优秀旅游景区、全省智慧景区、全省体育旅游产业基地、江西"避寒养生福地"、江西省乡村旅游风光带、江西十佳旅游摄影外景地等称号，被国家文旅部评选为全国旅游景区质量提升经典案例单位，成功入选2021—2022年中国文旅景区品牌经典运营案例。从2008年起，连续举办15届武功山国际帐篷节、6届武功山国际越野赛、8届环鄱阳湖自行车赛（武功山赛区）、2届中国户外运动发展论坛，并成功举办全国登山邀请赛、大学生户外挑战赛、全国围棋赛等活动和赛事，在全国率先构建户外文化体系。"最长帐篷队列"壮美奇观创下吉尼斯世界纪录，被中央电视台誉为"国内最大的帐篷节活动举办地"，2019年萍乡武功山帐篷节照片入选美国《时代》周刊"全球年度最惊奇照片"。户外徒步越野在国内外闻名遐迩，享有"云中草原·户外天堂"之美誉。

自然环境与资源

武功山的地质构造在华南地区具有典型性和代表性，是考证华南地区地质构造演化历史的典型场所。明代旅行家徐霞客登临武功山后曾留下："千峰嵯峨碧玉簪，五岭堪比武功山。观日景如金在冶，游人履步彩云间。"的七言绝句。在20世纪20年代，我国地质学家高平、徐克勤、刘辉泗等人就武功山的地质地貌开始考察。到20世纪50年代，中国科学院、地矿部、江西地矿局以及南京大学等院校、单位先后对武功山进行系统的基础地质调查和科学研究工作，完成了1∶20万和1∶5万区域地质调查、航空磁力测量和水系沉积物测量等工作，初步提出武功山是由早期岩浆热穹隆构造和后期重力滑脱构造形成的构造演变模式；随后南京大学舒良树、楼法生博士通过对武功山花岗岩构造的研究，从同源岩浆演化的理论出发，丰富并完善了岩浆热穹隆理论。武功山因花岗核杂岩地质构造特征和地质遗迹景观的独特性、典型性和保存的系统性、完整性，为国内外罕见，具有全球性对比的地学意义和科学考察价值，为武功山创建世界地质公园奠定基础。

全域范围整体地势呈现中间低周围高、东高西低的态势，西部部分范围在武功山风景名胜区内，海拔高程在800~1918米之间，区内海拔最高点在金顶1918米，中间沿万龙山—茅店、蔡家—麻田形成两条纵向沟谷，海拔高程在220~350米之间。

武功山共发现各类矿产3种，已开发利用的矿种有3种，主要有玻璃用石英岩、矿泉水、地热水等。全区已设采矿权5处，其中矿泉水3处、地热水1处、玻璃用石英岩1处。

年平均气温16.7℃，年降水量2241毫米，年日照时数1513.6小时，年平均风速为0.6米/秒，年最多风向为东北偏东风。

全区植物区系主要属于泛北极植物区中国—日本植物亚区的中国南部亚热带植物区系。森林植被保存较为完整，森林覆盖率83.35%，多为亚热带常绿阔叶林，垂直分布规律明显，其主要为地带性常绿阔叶林、常绿落叶阔叶混交林、少量的针阔混交林和温性针叶林。现有资料估计野生分布的种子植物约120科450属1325种，其中列为国家重点保护植物约34种；珍贵、稀有、濒危树种有150余种；保留下来的古木大树7种。有被誉为"植物三元老"之一的银杏树连片成林，最大的一株高24.5米，树围12.1米，树径3.63米，树龄逾千载；海拔1200米以上的高山草甸全世界同一纬度绝无仅有；珍稀植物有黄杉松、台湾松、云锦杜鹃、猴头杜鹃、粗榧、独花兰等。

现已查明的野生动物有两栖动物2目7科25种、爬行动物2目8科25种、鸟类15目50科257种、哺乳动物4目10科16种。其中，国家重点保护鸟类15种，包括国家一级保护动物白颈长尾雉和黄腹角雉等2种；国家二级保护动物13种，有凤头鹃隼、松雀鹰、赤腹鹰、游隼、红隼、白鹇、勺鸡、草鸮、红角鸮等；国家二级重点保护两栖动物虎纹蛙1种；国家二级重点保护哺乳动物斑灵狸、鬣羚和豹猫等3种。

经济概况

2022年，武功山积极构建全域旅游格局，创建世界地质公园正式进入迎检备战阶段，国家级旅游度假区创建工作接受了省文化和旅游厅的初步检查，景区接待游客数和门票、索道票收入逆势增长，是全省唯一的连续三年呈双正增长的AAAAA景区，共接待游客259.76万人，较2021年同比增长93.38%；购票人数91.93万人，较2021年同比增长2.69%；门票、索道票收入1.4851亿元，较2021年同比增长1.56%。

萍乡武功山风景名胜区田块具有面积小且分散的特点，2021年，水稻种植面积2.01万亩（其中紫红米和优质稻4000亩）、茶叶5000亩、水果1400亩、油菜7100亩、蔬菜3100亩。

萍乡武功山风景名胜区属于国家级风景名胜区,且大部分地区在羊狮幕自然保护区和山口岩水库水源保护地范围内,为禁养区,没有畜禽和水产的规模养殖企业,只有一些零星养殖户。2021年,全区猪牛羊禽肉产量570吨,其中猪肉产量260吨、牛肉产量100吨、羊肉产量150吨、禽肉产量60吨,与往年持平。

基础设施

全区公路网里程289.63千米,其中省道里程32.02千米,农村公路里程257.61千米(县道36.07千米,乡道69.34千米,村道152.20千米)。省道、县道全部摊铺沥青。芦万武旅游公路贯穿萍乡武功山风景名胜区全线,连通芦溪县。全区建制村通客运班车率为100%。

区内有邮政普遍服务自营网点2个、武功山主题邮局1个、邮政投递站点4个,投递段道5条,总长约110千米;电信营业部1个,电信社会渠道网点3个。

截至2021年,全区有各类水利工程198座。有小型水库5座,总库容191万立方米;山塘3口(总蓄水量16.7万立方米),其中5万立方米以上重点山塘2口;防洪河堤5座,长度30.77千米;小水电站27座,总装机2210千瓦;安全饮水工程158处,其中规模化水厂2处、集中式工程76处、分散式工程80处,解决了2.6万人的饮水问题。

2021年,在全区2个乡镇的14个行政村建设14个新农村点,修建道路4.3千米,排水渠整治2.8千米。结合"红色名村"建设,重点打造茅店村、大江边村等村庄。同时开展"美丽活力乡村+民宿"创建行动,2021年被确定为全省首批"美丽活力乡村+民宿"联动建设试点县之一。

社会发展

2021年春季全区建档立卡在校学生共计692人。华云学校获评江西省第二届"文明校园",万龙山上海隆波学校入选萍乡市第二批"廉洁学校"。麻田中学"以劳培德"和华云学校"中草药文化进校园"取得初步成效,麻田中心学校"以体育人"特色明显,校长朱志辉被评为"敬业奉献"中国好人。万龙山隆波学校李矛彦老师被评为江西省"学生心目中的好老师"。顺利举办全区第二届中小学生运动会和第一届全区中小学生篮球赛和乒乓球赛,省级课题的结题完成2个。

武功山地质公园成功入选2023年国家自然资源科普基地。

萍乡武功山风景名胜区下辖医疗卫生单位2个,2所乡镇卫生院(含防疫保健站)(万龙山乡、麻田镇),26个村卫生室(其中19个公有产权村卫生室,7个私有产权村卫生室),编制床位数40床位。

2021年底,全区4个扶贫车间吸纳贫困劳动力49人,为13名贫困失地农民购买养老保险并发放社保补贴。开展就业技能培训5期、创业培训1期、企业岗前培训1期,共有244人次参加培训。开发山林防护、保洁、保绿、农家书屋管理员、巡河员等岗位,安置脱贫人员82人。

2021年,全区省控以及市控断面水质全面达标,水质优良率100%,2个乡镇级集中式饮用水水源地达标率100%;武功山空气质量持续保持良好态势,$PM_{2.5}$年均浓度保持在17微克/立方米左右,优良率保持在98%以上;无污染地块,重点建设用地安全利用率100%;对袁河流域13个入河排污口进行溯源排查整治,全区医疗废物无害化处置率100%。

特色地情

名胜古迹 湘东(萍乡)苏维埃政府旧址。坐落在大江边村石屋老,总占地面积2000多平方米。始建于1909年,原为石屋老刘姓家族祠堂。著名的新泉"小年夜战斗"就是在这里制定的战斗方案。2006年公布为芦溪县重点文物保护单位。湘东(萍乡)苏维埃政府建立于1930年冬,后并入湘赣省苏维埃政府。1930年,麻田地区率先建立麻田、大江边、沈子、石溪、杨溪、蔡家和熊岭等7个乡苏维埃政府。1930年,当时的湘东独立师在此驻扎,刘沛云、李廷玉、萧克等人先后任该师师长。

江南祭坛群。位于武功山金顶海拔1900米处,自三国东吴初年开始创建,距今已有1700多年的历史,金顶、图坪、箕峰、集云四大道场全为石质建筑,葛仙坛、汪仙坛、冲应坛、求嗣坛四座石垒祭坛按照古代星相学中的"三垣四象"排列,朝向各异、建筑风格独特,坛为块石拱顶结构,里面没有一根梁柱,是历史上有名的无梁殿,为国内历史最早、保存最好、结构跨度最大的古祭坛。同时,是目前全国发现的海拔最高的古祭坛群、江南地区唯一以花岗岩为材料搭建的圆穹顶式建筑,为江南古代祭祀文化的活化石。

白鹤观。俗称顶庵,位于金顶景区白鹤峰,始建于唐朝神龙年间(705—707)。现今的白鹤观建于清康熙六十年(1721),1985年重修,占地面积5400平方米,砌石为墙,铁瓦覆盖,保持着原始古朴的道教风貌。

中庵紫极宫。位于海拔1360米的武功山腰。旧时庙宇堂皇,铁瓦覆盖,占地1200平方米,供三王爷和许逊神像。

石鼓寺。原名石鼓庵,亦称佛祖庵,坐落于武功山主峰白鹤峰山脚下,原庵始建于元延祐年间(1314—1320),距今已有700多年历史。

葛仙古坛。又名脚庵,坐落在龙王潭村十一组(台上)。此庵始建于五代时期(907—960),主要用于香祭葛洪,是武功山第一庵。葛仙古坛占地面积达2000平方米,分为前、中、后三殿。前殿为赵公堂,中殿是葛仙殿,后殿为玉皇宫。庵内有石雕、木刻、铁铸神像等丰富的艺术装饰,庵前还有一对石狮,增添庄严之感。中殿的葛洪坐像高4米,且上面可坐人。葛仙坛面宽28米,进深33米,面积644平方米。在宗教文化、建筑艺术和历史研究方面,都具有很高的价值。

九龙山胜佛禅林。九龙寺,位于九龙山九龙归槽中心开阔地。旧寺占地约4亩,分为前、中、后三殿,麻石砌墙,铁瓦覆盖。系元高僧浮屠宁州与其弟天文所建。相传,曾拥有僧徒100余人,香火旺盛300多年,至清末才衰落。现存有九龙十八塔遗迹及大量废墟遗迹。

名优特产 萍乡武功山风景名胜区拥有特色旅游商品12种。分别是武功山紫红米、舌尖武功原味烟笋、舌尖武功土果子(茅店村)、武功绿英、万龙松针茶(下村村)、武功宣豆制品(茅店村)、樱桃番茄、兴宸辣椒(长冲村)、蔡家金针(蔡家村)、石溪藏嘎嘎、盐果子(石溪村)、蔡家霉豆腐(蔡家村)。

有"两品一标"产品(绿色食品、有机农产品、地理标志农产品)7个,富硒产品5个。其中绿色食品认证1个,为萍乡武功山兴宸农业发展有限公司水果黄瓜;有机产品认证5个,分别是萍乡市万龙山茶场的万龙松针、武功绿英、茶鲜叶和萍乡市万垦旅游发展有限公司的茶鲜叶、绿茶;地理标志农产品认证1个,为武功山石斑鱼;富硒农产品认证5个,分别为萍乡市万龙山茶场的万龙松针,萍乡市武功山林家豆制品有限公司的豆腐干,萍乡市万垦旅游发展有限公司的绿茶、茶鲜叶和江西省芦溪金乌毛竹种养专业合作社的富硒鲜笋。

民俗风情 武功山缩龙(东江村)。缩龙是武功山地区极具代表性的灯彩,其中最为精彩的莫过于东江村的缩龙。舞耍之时,时而像苍龙戏水,时而像饿龙抢珠;盘龙时龙头高昂,如泰山压顶;绞柱时首尾呼应,气势恢宏。其制作非常精巧,龙长39米,分为11节。龙头口含龙珠,喉头贴着一道符,额头有5字,头顶一独角(故又称独角龙)。龙身可伸可缩。耍龙需150余人同步进行,配7组乐队,加之鱼仔灯、引灯、散灯等全部出动,共300多人,耍法有金龙闹海、太极图、小极图、头尾绕柱、盘龙、穿节等。每三年出灯一次,自正月十一日始至十六日,出灯时气势磅礴,十分壮观,常与本地特色茶花灯一起表演,极富欣赏价值。

古法造纸(黄江村、龙山村)。在武功山风景名胜区万龙山乡黄江村与龙山村交界处,至今还流传着2000多年前蔡伦的古法造纸术。据传,宋淳化年间(990—994),万龙山乡本地村民依山傍水建槽,利用山上丰富的竹料生产爆竹纸、火纸,其造纸技术一直流传至今。

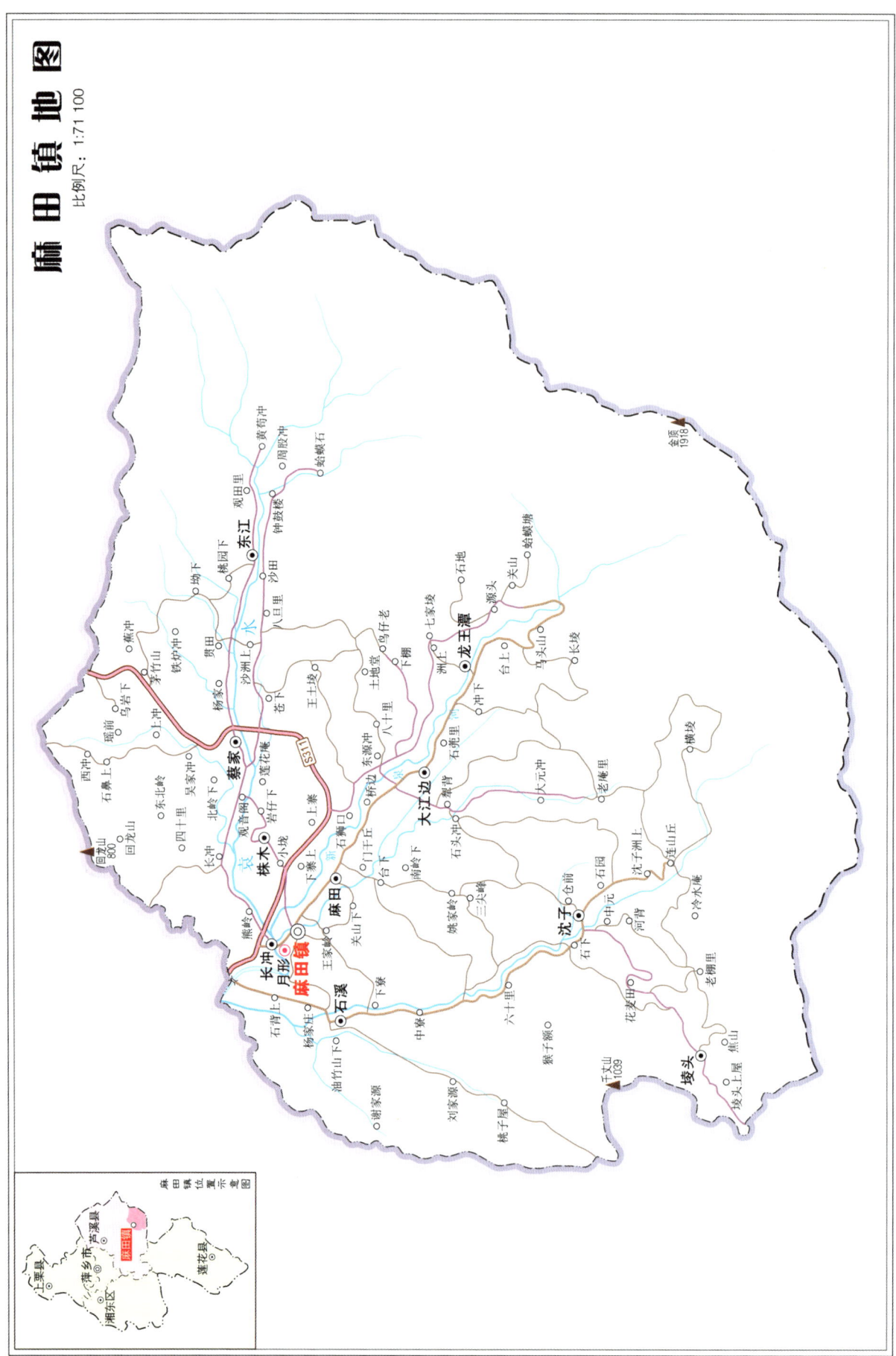

麻田镇

麻田镇位于武功山国家AAAAA级旅游景区核心,辖区总面积96平方千米,西北临新泉乡,北连万龙山乡,东南与安福县泰山、大布两乡接壤,S311省道、芦万武旅游公路穿境而过,区位优势显著。1956年3月设乡,2003年9月并入新泉乡,2010年6月成立麻田办事处,2021年4月经省民政厅批复同意成立麻田镇。该镇下辖10个行政村、1个居委会:麻田村、东江村、蔡家村、长冲村、石溪村、沈子村、埭头村、大江边村、龙王潭村、株木村、月形居委会。全镇总户数3569户,总人口1.2万人。居住人口以汉族为主。

自然环境与资源 麻田镇属亚热带季风气候,气候温和,光照充足,四季较为分明,全年无霜期270天左右,年平均气温是17℃。夏季最高气温可达39℃。冬季最低气温约-4℃。麻田镇背靠的武功山山体主要由片麻岩、花岗岩组成,属环西太平洋成矿带的组成部分。境内地层出露齐全,岩浆活动频繁,地质构造复杂,成矿条件优越,有色金属矿藏丰富。另外还有优质矿泉、温泉。至今仍保留着广袤的原始森林,丰富的动植物资源以及完整、平衡的生态系统。据初步统计,武功山有植物2000多种,动物200多种,种类较全,数量众多,植物界"活化石"银杏在这里成片生长,还有千年桂花树、铁杉群、红豆杉群以及1万余亩连片成林的台湾松等;武功山巨型活体灵芝更是世界罕见;国家一类保护动物黄腹角雉在这里都可追踪觅迹;短尾猴、水鹿、娃娃鱼等珍稀动物常现山中。

经济概况 麻田镇总耕地面积1.9万亩,森林面积12.5

麻田镇镇政府

万亩。油菜种植4150亩，其中长冲村彩色油菜花160余亩，东江村彩色造型油菜花20余亩；红花草种植2000余亩，并安装围栏35000余米；水稻种植面积14854.5亩，产量7398吨。主要以旅游产业、民宿产业为主，境内包含有花涧里、百鸟园、滑草场、纵野越野车等5家文旅游玩产业，辖区内有民宿酒店167家，2022年旅游总人数约40万余人，累计消费1.3亿元。麻田镇财政收入稳步增长，2022年财政收入3778万元。

基础设施 该镇交通便利，省道S311、芦万武旅游公路穿境而过，乡道有长冲村至东江村红岩谷、蔡家村至东江村黄苟冲、大石公路、麻田—大江边—龙王潭线、石溪村—沈子村—垅头村线路，共32.7千米宽6米，均为沥青路面。麻田镇东江河生态陂坝建设工程，共建设水坝12座。2019年实施了麻田石溪河河堤加固工程，共投入资金216.4万元。2021年防洪河堤修建15.2千米，投入资金2亿元。2022年实施麻田镇麻田村王家岭河河道治理工程，萍乡武功山东江安全饮水提升项目投入约112.05万元，麻田镇抗旱应急水源工程建设和调水供水设施项目投入约155.10万元。

社会发展 麻田境内有1所初中、2所小学。麻田中学先后被评为2018年省级青少年校园足球特色学校、2019—2022年江西省体育传统项目学校（田径、足球）、2021年江西省劳动教育示范学校。麻田中心学校先后被评为全国教育系统先进集体、国家级体育传统项目学校、江西省文明校园、江西省教育系统"创新发展年"先进单位，获2018年江西省第十五届运动会快乐体操第三名，2019年全国快乐体操接力通关赛团体男子一等奖、团体女子一等奖等。蔡家村皮长麻获2022年"国都杯"全国诗书画印交流大赛金奖。辖区内现有一个400米标准田径场，配备有标准足球场3个、篮球场10余个、摔跤馆1个、健身体能馆1个。

全镇有1家卫生院，10个村均设有卫生室，每日有乡村医生值守。2022年城乡居民基本医疗保险核定参保人8730人（申报人数8639人），参保率为98.95%，政府代缴984人。2022年享受城乡居民养老保险待遇人员1987人，城乡居民养老保险参保人数4317人。共有农村低保户469户739人，全年发放农村低保资金330.7万元，城镇低保21户30人，全年发放城镇低保资金18.46万元。新建雨污管网9.4千米，有效收集熙谷小镇、游客中心、麻田集镇周边酒店、民宿、居民的生活污水。完成油茶优改1102.5亩，森林抚育2100亩，保护公益林12万余亩，森林保护成效显著，森林覆盖面积68%。沈子村、株木村获评"江西省森林乡村"。

特色地情 麻田镇是一方红色革命热土，流传着一根皮带的红色故事。1930年4月，彭德怀率领红军途经安福时遭到敌人伏击，只得翻过武功山到达大江边村进行休整。彭德怀由于操劳过度，染上疟疾，一连几天卧床不起。王七妹听说有一位"红军同志"生病了，便主动前来照顾。一个星期后，"红军同志"完全康复，告别乡亲踏上新的征程。临行前，"红军同志"拉着王七妹的手说："老乡，感谢您把我照顾得这么好，我没有别的东西送您，就把我的皮带留给您，作个纪念。"说完，他把身上的皮带解下，郑重地交给了王七妹。部队走后，村民们才告诉她："送皮带的是彭德怀。"得知是彭德怀系过的皮带，王七妹连忙用红布层层包好，藏在箱子最下面，从此秘不示人。这一藏，整整过去了75年，直到2005年4月政府将祖屋打造为苏维埃旧址，王七妹的曾孙刘德茂把皮带献了出来，才展现在了人们的面前。

小年夜战斗。1931年，萍乡保安团以八个连的兵力对苏区进行突然袭击，占领新泉。为驱逐敌人，1932年1月下旬，红军湘赣独立第一师第三团全体指挥员先后开到萍乡境内，分别驻扎在十八弯、棱头、沈子一带整装待命。1月24日至26日，萍乡县苏与红三团联合召集军事部、独立营、赤卫师和各区警卫连等有关单位负责同志在大江边部署战斗。1月27日，红三团召开了连级以上干部会议，团长谭家述、政委王震分别作战前动员。1月31日（小年夜），各驻地战士分工合作，经过紧张激烈的战斗后把敌人打得晕头转向，四散逃窜。2月1日9时许，战斗胜利结束，红旗又在新泉境内迎风飘扬。2月3日，县委、县苏在大江边举行了隆重的追悼会，缅怀在战斗中光荣牺牲的刘雪松等20多位同志。

蔡源周，麻田镇东江村人，1900年生，1929年参加革命工作，1930年春加入中国共产党，1931年秋任大安苏区苏维埃军事部长兼萍乡赤卫二团大安区警卫连政委。1932年春任湘赣省苏维埃执行委员。1934年红军主力西征后，国民党反动派对苏区进行反革命"围剿"。蔡源周同志在战斗中牺牲，年仅34岁。其大弟周源芳、二弟源选、妻子唐金秀都先后为革命献身。

冯榜立，麻田镇棱头村人，1903年出生，1927年参加革命，1929年加入中国共产党，1930年冬担任大安区苏维埃土地部部长，1931年4月改任萍乡苏维埃邮电部部长兼任赤卫师政委,1935年冬任萍宜安中心县委组织部部长、副书记,之后不久调湘赣省委宣传工作,后任代理宣传部部长。1936年5月在安福县密室开展工作时被叛徒出卖,牺牲时年仅33岁。

林家绍,麻田镇麻田村人,1904年出生,1929年加入中国共产党,1930年任南岗乡党支部委员、赤卫队政委和大安区赤卫团长,1931年任县赤卫团政委、军事部长等职。1932年秋任中共萍乡县委常委、苏维埃政府主席。1933年秋因病改任萍乡县苏维埃军事部部长,不久后在战斗中身负重伤。1934年春,敌人发动"围剿",他带病掩护大部队撤离苏区。10月他随中央红军北上长征,途中他病情加重,不得不返回老家,不久后病逝,年仅30岁。

湘东(萍乡)苏维埃政府旧址,为省级文物保护单位,市爱国主义教育基地,位于江西省萍乡市麻田镇大江边村石屋老,坐东朝西,一进五间,面宽30米,进深15米,面积450平方米,始建于清,硬山顶穿斗式砖瓦结构。1930年至1934年期间,此处曾作为湘东(萍乡)苏维埃政府驻扎点,并在此成立了中国工农红军湘东独立第一师,该师组织领导了著名的小年夜战斗,有力地配合了井冈山红军的第三次反"围剿"行动。2018年,武功山风景名胜区管委会利用旧址打造"中国工农红军湘东独立师历史陈列馆",6月28日举行陈列馆揭牌仪式。

石鼓寺,原名石鼓庵,亦称佛祖庵,坐落在萍乡武功山主峰白鹤峰山脚下,距芦溪县城35千米。原庵始建于元延祐年间,距今已有700年历史,为市级保护文物。

麻田镇不定期举办各类民俗文化休闲娱乐活动,如武功山开耕文化节、中国农民丰收节、春锣表演、龙灯会等,特色风俗包括独具特色的牛带茶灯、春锣表演、武功山散龙和茶花灯等等。

垅头村

村情概况 垅头村位于武功山风景名胜区麻田镇东南方向,面积约6.5平方千米,东至沈子村山口里,南至吉安交界处,西至新泉乡杨家湾村十八弯组,北至沈子村石下。因地处武功山山脉分支千丈山顶部,而得名为垅头村,至今已逾千年。传说500多年前,沿海地区连年战乱,百姓为了生计逃亡至本村大山深处,靠开荒种麻为生,人们称之为棚民。以前由焦山、老棚里、花麦田、竹山里四个生产队组成为垅头大队,现由焦山、潭里、花麦田、老棚里、大竹山、冷水庵、上屋、竹山里8个村民小组组成埯头村。村级有117户387人,常住人口256人,流动人口131人,居住人口均为汉族。主要姓氏有王、凌、罗、刘等。

自然环境与资源 埯头村以山地丘陵为主,是萍乡海拔最高村,平均海拔约800米。常年平均气温约18℃,终日薄雾环绕,森林密集,树木繁茂,空气清新,可谓"天然氧吧,避暑胜地"。村内的3条小溪小河呈南向北流向,埯头村瓦屋里山塘水面面积40亩。

经济概况 埯头村耕地面积738.32亩(其中包含130多亩种植油茶),水稻种植560亩、大豆面积40亩。该村民宿产业已具有一定规模,交通便利,可同时容纳游客500多人,基础设施完善,民风淳朴。焦山民宿、焦山露营基地、瓦屋里山塘等区域适宜休闲度假,同时埯头村也适宜徒步登山,沿途可欣赏本村的特色民宿建筑、梯田、枫林、竹海、母子石、古树林,山顶上可欣赏的景点分别有骆驼峰、迎客松、蛤蟆石、云海、草甸、九龙山、金顶等。村内有27家民宿,约带动60名村民就业。2022年村级集体经济年收入13万元,其中资产性收入10万元、出租性收入3万元。

基础设施 埯头村主干道2019年已铺设沥青长4千米,宽6米双车道。2022年村组公路全面完成路面硬化,实现8个村小组约长6千米,宽3.5米户户通硬化路工程。宽带网络全覆盖。全村住户80户已全部通电。村级建设农田灌溉水渠约8千米,河道3条约10千米;山塘40亩;全村住户80户自来水全部到户;村内设有饮用水水管员1名,河道保洁员2名。2017年建设上屋新农村;2018年投资30万元建设潭里新农村,修游步道、建休闲亭、文化墙等;2019年投资30万元建设花麦田新农村,改善村庄环境、房相改造、修游步道、修建休闲亭等。该村山林面积8900余亩(公益林6854.5亩)。房前屋后整治常态化管理、村庄内设公益性岗位保洁员15人;另设专职保洁员

埯头村

埓头村民宿

1人。

社会发展 1999年7月前有埓头小学，占地面积约1亩，从1999年7月后将埓头小学撤销。埓头境内有文体广场有4个，安装体育健身器材12套，深受百姓喜欢。村委会设有村级卫生室，日常有1位乡村医生按时坐诊。群众购买养老保险人员168人，享受社保人员3人；目前低保人员21人；有老年活动室、养老服务中心，占地面积400平方米。

特色地情 1929年陈竞进等共产党员来到埓头一带传播革命思想。1932年元月下旬，红军湘赣独立第一师第三团(湘东独立师第三团)由谭家述、王震带领进驻埓头村，在小年夜一举歼灭新店里白军，毙敌700多人，俘虏200多人，史称"小年夜战斗"。埓头村目前还保留有"张天窖"、碉堡战壕、红军地下交通站、枪械修理所等红色遗迹。该村建有"烈士亭林"，以纪念湘赣省军区司令员彭辉明、省委代理宣传部部长冯榜立、萍乡县苏维埃政府主席钟林、中共湘赣边界特委委员陈竞进、新四军一师二旅作战参谋彭清恩、新四军一师二旅四团政委郭猛等6位烈士，并将其纳入武功山风景名胜区党性教育基地现场教学点，开展户外党课教育。

该村的民俗风情有端午包粽子，清明做艾米果、做清明酒，重阳节做老冬酒，过年杀年猪、吃杀猪饭、熏腊味。特产有石磨豆腐、采用当地土生土长的食材做的五饼盘两碗。

沈子村

村情概况 沈子村位于麻田镇西部,面积9.6平方千米,与麻田村、石溪村、大江边村、堎头村交界。共有12个村民小组,182户630人。主要姓氏为林、刘、李等。

自然环境与资源 沈子村属于丘陵地区。全村建于山坡上,所处位置海拔较高,背靠九龙山。村境内地表水资源较充沛,水域面积约22.5亩,沈子河穿村而过,流向长石溪村。村内拥有松树、枫香、苦槠等古树十余棵,有白鹇、野猪、猴子、獐等动物资源。

经济概况 全村耕地面积1316亩,2023年荒地数217.32亩,已复耕217.32亩。现已种植水稻622亩,已种植经济林712.89亩,种植经济林已连片形成规模的有477亩,主要分布在连山丘组的茶叶、猕猴桃片区,洲上组的油茶片区,老屋场组的杨梅片区、西元组的油茶片区。山林面积21356.66亩,森林覆盖率91.89%。依托户外徒步经济、避暑经济发展民宿,现村内有民宿农家乐近22家,低中高档次的民宿分布于全村各地。2022年村集体经济收入26.43万元。

沈子村

沈子村打糍粑民俗

基础设施 村域内道路基本形成体系,已达到村级公路标准,进村主要道路环线已完成沥青路面铺设,沥青路长约4.2千米、平均宽约4米,所有入户路打造成了水泥路,完成了村公路、入户路全面硬化改造。沈子村有兴盛优选物流配送点,为全村配送上门。此外有快递收发点在麻田集镇上,约10千米。通信网络覆盖率、家庭通电覆盖率、生活用水覆盖率均为100%,180余户村民已接通自来水,覆盖630余人。生产灌溉用水覆盖率80%。主要村级水渠6千米,多为明沟山塘3个,自来水管网铺设2千米,全村已接通自来水管,可保障生活用水。新农村建设点4个,总计投入专项资金62万元,受益182户630人。

社会发展 村内集中活动场地共4处,为店里桥上、石园、新时代文明实践站、洲上,总占地约3000平方米。村级卫生室1座,日常有1位乡村医生按时坐诊。现有低保30户46人,集中供养9人。特困供养人员、低保、残疾人等补助均已发放到位。2022年沈子村基本医疗保险参保率超98%。

特色地情 刘崇汉,1920年毕业于清华大学。同年9月赴美国留学,获得哥伦比亚大学机电专业硕士,麻省理工学院矿冶专业博士。1930年回到祖国。曾任国家水利电力部技术改进锅炉室主任工程师,在改进锅炉装置、提高热效率方面,取得卓越的成绩。

村境内有红色女子职业学校遗址。苏区成立后,村民与国民党反动派进行武装斗争,苏区人民艰苦奋斗,自力更生,大力发展政治、经济、文化建设,在沈子村开办红色女子职业学校,工农妇女在校学政治、学文化、学缝纫技术。

另有战时医院遗址。1931年,在麻田镇沈子村设立了临时医院,并在边远地区设立中、草药店,方便群众就诊。苏区除充分利用原有的中医、草药郎中外,还抽调青年医务工作者到湘赣省苏区卫生部门学习深造。

石溪村

村情概况 石溪村地处国家AAAAA级景区武功山风景名胜区核心地带,位于萍乡武功山脚下,村域面积9平方千米,距离萍乡市区27千米、芦溪县城15千米,交通便利,区位优势明显。辖16个村民小组,全村总户数320户,户籍人口1260人。居住人口以汉族为主。主要姓氏为彭姓、罗姓。

自然环境与资源 石溪村属于丘陵地形,刘家源和谢家源2个自然村建于山坡上,所处位置海拔较高,其余许家源、石背上2个自然村建于平地上。林地面积8338亩,绿化覆盖率高于全区平均水平。村境内地表水资源较充沛,水域面积约150亩。石溪河环村而过,流向新泉乡。村内拥有近千年树龄的古樟树2棵,属于国家保护资源。村内有一景点百鸟园,吸引市内外游客来旅游观光。

经济概况 现有耕地约1500亩,旱地面积206亩。全村种植以水稻、紫红米、玉米为主,经济作物主要有西瓜、油茶、红薯等,养殖业主要发展猪、牛、鸡鸭等。村境内有石溪四合院、财神客栈、鹏古老山庄、武功山原汁味等7座民宿,通过提升改造形成了多元业态,解决村内20余人就业。自2022年起有村级集体经济收入,水电站股份分红、特色种植分红共收入15.1万元。

石溪村

梧桐小镇

基础设施 村域内道路基本形成体系,已达到村级公路标准,进村主要道路环线已完成沥青路面铺设,沥青路长约2千米、平均宽约7米,所有入户路打造成了水泥路,完成了村公路、入户路全面硬化改造。村内有兴盛优选物流配送点,为全村配送上门。此外有快递收发点在麻田集镇上。通信网络覆盖率、家庭通电覆盖率、生活用水覆盖率、生产灌溉用水覆盖率均为100%。300余户村民已接通自来水,覆盖1200余人。村内现有排水沟7千米左右,多为明沟,拥有灌溉水渠8千余米。全村已接通自来水管。石溪村老桥处有水坝一个,石背上桥有水坝一个。许家源、石背上、油竹山下、中下料、刘家源、谢家源各作为新农村建设点进行建设,每个建设点有上级投入的30万元资金用于建设。

社会发展 村内集中活动场地共6处,为谢家源广场、刘家源广场、油竹山下广场、中下料广场、石背上广场和村委会前广场,总占地约2000平方米。有村级卫生室1座,日常有1位乡村医生坐诊。全村建档立卡脱贫户43户118人,突发严重困难户1户5人,脱贫不稳定户1户7人;低保户46户79人;特困供养户17人;残疾人43人。特困供养人员、低保、残疾人等补助均已发放到位。2022年石溪村医疗保险缴纳比例超97%,居全镇前列,40余户农户已购买失地保险。有养老服务中心1处,养老服务中心包含休闲娱乐场所与幸福食堂,可同时服务至少50位老人。

特色地情 石溪村村内有1处红色党支部旧址,位于刘家源。有1座福主庙,有上百年历史,为民间组织道教文化场所,占地面积1000余平方米,其中,主要建筑占地面积约120平方米。有1座彭氏宗祠,常作为举行红白喜事的场所。村内有特色小吃艾米果、盐果子、烟笋,有特色农作物紫红米。

龙王潭村

村情概况 龙王潭村位于麻田镇东部,村域面积为13.11平方千米,东与吉安市毗邻,西南与大江边村接壤,北与东江村毗邻。山下为萍乡市武功山风景名胜区金顶景区的西部入口,金顶景区是主要的游览景区,与九龙景区、发云界景区相邻,北部为羊狮慕省级自然保护区实验区。村委会距离游客服务中心约3千米,距集镇区约5千米。该村有14个村民小组,全村总户数268户,户籍人口923人,居住人口以汉族为主。主要姓氏有刘、王、谢、吴、林等。

龙王潭原名义顺社,乾隆年间,这里有4座佛寺。道光年间(1821—1850),连年旱情,为了祭拜龙王神兴建了一座龙王庙。庙旁边有一座桥,桥下有三个很深的水潭,俗称"三潭相映",头潭两岸箭竹丛生,古藤缠绕,桥下水流湍急,碰岩击石,跃下十米悬崖,碎成万点水花,坠入潭中,发出震耳响声。二潭较小,地势略与头潭平,入水口即是头潭出水口,水流回旋,飞珠溅玉,泄水口即是三潭,潭水呈深蓝色,平静清澈,潭尾横一巨石,可容数人憩息。人们概括为"头潭汹、二潭动、三潭静"。后来人们就将义顺社叫作龙王潭。

自然环境与资源 龙王潭村属于山区,山上以花岗岩为主,高山土壤以山地草甸

龙王潭村

为主。域内的"峰、洞、瀑、石、云、松、寺、田、村、舍"形成了齐备的山色田园风光,数万亩高山草甸绵绵于海拔1600多米的高山之巅与巍峨山势相映生辉。气势恢宏的高山瀑布群、云海日出、穿云石笋,奇特的怪石古松、峰林地貌和保存完好的原始森林、巨型活体灵芝等景观令游人叹为观止。区域内有动物200多种,植物2000多种,被中国科学院专家誉为天然动植物园。山下的龙王潭村落屋舍俨然,与梯田和远处的山景相互映衬,形成了一种世外桃源般的美感。

经济概况 龙王潭村共有水田面积765.6亩,旱地面积980.1亩。水田面积种植以水稻为主,旱地种植的主要是玉米、红薯、大豆等,经济作物主要有油茶、果树、厚朴树等,还有退耕还林种植其他树木等。龙王潭村主要以旅游业为主,辖区内有武功山实业有限公司索道分公司、漂流、桶下电站、云雾茶场。村内有民宿和农家乐58家,还有石鼓寺店铺。2022年村集体经济收入18.7万元。

基础设施 村域内道路基本形成体系,已达到村级公路标准,其中大石公路路段为双向道直通石鼓寺广场,村辖区内有1500余米。进村主要道路环线已完成沥青路面铺设,沥青路长3100余米、平均宽约4米,所有村组路、入户路长3000余米,全面完成硬化改造。有兴盛优选物流配送2个点,为全村配送上门。此外有快递收发点在麻田镇上。辖区内通信网络覆盖率、通电覆盖率、生活用水覆盖率100%,生活用水和饮用水均已到户,覆盖900余人。村内现有水渠8000余米。该村台上组、龙王潭组、藕塘组于2015年前政府各投入资金10万元进行新农村建设,2017年政府投入资金30万元对桶下组进行新农村建设,于2018年政府各投入资金30万元对潭里组、洲上组进行新农村建设,2019年政府投入资金30万元对马头山组进行新农村建设。龙王潭村新村委会大楼于2017年9月份完工,并于10月份搬进里面办公。

社会发展 1949年前龙王潭就已经有了小学和老师,在龙王庙上课,直到1967年新建了一栋300多平方米两层、土坯结构的学校。1988年重建砖混结构、200余平方米、两层的学校。2003年与新泉并乡后撤销小学,目前只剩下建筑物。村内集中活动场地共2处,为龙王潭村委会活动场地和石鼓寺广场。村内有村级卫生室1个,医生由麻田卫生院分派下来按时坐诊。龙王潭村及时上户协助患慢性病人员办理慢性病卡,同时帮助脱贫户、监测对象与麻田卫生院签约了家庭医生团队。家庭医生每户每年上户履约4次,为签约病人提供常见病的初级诊治,卫生室还不定期组织卫生院专业医生来村上开展义诊活动。现在有低保户30户55人,特困供养户6人,办理残疾证的有31人,资金均已发放到位。龙王潭村对符合购买失地保险的25户农户根据意愿,已办理失地农保和职工社保。龙王潭村利用村委会大楼设置养老服务中心,定时邀请全村老人聚餐。

特色地情 龙王潭村村域内在山顶上有古祭坛群,已有1700多年的历史。武功山自古是道佛修炼之地,极盛时拥有宫、观、寺庙近百座,僧人道士数千人,目前依然留下众多遗址遗迹。其中石鼓寺、紫极宫、白鹤峰和金顶古祭坛是遗址遗迹中保存较为完整、体量较大的资源单体。村里在春节过后,举办耍龙灯、茶花灯、牛仔灯等活动庆祝新年。全村人一起买材料,制作道具,选择人选进行节目排练,在正月十五后,二十四前连续三个晚上带着龙灯、茶花灯和参加表演的人员,伴随着民乐、二胡、笛子等到每家每户,姑娘们手里端着茶花灯,嘴里唱着茶花赞歌、脚下踩着十字舞,男人舞着龙灯,观看的人们挤满了每一屋。同时每一户村民都会准备水果点心和红包给表演节目的人们。

大江边村

村情概况 大江边村位于麻田镇中东部,东至龙王潭村、南至沈子村、西至麻田村、北至株木村、蔡家村。原有大江边大队、石屋大队、黎背大队3个大队,于1979年合并成大江边村委会,辖区面积约35.5平方千米。有23个村民小组,728户2495人,主要姓氏有吴、王、林、刘、冯等。居民以汉族为主,还有苗族、水族各1人。

自然环境与资源 该村位于武功山核心区域,以山地丘陵地形为主,森林和水资源丰富,森林覆盖面积15200余亩,覆盖率87%,绿化面积150亩。武功山主峰金顶,海拔1918米,为江西省最高峰,现被列为国家地质公园和武功山风景名胜区AAAAA级景区。村境内有两条河流,分布在袁河和黎背河,流向山口岩水库。村内有水库一座,水面面积37.4亩,容纳蓄水10000立方米,灌溉面积500余亩。村境内野生动物有猴子、野猪、野鸡、竹鸡、湖鸡、景鸡。植物有红豆杉、樟树、枫树。

经济概况 2022年,大江边村种植水稻、红薯、玉米、大豆,水稻面积3677.76亩,红薯面积105亩,玉米面积130亩,大豆750亩。2022年村集体经济收入24.94万元。

基础设施 域内有S311省道、一大石公路两条县道通过。村里主干道大江边至黎背敬老院沥青路段宽5米,长1.2千米,为一级公路。全村23个村民小组都通水泥公路。大江边村通信网络全覆盖,宽带安装520户。全村用电720户,通电全覆盖。排水量全覆盖。村级水利建设有水渠10条,山塘6眼,大元冲水库1眼。自来水全覆盖。大江边村新农村建设点4个,分别为石屋老、石狮口、黎背、店下,新农村建设布点进行广场、铺沥青、水泥硬化、房相改造、环境整治、绿化等建设,受益农户520户。

社会发展 大江边村有中、小学各1所。麻田中学(上海隆波第四、五希望学校),

大江边村

创办时间2015年,占地面积96.5亩,现有老师38人,学生398人。大江边小学(赣鄱小学)老师2人,幼师1人,学生29人,创办时间1975年,占地面积7.5亩。大江边村石屋老苏维埃旧址广场占地面积5亩,能满足村民的日常休闲活动需求。村内现有3个卫生诊所,医生资格证3人,药品齐全,群众就医近,切实解决群众看病困难问题。大江边村群众购买养老保险和失地农民保险人数375人。低保人员91户134人,特困供养户30户34人。村委会配备老年活动中心、幸福食堂。

特色地情　大江边村历史故事和革命故事有"春荒暴动"小年夜之战,红色歌曲《十杯酒》《送郎当红军》《杀敌歌》。现有历史古迹有石狮口组王家祠堂、桂花树下祠堂、石屋老苏维埃旧址、大江边吴家祠堂。村内旅游资源有红色苏维埃旧址、武功山滑草场、武功山漂流公司、七步岭庙。

民俗风情有散龙灯、索龙灯、茶花灯、牛仔灯、丰收季。特产小吃有武功山腊肉、武功河鱼、艾米果、烟笋、霉豆腐、皮蛋等。

麻田村

村情概况 麻田村位于国家AAAAA级景区武功山麻田镇的中心区域，萍乡武功山风景名胜区管委会麻田镇中部，东南接壤大江边，北临南江河，西北邻月形里，现属于麻田镇中心地带，是麻田镇的政治、文化中心。区域面积10.5平方千米，X164县道从村内穿行而过，交通便利，区位优势明显。据《林氏族谱》记载：林德隆于元至顺二年（1331）从洪都宜阳迁此。田里多种麻粘稻，故名。新中国成立前为大安乡第二保，新中国成立初期属大安区麻田乡，1958年与大江边、龙王潭合称高峰农场，1959年撤场称麻田大队，1961年为麻田乡麻田村，村委会驻地在麻田乡中心小学院内。该村下辖13个村民小组，392户1396人。居住人口以汉族为主。麻田村主要姓氏为林、戴、刘。

自然环境与资源 麻田村地形地貌为丘陵山区，大部分地区地势平坦。麻田村森林覆盖率高，林地面积6000余亩，绿化覆盖率高于全区平均水平。村境内地表水资源较充沛，水域面积约20000平方米，南江河、麻田河环村而过，经月形街流入长冲河。麻田村境内有百年罗汉松1棵，古樟树等名树十余棵。

经济概况 现有耕地约1851亩，全村种植以水稻、紫红米、玉米为主，有近2千亩油茶林，经济作物主要有油茶、红薯等，养殖主要发展猪、牛、鸡鸭等。近年来依托武功山旅游发展，村内村民开设了云林阁、谷田稻香、增林山庄等6家民宿和农家乐。自2021年起有村级集体经济收入，2022年通过村委会一楼店铺和二楼机房、老榨油坊地基出租，公益林等收入10万元。

基础设施 村域内道路基本形成体系，已达到村级公路标准，进村主要道路环线已完成沥青路面铺设，沥青路长约2.5千米、宽约5米，所有入户路打造成了水泥路，完成了村公路、入户路全面硬化改造。麻田村有兴盛优选、美团物流配送点，为全村配送上门。此外有快递收发点在麻田村境内和麻田集镇上，约1.5千米。通信网络覆盖率、家庭通电覆盖率、生活用水覆盖率、生产灌溉用水覆盖率100%。村内拥有灌溉水渠8000余米。全村已接通自来水管，可保障村民生活用水。王家岭满里下建有水闸1座。台下、上麻田、门干圫各作为新农村建设点进行建设，每个建设点有上级投入的20万—30万元资金用于建设。

社会发展 麻田村现有麻田中心学校和麻田中心幼儿园。麻田中心学校办学始于1916年，于2020年扩建，现有学生600人，专任教师42人。学校先后被授予"全国

麻田村

教育系统先进集体""国家级体育传统项目学校"等60余项国家级、省市级荣誉。麻田中学幼儿园始建于2000年,为萍乡市一级示范幼儿园,总占地面积1822.03平方米,建筑面积1978.67平方米,在园幼儿165名,在园教职工24人。村内在台下组、中屋组和门干圩组设有休闲活动广场,设有体育健身器械、文化墙,总占地约达1500平方米。麻田镇卫生院坐落在月形街,村内未另设诊所。村内特困供养人员、低保、残疾人等补助均已发放到位。麻田村在二、三楼设有居家养老服务中心,养老服务中心包含休闲娱乐场所与百穗食堂,可同时服务至少20位老人。

特色地情 麻田村内有一座黄泗庙,为民间组织民俗文化场所,占地面积900余平方米。其中,主要建筑占地面积约200平方米。黄泗庙建于400余年前,历史悠久,历经数次修缮,保存完整。

村内有特色小吃艾米果、盐果子、烟笋、霉豆腐、盐姜、糖醋姜等,有特色农作物紫红米、烟熏腊肉。

月形社区

月形社区位于麻田镇月形街,于2020年从麻田村分出,成立居委会。辖区范围为东至义下壁、芦新武公路,南至麻田小学,西至月形山,北至熊岭桥,境内有麻田月形街、武功山管委会、麻田镇人民政府、农商银行、税务、麻田卫生院、村委会小学等单位,辖区面积约为3平方千米。社区居民较为分散,分布在麻田镇的10个村,分为5个片区居民小组,截至2022年底,社区居民总数为321户570人。

株木村

村情概况 株木村地处国家AAAAA级景区武功山核心地带,麻田镇中北部,西北与大江边村、麻田村、长冲村接壤,东南与蔡家村、东江村、龙王潭村相邻。村域面积2.7平方千米,距离萍乡市区27千米、芦溪县城15千米,离麻田集镇约2千米,S311芦万武公路从村内穿行而过,交通便利,区位优势明显。株木,同槠木,号称"江南四

株木村

大名木之一",材质坚硬,纹理细腻,耐腐蚀性和耐风化能力好,具有良好的稳定性,产量不高,株木村因盛产槠木得名。株木村自清朝末期建村至今有200余年历史,最初地处偏僻,四面环山,最早一代村民为避免战乱迁徙至此,后来陆陆续续有外来者定居,形成株木生产大队,后发展为株木村。村辖9个村民小组,全村总户数249户,户籍人口880人。居住人口以汉族为主。主要姓氏为刘姓、彭姓。

自然环境与资源 株木村属于丘陵山区地形,林地面积3500亩,绿化覆盖率高于全区平均水平。村境内地表水资源较充沛,水域面积约6万平方米,株木河、三湾河环村而过,流向长冲村。株木村引大元冲水库的水用于灌溉上寨、下寨、小垅的农田。全村有4口水潭,总面积约3亩,其中百叶潭用于灌溉,其余用于养鱼。村内有松树、枫香、苦槠等古树十余棵。

经济概况 现有耕地约688亩,旱地121.1亩。全村种植以水稻、紫红米、玉米为主,经济作物主要有花生、油茶、红薯等,养殖主要发展猪、牛、鸡、鸭等。村域内有武功山花洞里现代农业科技产业园和武功山航空飞行营地。武功山花洞里现代农业科技产业园占地面积约600亩,总投资约3亿元,是集现代农业种植、农品育苗、农业旅游观光、智慧农业大数据、生态主题餐厅、青少年科普教育示范和农科博览主题构建的现代农业技术园区。武功山航空飞行营地项目总投资约2亿元,主要建设航空飞行营地及配套设施,开发动力滑翔伞、三角翼、旋翼机、热气球、无人机、直升机等低空飞行项目。村域内有"飞来钱"民宿街,云畔拾光、清湘亭等十余座民宿,通过提升改造形成了多元业态,解决村内50余人就业,每年接待100万左右游客。自2022年起有村

株木村上寨自然村"飞来钱"民宿街

驴友街夜景

级集体经济收入,2022年通过老村委会出租、特色种植分红和入股分红共收入15万元。

基础设施 村域内道路基本形成体系,已达到村级公路标准,进村主要道路环线已完成沥青路面铺设,沥青路长约1.8千米、宽约4米,所有入户路打造成了水泥路,完成了村公路、入户路全面硬化改造。株木村有兴盛优选物流配送点,为全村配送上门。此外有快递收发点在麻田集镇上,约2千米。通信网络覆盖率、家庭通电覆盖率、生活用水覆盖率均为100%。生产灌溉用水覆盖率80%,下寨门前和三湾河尚未覆盖。村内现有排水沟3千米左右,多为明沟,拥有灌溉水渠5600余米。株木村新桥处、观音阁河处各有水坝1个。到目前为止,下寨、岩醉霞、上寨各作为新农村点进行建设,每个建设点有上级投入的30万元资金用于建设。

社会发展 村内集中活动场地共2处,为岩醉霞文化广场和村委会前广场,总占地面积约2000平方米。有村级卫生室1座。全村建档立卡脱贫户91户346人,突发严重困难户2户8人,脱贫不稳定户1户3人;低保户35户53人;特困供养户16人;残疾人31人。特困供养人员、低保、残疾人等补助均已发放到位。2022年株木村医疗保险参保率超98%,居全镇前列,70余户农户已购买失地保险。株木村租赁民房建设养老服务中心1座,包含休闲娱乐场所与幸福食堂,可同时服务至少30位老人。

特色地情 村内有一座白马寺,有上百年历史,为民间组织道教文化场所,占地面积1200余平方米,建筑面积约120平方米。村内有1处红色哨所,位于凤凰山顶,是建国时期所建,但目前遗址已被损坏。有一座刘氏宗祠,常作为举行红白喜事的场所。村内有特色小吃艾米果、盐果子、烟笋,有特色农作物紫红米。

上寨自然村"飞来钱"民宿街所在地原名"飞来泉",因当地有一股清泉而得名,人们将"飞来泉"谐音念成"飞来钱",寓意人民群众对美好生活的向往。

东江村

村情概况　东江村位于麻田镇东部,地处金顶景区、发云界景区和云顶景区之间,属于萍乡武功山核心地段,东南与安福县羊狮慕镇交界。村域面积8.2平方千米,距离萍乡市区27千米、芦溪县城15千米,离麻田集镇约5千米。据文献记载,早在唐宋时期,就有周氏定居于此。东江古称东岗,1984年改称麻田乡东江村,2000年与苍老村合并,改称新泉乡东江村,2008年设立麻田办事处,改称麻田办事处东江村,2021年麻田办事处撤办设镇,改称为麻田镇东江村。东江村辖25个村民小组,全村总户数522户,户籍人口1750人,居住人口以汉族为主。东江村主要姓氏为蔡氏。蔡氏由元延祐年间由安福迁居苍老,其余大多为明初或清初以后从安福、莲花、宜春等地迁居于此。目前,东江村还有彭、江、叶、黄、彭、姚、曾、王、李、谢、温、周等姓。其中东江周姓为麻田镇有明确记载的最早的居民。

自然环境与资源　东江村属于丘陵山区地形,境内海拔千米以上的山峰有东江峰、千丈岩等。观音宕草甸为武功山著名的草甸之一,现为武功山国际帐篷节举办

"云中东江"

东江村稻田星空露营基地

地。袁水水源之一的东江河穿村而过。

经济概况 东江村现有耕地约2369亩;农业种植主要以水稻为主,特别是种植在高山梯田的生态大米——东江鲜米备受市场认可。经济作物主要有油菜、油茶和红薯等,养殖主要发展猪、牛、羊、鸡、鸭等。东江村自2019年起重视发展村级集体经济,按照经营企业的思路发展村集体经济,着重布局产业,盘活集体资产,形成了熙谷小镇民宿集群、枫隐三秋和悦阳民宿等高端民宿,同时还有28家普通民宿酒店。在发展民宿的同时,东江村打造了2个露营基地丰富了旅游业态。近年来随着景村融合发展,东江村的民宿和旅游业态得到显著发展和提升。2022年东江村集体经营性收入120余万元。

基础设施 该村村域内道路基本形成体系,已达到省级公路标准,进村主要道路环线已完成旅游公路提升改造,全村基本实现入户路白改黑,东江桥也得到了恢复重建。全村网络实现了全覆盖,供电全部完成农网改造。村内现有灌溉水渠5600余米。全村已实现集中供水,可保障村民生活用水。东江河防洪景观河道治理也基本完成。近年来东江村通过景村融合建设,新农村建设和村庄治理等建设,已经基本完成了村庄基础设施提升,初步具备乡村旅游度假区的雏形。

社会发展 村内集中活动场地共2处,村级卫生室1座。全村特困供养人员、低保、残疾人等补助均已发放到位。同时建设了村级居家养老服务中心,可为村民提供休闲娱乐和幸福食堂供餐服务。

特色地情 村内有蔡源明故居,位于熙谷小镇,系清末砖砌建筑,为蔡源明(1897—1935)求学之前所居之地。蔡源明博学多识,为民国时期著名的地理学硕儒之一,先后出版有《经济地理学概论》《我国西北各省将化沙漠之倾向》《中国之气候》《中国大地体之构造与历史》《江西之地理与构造》《中国十五年来之地理学界》《亚洲地理志》《欧洲地理志》等20余部著作。

东江村龙灯会、开耕节、进补节及崇安宴、八碗四碟等系列乡土文化品牌异彩纷呈。传统宴席文化的崇安宴、八碗四碟颇为有名。特产主要以传统小吃为主,如艾米果、盐果子、烟笋、糊酿酒等。非物质文化旅游资源艺术类主要有东江采茶戏、茶花谣和东江散龙,习俗类有传统太平龙灯会、春耕节和进补节等节庆活动。

蔡家村

村情概况　蔡家村位于武功山下,辖区面积12平方千米。自建村至今有200余年历史,最初地处偏僻,四面环山,最早一代村民为避免战乱迁徙至此,后来陆陆续续有外来者定居,形成向阳生产大队,由于村内多为蔡氏,最终发展为蔡家村。蔡家村辖18个村民小组,总户数302户,总人口1192人。蔡家村的主要姓氏为蔡姓。

自然环境与资源　该村属于丘陵山区地形,上冲、铁老冲位置海拔较高,其余建于平地上。林地面积9000亩,其中公益林面积4896亩。村境内地表水资源较充沛,水域面积约90亩,蔡家河沿村流向长冲村。村内有松树、枫树、樟树、桐子树、银杏树等古树。

经济概况　现有耕地约1575亩。全村种植以水稻、紫红米、玉米为主,经济作物主要有金针、花生、油茶、红薯等,养殖主要发展猪、牛、羊、鸡、鸭、鱼等。该村有杨家民宿村,半望山、碧湖农庄等10余座民宿,另有户外越野、亲子水上乐园、金针基地、葡萄园等旅游休闲项目。通过提升改造形成了多元业态,解决村内100余人就业。自2020年起有村级集体经济收入。通过土地出租、特色种植分红和入股分红共收入

蔡家村

蔡家村金针基地

15.3万元。

基础设施 村域内道路基本形成体系,已达到村级公路标准,进村主要道路环线已完成沥青路面铺设,沥青路长约2千米、宽约4米,所有入户路打造成了水泥路,完成了村公路、入户路全面硬化改造。有兴盛优选物流配送点,为全村配送上门。此外有快递收发点在麻田集镇上,约4千米。200余户村民已通水,覆盖1100余人。村内生产灌溉用水覆盖率80%,下寨门前和三湾河尚未覆盖。村内现有排水沟5千米左右,多为明沟,拥有灌溉水渠6600余米。全村已接通自来水管,可保障生活用水。蔡家、杨家有水坝1个,爱心桥处有水坝1个。蔡家、杨家、上冲各作为新农村建设点进行建设,每个建设点有上级投入的30万元资金用于建设。

社会发展 村内集中活动场地有蔡家村村委会广场和上冲广场2处,总占地面积约500平方米,能够满足村民日常休闲活动需求。有村级卫生室1座,日常有2位乡村医生坐诊。蔡家村及时上户协助患慢性病人员办理慢性病卡,同时帮助脱贫户、监测对象与麻田卫生院签约了家庭医生团队。家庭医生每户每年上户履约6次,为签约病人提供常见病的初级诊治,卫生室还不定期组织卫生院专业医生来村上开展义诊活动。全村建档立卡脱贫户104户382人,突发严重困难户2户5人,脱贫不稳定户1户2人;低保户40户71人;特困供养户16人;残疾人40人。特困供养人员、低保、残疾人等补助均已发放到位。蔡家村为鼓励村民缴纳医保,每年为缴纳医保的本村户籍村民补贴一定金额。2022年蔡家村医疗保险参保率超98%,居全镇前列。蔡家村设养老服务中心,养老服务中心包含休闲娱乐场所与幸福食堂,可同时服务至少10位老人。

特色地情 村内有一座三峰庙,为民间组织宗教文化场所,占地面积400余平方米。有一座蔡氏宗祠,1930年10月萍乡县第一次苏维埃代表大会在此召开,选举成立萍乡县苏维埃政府。村内有特色小吃艾米果、盐果子、烟笋、霉豆腐等。

长冲村

村情概况 长冲村位于麻田镇驻地以南2千米处，紧邻AAAA级景区花涧里现代农业科技产业园，东面与蔡家村、东江村接壤，与株木村隔河相望，西南与麻田村、石溪村相邻。辖区面积5.2平方千米，距离萍乡市区27千米、芦溪县城15千米，离麻田集镇约2千米，交通便利，地理位置优势明显。长冲村背面环山，全村有连绵不断的丘陵山地，这些山自然而然地形成一条冲，且头与蔡家村接壤，尾与石溪村毗邻，故得名长冲。辖区内有11个村小组，总户数348户，户籍人口1272人。居住人口中以汉族为主，有少数外嫁过来的少数民族。村内主要姓氏为彭、陈、刘。

自然环境与资源 长冲村山丘、丘陵、平地地形俱全。大夫第、易家冲、院前区域建于山丘上，陈家里、彭家里、崖下、五家棱区域建于平地上，疆域呈东北向西南倾斜的山字形地貌。森林覆盖面积7500亩。村境内地表水资源较充沛，有香樟树、枫香、苦槠等古树十余棵。

经济概况 现有耕地约946亩，旱地面积248亩。全村种植以水稻、玉米为主，经济作物主要有油茶、红薯等，养殖主要发展猪、鸡鸭等。村域内的武功山花涧里现代

长冲村

长冲村种植大棚

农业科技产业园占地面积约600亩,总投资约3亿元,是集现代农业种植、农品育苗、农业旅游观光、智慧农业大数据、生态主题餐厅、青少年科普教育示范和农科博览主题构建的现代农业技术园区。村境有山愈客栈、栖迟居客栈、满天星、山水相映等10余座民宿,通过提升改造形成了多元业态,解决村内60余人就业问题。2022年,在原老熊岭小学拆除的地基上新建1栋1450平方米的民宿,每年可为村级集体创造收益15万元左右,村集体闲置房屋田心幼儿园租金收入1.5万元,村集体公益林补助收入0.945万元。

基础设施 村域内道路基本形成体系,已达到村级公路标准,进村主要道路环线已完成沥青路面铺设,沥青路长约2.2千米、宽约7米,所有入户路打造成了沥青路,完成了村公路、入户路全面硬化改造。村内有兴盛优选物流配送点和美团优选配送点。快递收发点在麻田集镇上,约2千米。通信网络覆盖率、家庭通电覆盖率、生活用水覆盖率、生产灌溉用水覆盖率均为100%。20余户村民已接通自来水,覆盖100余人。村内现有排水沟5千米左右,多为明沟,拥有灌溉水渠6000余米。田心桥处、陈家里桥处、月形桥处各有水坝1个。到目前为止,陈家里、彭家里、大夫第、易家冲各作为新农村建设点进行建设,每个建设点有上级投入的30万元资金用于基础建设。

社会发展 村内集中活动场地有大夫第老村委会门前广场1处,总占地面积约500平方米。有村级卫生室1座。长冲村有368位村民购买养老保险,已享受社保的村民106人,已享受失地农民保险48人;低保人员目前有78人;特困人员有11人,其中8人是分散供养、3人集中供养。

特色地情 村内有家族宗祠龙七公祠,古色古香,建于清光绪二十八年(1902)冬月,门口横匾"龍七公祠"四个字稳重大方,目前为止建筑保存良好。另有一栋始建于清光绪年间,名"大夫第",清光绪七年(1881)建成,是奉政大夫、官居五品的长冲人彭岐高的私宅。呈双层凹字形,青砖黑瓦,马头墙,是典型的徽派建筑。目前常作为家族举行红白喜事的场所。

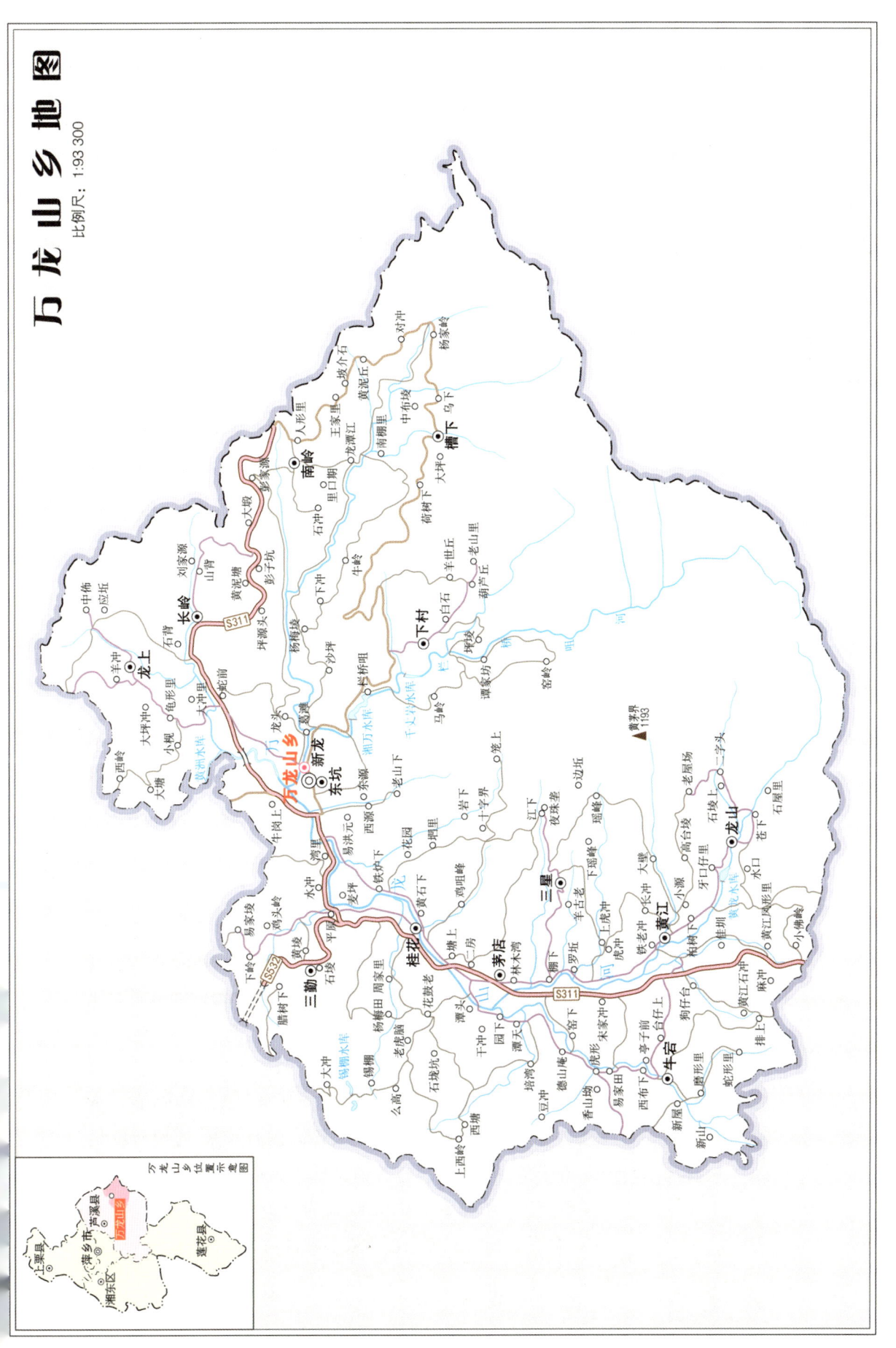

万龙山乡

万龙山乡位于武功山东麓,属于江西省萍乡武功山风景名胜区下辖乡镇,全乡总面积142平方千米,森林覆盖率87%,下辖13个行政村1个居委会,分别是龙山村、南岭村、三星寸、下村村、槽下村、东坑村、桂花村、黄江村、龙上村、茅店村、牛宕村、三勤村、长岭村、新龙社区。全乡总人口1.3162万人。S311省道、芦万武旅游公路穿境而过,乡道43.4千米,村道84.64千米。全乡辖域内包含5条河道,河道总长约100千米。

自然环境与资源 万龙山乡地处罗霄山脉北段山区,地势周高中低,东南部属武功山脉中段,西、北部多为丘陵。主要山峰有发云界、羊狮慕。海拔最高点位于槽下村羊狮慕,高度为1735.8米;海拔最低点位于东坑村两江口,高度为233米。属亚热带季风湿润气候,光热充足,雨量充沛,春暖秋凉,夏热冬寒,四季分明,夏季高温多雨,冬季寒冷干燥。多年平均气温16.2℃。年平均生长期275天,年平均无霜期约240天,年平均日照时数1500.9小时。年平均降雨量1620毫米,降雨集中在每年的4—7月,5月最多。境内河道属赣江水系,主要河道有黄江河、茅店河、东坑河、槽下河、陇上河等,河流总长度75千米,河网密度0.47千米/平方千米。境内最大河流为茅店河,发源于发云界,从南至北流经龙山村、黄江村、茅店村、桂花村、东坑村,境内长21千米,流域面积46平方千米。万龙山乡有钨铜、黑钨、高岭土、石英石、云母等矿藏资源。有丰富的矿泉水、温泉等资源;红豆杉、银杏、玉兰、枫、樟、杉、松、檀、桂等70多种古树名木;白术、天麻、黄柏、杜仲、厚朴、黄精、野山参、田七、黄连等500多种药材；野猪、果子狸、麂子、猕猴、水鹿、山鸡、山鹰、穿山甲、娃娃鱼、石蛙等多种野生动物。

经济概况 2022年全乡种植油菜3565亩，全乡农作物种植总面积21183亩，粮食产量8365.6吨。目前，油茶、菜油主要分布在牛宕村、茅店村、黄江村等，已有专业加工榨油坊1座，注册山茶油商标"牛宕哩"；茅店村的紫红米产业是省百优扶贫产品，发展富硒大米产业的画眉陇合作社为省科技示范基地；茶叶以高山云雾茶为主，主要分布在下村村、南岭村、槽下村，有龙潭江等茶叶种植基地和武功山熙春、万龙云针等茶叶品牌；瓜果产业品种多样，有猕猴桃、黄桃、桑葚等，产业基地有桂花村的清芯农庄和牛宕村的黄桃采摘基地。林氏豆腐以豆制品加工销售为主，是重点龙头企业。万龙山乡有"武功山熙春""万龙松针""武功绿英"等特产。

万龙山乡紧紧围绕打造全域旅游发展特色乡镇为目标任务，牢固树立全域旅游和景村融合发展理念，围绕打造为赣湘乃至全国知名的休闲养生、生态旅居全域旅游特色乡镇，打造升级了白鹭苑民宿自然村、龙溪谷景区、竹海槽下景区、桂花羊羊部落等热门旅游点，有陇上龙溪谷、茅店白鹭苑、三勤江湖情、桂花生态园4个AAA级乡村旅游点。持续发挥花漫里旅游小镇、璞园酒店等网红酒店民宿作用，形成全域旅游发展新优势；持续发展紫红米、茶叶、油茶等特色农业种植，构建"生态观光+果蔬采摘+特色民宿"休闲观光农业产业链。全年完成财政总收入5862万元，比2021年的财政总收入5121万元增长14.47%，完成全年目标计划的102.63%。2022年一般预算收入为2233.31万元，同比上年（2411万元）减少约7.96%，补助收入为5817.67万元，同比上年增长166.01%。

基础设施 完成危旧房改造5114户，其中完成集中新建654套、原址重建和维修加固4460套；建成了200套公租房、廉租房。完成了各村乡村安全饮水工程和万龙山乡城乡供水一体化工程，解决了供水设施滞后、供水能力不足等问题。完成了万龙山乡卫生院建设，万龙山敬老院改扩建，华云、隆波、黄江三所幼儿园扩建以及校园改建工程。完成了芦万武公路和S311省道建设，以及基本实现通村公路"白改黑"。

社会发展 万龙山乡辖区现有华云学校，万龙山隆波学校两所九年一贯制义务教育学校，现有教职工总计83人，现华云学校小学人数663人，隆波学校小学人数344人，两所学校总计人数1007人。

全乡有文化站1个，有村级文化活动中心14个，文化专业户2个，各类图书室14个，藏书3.5万册。各村均设有休闲娱乐小广场。有腰鼓队、威风锣鼓队、龙灯队农民歌舞队、农民乐队等9个艺术团体。新建周岐将军故居、万龙山乡革命烈士陵园，打造了红色文化教育基地；新建了牧歌羊羊部落研学基地等；全乡有广播电视站2个（其中桂花村村民自办广播站1处）。万龙山乡有农民健身活动场所21处，篮球场15个。

截至2022年底,万龙山乡有各级各类医疗卫生机构16个,其中卫生院1所;病床52张,其中公立卫生机构床位20张,每千人拥有医疗床位4.77张,固定资产1090.73万元。专业卫生人员30人,其中执业医生3人,执业助理4人,注册护士16人,平均每千人拥有卫生技术人员2.75人。

全乡现有劳动力7843人,其中已就业5998人,未就业1845人,省内就业4056人,省外就业1942人。通过就业信息系统平台办理就业失业证56本,就业困难人员认定9人。安排公益性岗位(扶贫专岗)158人。做好城乡低保和社会救助,截至目前,农村低保共计423户675人,城镇低保户67户79人。

荣誉 获得全国乡村治理示范乡镇、2020全国文明村镇、全省乡村振兴示范乡镇、全省防灾减灾示范乡镇、全省五型政府建设先进集体、全省十大秀美乡镇、全省卫生乡镇、2017—2021平安江西建设示范乡镇(街道)、"江西魅力乡镇"、2022年江西避暑旅游目的地、2022年江西避寒养生福地等荣誉称号。

茅店村

村情概况 茅店村位于万龙山乡中部偏东方向,武功山、发云界、羊狮慕三大景区交会处,全村总面积约16平方千米,距万龙山乡政府驻地5千米,距武功山管委会15分钟车程,距芦溪县城25分钟车程。2003年以前,茅店村隶属华云乡管辖范围,位于华云乡政府驻地所在地。2003年,华云乡与原万龙山乡合并为现在的万龙山乡,茅店村划归万龙山乡管辖。并乡不久,么高村与原茅店村合并为现在的茅店村。全村共有33个村小组,划分为4个片区。周、刘、谭为3个主要姓氏,其次为李、彭、易、罗等姓氏。户籍人口770户2680人,是武功山风景名胜区辖区内人口最多的村。

自然环境与资源 主要河流是袁河,上接发源地发云界,穿村而过,下接芦溪县宣风镇,汇入宜春袁河。茅店村培湾组有大量石英石,品质较高,主要用于建筑、装修,目前,有一家企业正在进行开发。拥有被誉为"旅游天堂,自然氧吧"的江西省AAA级乡村旅游点——白鹭苑,每年3—4月份,大批白鹭迁徙至此,筑巢、繁衍后代,吸引了一大批摄影爱好者前往。

经济概况 茅店村耕地面积4399.8亩,种植水稻2345.2亩,亩产500斤,涉及种植户344户,其中5户为种植大户。村内共有247户种植油茶4072.93亩。2022年种植油菜1480亩,涉及农户139户。2021年,全村共有80户养殖户,年末存栏550头,全年出

茅店村

栏900头。2022年，全村共有30余户村民养殖肉牛近500头，全年出栏200头，年末存栏近300头。2022年，全村共有10余户村民养殖山羊480余头，全年出栏180头，年末存栏近300头。鸡、鸭、鹅是茅店村民最常养殖的家禽，几乎覆盖在村里的每家每户。

2018年，随着《舌尖上的中国》播出，林氏井水豆腐逐渐成为"网红美食"。2020年，应客商邀约，林氏井水豆腐以品牌入股，成立了武功宣林氏豆腐有限公司，厂房设在黄土塅组的老村委会，带动近20名村民就业。2010年，已在新泉建办竹筷厂的老板与村委会达成合作意向，在茅店村园下组新建一个分厂，厂房占地面积达1000余平方米，带动100余名村民就业。2010年，万龙山乡人民政府通过招商引资引进天鹰硅业，开发位于培湾组的屏风石山，将石英石磨成石英粉后，销往建材公司。2022年，带动约40名村民就业。2018年，客商在村内建完美鞋厂。2022年，带动约50名村民就业。

村内共有经济组织11个，其中村集体经济组织2个，资产总额18万元，由村党组织书记兼村主任担任负责人。村集体经济来源主要为租赁，其次为公益林补贴。2023年村集体经济经营性收入为28.62万元。

基础设施 全村有2条主干道，均为柏油马路，1条为S314省道，从万龙山乡人民政府起经茅店村街上片、谭天片到芦溪县新泉乡；1条为芦万武旅游公路，从芦溪县城经茅店村直通武功山核心景区。此外，村内共有其他生产道路约45千米，生活道路约40千米，其中硬化路面约30千米，除通往天鹰硅业、白鹭苑景点、月山下组经街道至谭天组道路和2022年新建的新生组道路外，其余均为水泥路面。

村内农田建有沟渠，兼具灌溉和排水功能，总长度约为10千米，与村内山、小河沟相连接，为本村2000余亩农田提供灌溉水源，基本能够满足农业生产需求。目前，村民生活用水以山泉水为主，有8个饮水点。目前，正在铺设自来水管道，位于主干道的片区已铺设完成。全村家庭通电率、通信网络信号覆盖率均为100%,村里未接通天然气,95.97%的农户使用罐装液化气,0.91%的农户使用沼气,其余的基本为老年人,使用木柴。约650户使用宽带网络,295户使用有线电视。有1个物流配送点,位于华云街,可接收和发送除邮政以外的其他快递;邮政集散点设立在隔壁东坑村,有快递员上门派送和接收快递。

社会发展 2020年武功山风景名胜区管委会统筹新建了1栋占地面积达410平方米、楼高五层的茅店村党群服务中心。有1所华云学校,设有从幼儿园到初三的所有年级。有乡卫生院1家,私人诊所3家。2022年城乡居民医疗保险参保人数2648人,参保率98.81%。66户101人享受最低生活保障,23户23人享受特困人员基本生活标准,71人享受残疾人两项补贴。村内建有1个居家养老服务中心,位于江头组,占地面积240平方米,两层,现有服务对象30余人。

特色地情 茅店村历史悠久,受传统文化影响,形成了多元的民俗文化。村内共有庙宇5座,分别为江头组的栗木湾、宋家冲的鹅皇庙、园下组的西湾社、黄土墈组的社陂社和水枧下组的黎源社。每年3月,各庙宇举办春祭,祈求风调雨顺、国泰民安。春祭有固定的仪式,往往从早上6点开始,延续到下午3点,设有午餐,费用由村民自筹。

村内保存较好的古宅、传统民宅众多,拥有江西省首批省级传统村落——摩高古村落。摩高古村开基于元朝末年,兴旺于清朝中晚期,是汉朝刘苍后裔来萍乡的聚居地。90%以上的村民是刘氏后裔,是一个典型的江南宗族聚落。明代属全国十甲户的六甲(茅店村西华观仍保留石碑记载)。清朝及民国时期,摩高自然村属萍乡县新康乡新安里四保一图,约为今桂花村。新中国成立后归萍乡县新安乡,新中国成立初期属大安区管辖。1957年归为茅店乡,1960年并入万龙山公社,1969年又并入万龙山垦殖场,1984年归属华云乡,2003年芦溪武功山风景名胜区单列,又划归为万龙山乡。摩高自然村现存有7处集中连片的属于清朝和民国时期的古建筑,占地面积近2万平方米,基本上都是徽式建筑:墙基为麻石,墙体为柴火砖,上盖柴火瓦,门和窗均有花纹雕饰,屋宇、烽火墙垛均绘有字画。除此之外,古村更有古墓群、古井、古树、碑刻等人文自然景观。

茅店村是一片浸润着深厚红色文化的热土。第二次国内革命战争时期,曾是武功山革命斗争的中心区域,是联通湘赣、湘鄂赣苏区的重要地下交通站,村域范围内有众多的红色遗址遗迹。村委会利用周岐老红军的旧居打造了党性教育基地。

彭清恩(1916—1941),芦溪县万龙山乡茅店村人。1929年,彭清恩参加青年团,担任支部书记。1930年参加苏区武装萍乡独立营,任宣传员。1934年8月,红六军团西征后,彭清恩奉命留在红军游击队,在湘赣边界坚持了三年艰苦卓绝的游击战争。

1937年10月,湘赣边界红军游击队改编为新四军第一支队,彭清恩编在第一大队第二营。1941年7月,彭清恩在盐东县板土一带外出侦察,与敌遭遇,不幸牺牲。1945年5月,原盐东县行政区划调整时,将彭清恩烈士的牺牲地板土一带命名为清恩区,以示纪念。

茅店村先后获得"全国文明村""全国乡村治理示范村""省级生态村""市级红色名村"等称号。2021年,茅店村被列为省定"十四五"乡村振兴重点帮扶村。

牛宕村

村情概况 牛宕村位于万龙山乡西北部,东邻茅店村、南接黄江村、西与新泉乡颜家坊村交界、北与新泉乡陈家坊村接壤,面积8.4平方千米。相传在千百年以前,神仙铁拐李受玉皇大帝派遣下凡惩恶扬善,将丘姓恶霸变成一头大水牛帮农夫们干活赎罪,为了铭记水牛给农夫们的功劳,就将这块世外桃源称为牛宕村。下辖11个自然村组,分别是贺家坊、易家田、上屋、西布下、台仔上、九十湾、新屋、牛宕、新山、珠形、蛇形。共308户1006人。共有19个姓氏,其中黄、曾姓村民人数均超过100人。

自然环境与资源 牛宕村属丘陵地形,全村地势西高东低,四周以山岭包围,境内大小溪流7条汇集成牛宕河穿村而过。全村有耕地面积2318.37亩,森林面积10145.37亩(其中退耕还林550余亩),旱地300余亩,绿化覆盖率90%。

经济概况 主要种植水稻、油茶、油菜、黄桃,养殖土鸡、鸭、猪、牛等。2022年,水稻种植面积约1603.5亩、种植户约166户;油菜种植面积约300亩,种植户约115户。牛养殖户7户,年末存栏100头,全年出栏80头。土鸡、猪等皆为家庭散养,未形成规模。2018年,牛宕村以产业引领总体思路,充分利用丰富的土地资源,整合110亩撂荒山地发展黄桃种植产业,2021年开始挂果,目前已进入丰产期,年产量将达30万斤。同时,从2017年开始发展村级油茶产业,截至2023年3月底,自筹资金累计发放油茶苗10万余株,发展油茶种植面积达1500余亩。于2021年实施牛宕村高山富硒油茶产销一体化项目,总投资200多万元,其中扶贫资金120万元,引进年产1000吨冷榨茶油生产线及国际领先的全不锈钢茶油精炼设备和灌装生产线创建了牛宕哩榨油坊。2022年又增资300余万元,其中衔接资金投入150万元,用于榨油坊的提升,改建成现在的榨油厂,进一步创新打造茶油灌装生产线,并围绕"创品牌、增效益"的思路,为自主生产的山茶油、有机稻等系列农产品注册"牛宕哩"商标,年生产达5000千克优质茶油,逐步形成了"产、供、销"一条链的生产模式。2021年带动162户村民发展油茶产业(其中脱贫户24户),带动村民脱贫户临时务工69人,平均增收约1250元。2022年油茶采摘期和管护期带动农户临时务工23户,84人,其中脱贫户21户,75人,平均增收约600元,村级集体经济收入增收20万元,57户脱贫户和4户监测户享受油茶产业分红率全覆盖。

基础设施 牛宕村庄道路网基本形成,交通较为便利。主道路约11千米,其中易家田至九十湾路、台仔上至芦万武公路宽6米,均为沥青路面,其他道路宽4米,均为水泥路面。有桥梁7座,其中小型桥梁4座、涵洞型桥梁3座,台仔上至村主路正在新建桥梁1座。通信网络信号覆盖率、家庭通电率100%。村内未接入天然气管道,村民日常做饭烧水使用的能源主要为电能和液化气,少数家庭使用蜂窝煤、木柴。村民主要生活用水来源于山泉水,基本满足了全村村民日常生活用水需求。

社会发展 文化活动场所占地面积约4560平方米,主要是村委会(党群服务中心、新时代文明实践站)约640平方米、文化健身广场约3600平方米、庙宇约320平方米。村内建有一个卫生室,2022年度农村医保参保率达100%。牛宕村有42户72人享受了农村低保。

特色地情 牛宕村现保存完好的文物古迹有3处,分别是牛宕上桥、狮岩下桥、贺家坊康王庙,都是始建于清朝时的古迹。牛宕上桥位于牛宕村石兰口,在1960年以前是牛宕村主要的通行通道,2020年增加了护栏,目前也是一座重要的便民桥。狮岩下桥位于牛宕村易家田与西布下接壤的位置,在1960年以前是牛宕村主要的通行通道,至今为止仍是牛宕村的一条重要农耕交通桥。贺家坊康王庙址乃贺家坊与茅店交界处简易小庙,供奉康王大帝、赵公元帅、梅山将军、南海观音、山神土地、统兵神将六位

牛宕村

神像。

牛宕村的"牛灯"文化系芦溪县传统民间艺术中的一种,俗称"三脚班",又称"牛带茶",因为它集说、唱、舞、灯为一体,配以民间乐器,内容多是从历史故事和传说中采撷,融入当地民俗创作而成。唱词诙谐幽默、雅俗共赏。

牛宕村榨油坊

表演时既有传统故事的表现,更有村里百姓耕作田园之乐,因此深为广大群众喜爱,一般用于祈福、庆贺等。

桂花村

村情概况 桂花村位于万龙山乡东部,芦万武公路旁,全村总面积约4.2平方千米,下辖15个村民小组,15个自然村,现有农业户335户,农业人口1122人。

自然环境与资源 全村有耕地面积1560亩,森林面积9102亩,森林覆盖率99%。有千年红豆杉树、竹子、香樟树等。村域内有桂花美丽乡村、画眉龙上原生态村落(古红豆杉)、桂花河、桂花农业生态园、自行车绿道、湿地公园、游客服务中心、牧歌羊羊部落亲子乐园等乡村旅游景点。

经济概况 桂花村以农产品加工、种植业、餐饮等为主。发展高山油茶种植265亩,种植油菜400亩,引进的清芯农庄种植菊花、猕猴桃、丑柑、枇杷、桑葚等现代农业。武功山牧歌羊羊部落乡村旅游项目,打造美丽桂花田园综合体,优化了人居环境,带动村民年增收。桂花村通过生态补偿收入、资产资源盘活收入、劳务服务收入,2022年村级集体年收入20万元。

基础设施 全村有2条主干道,均为柏油路,1条为S314省道,从万龙山乡人民政府起经铁炉下、黄石下、大屋场、茅店街片区到芦溪县新泉乡,道路宽3.5米,共计12千

桂花村

米。另1条为芦万武旅游公路,从芦溪县城经桂花村直通武功山核心景区。道路宽6米,共计22千米。全村332户均通电,村里未接通天然气,92%的农户使用罐装液化气,8%的农户使用沼气。通信网络信号覆盖率100%。有蓄水池8座,可蓄水210吨,铺设自来水管道约5.3万米,基本满足了全村村民日常生活用水需求。

社会发展 村委会(党群服务中心)约200平方米、新时代文明实践站约200平方米、文化健身广场约1200平方米。其中桂花村新时代文明实践站采取"一室多区"形式建设,共设立5个集中活动室,包含图书馆、市民宣讲室、留守儿童学校等功能区域。村内建有1个卫生所(室),一站式便捷式结算。2022年度农村居民医保参保率达100%。脱贫户61户181人、边缘易致贫户1户3人,其中低保户41户65人(脱贫低保户29户53人),特困供养户7户8人,享受残疾补贴22户25人、享受失能补贴3户3人。

三勤村

村情概况 三勤村位于芦万武公路隧道出口处,是进入武功山风景名胜区的第一村,辖区面积6456亩。相传有三个人为避战乱,隐居此地,年复一年,然而无固定名称。农民天性勤劳,栽菜种地,默默开荒造路,取名"劳冲"。石匠勤俭自强,节衣缩食,决心要买工具造石桥,取名"俭冲"。木匠勤奋拼搏,为了能居家遮风避雨,下定决心要造木屋,取名"奋冲"。一日,外来教书先生闻一地三名,实为欠妥。择一黄道吉日,召此三人齐聚下岭庙社,拜请神灵问卦。争论了半日,最后教书先生虔诚相问:"取名'三勤'可好?"果然,盛卦落地三连准。故此,得名"三勤"。下辖7个村民小组,三联组、下岭组、下龙组、龙头岭组、易家塄组、石塄组、黄塄组,共119户,391人。

自然环境与资源 山地地形,地势西高东低。森林覆盖面积3867亩,主要以毛竹、杉树等为主,耕地面积320亩,森林覆盖率80%以上。最高海拔402.4米,位于村中心的三联组为海拔最低点,高度为147.3米。村内居民住宅较为分散,平坦用地少,土地利用率较低。旅游资源较为丰富,龙头岭组有桑葚采摘园,农场占地面积30余亩,园内种植了桑葚供游客采摘。每年在采摘期间,人流如织。

经济概况 三勤村是乡村振兴"十四五"重点村,2022年三勤村年丰农场桑葚基地年销售额20万元。油茶产业2022年产油量在600千克左右,产值9.6万元。销售料竹、冬竹笋,年销售额18万元。目前存栏牛、羊、猪150头,年产值66万元左右。农产品加工以酿酒、豆腐乳、糖醋姜为主,酒年产值20万元左右,其他4万元左右。村境内有江湖情山庄、三勤农家乐、山勤院子、龙熙谷山庄,年营业额为300万元。2022年,通过房租收入、转移支付收入、宅基地改革超面积有偿使用费收入、经营性收入,村集体经济收入24.32万元。

基础设施 村境内有6条主干道,全长8千米,从芦万武公路隧道口起至与三联

三勤村

组,属柏油路面,其中三联组境内柏油路2千米。2022年通过申请衔接资金80万元对隧道口、下龙、下岭至三联的村道进行了拓宽改造,同时争取资金对石垅至三联的道路进行了拓宽改造,铺设了6.5米沥青路面,并对三联的桥梁进行了改造,总投资200余万元。通信网络覆盖率、家庭供电率均为100%。村里未接通天然气,生活用火主要依靠煤气、煤炭、木柴、电磁炉。全村依托华云街上菜鸟驿站快递集散点接收和发送快递。村委会附近的小商店只能接收邮政快递。2021年使用乡村振兴衔接资金、整合资金20余万元建设了三勤村黄垅、易家垅2处集中供水工程,解决了全村村民的安全饮水问题。2022年,整合村庄整治资金90万元、乡村振兴衔接资金20万元对核心自然村进行了村庄整治建设,并建设了垃圾分类亭1处。三勤村村民主要用水依靠本地天然的山泉水,已建成完善的自来水管道和蓄水池。2022年投入20多万元完成乡村振兴饮水工程的修建,完成可蓄100吨水量的蓄水池1座,7.5千瓦水泵1台,合金水池30立方米。自来水通入所有村民家中。

社会发展 三勤村境内无学校,最近的学校在距离三勤村3.2千米的华云街上。村内集中活动场地共有2处,三联组和黄垅组配备了健身器材。村委会配套了乒乓球桌吉他教室、农家书屋、羽毛球场地,可供附近村民运动健身。2019年设居家养老服务中心,占地120平方米,配备休息室、棋牌室等休闲娱乐设施,为老人提供居家养老服务。有1家卫生室,居民医疗保险参保人数为390人,参保率为99%。三勤村是省定"十四五"乡村振兴的重点帮扶村,有脱贫户35户114人,监测户2户3人,低保户23户33人,五保户2户3人,残疾人9人,其中残疾人中享受政策补助的9人。低保人员的资金按时按量发放。

特色地情 三勤村石垅组保存有革命烈士贺文秀的旧居,当地在烈士旧居内布置了展陈,设有7个展区,分别是"星星之火可以燎原""壮大队伍开展斗争""建设苏区巩固政权""观其卓绝百折不挠""功勋将领彪炳千秋""高山仰止丰碑永存"和保持原貌的"贺文秀烈士卧室",积极收集挖掘苏区革命斗争故事,打造红色教育基地,丰富武功山地区红色文化。

黄江村

村情概况 黄江村位于武功山以北,万龙山西海温泉小镇以南,距武功山管委会和万龙山乡政府各7千米。西靠新泉乡,东南背靠武功山、发云界、羊狮慕。发云界原名黄茅界,因发云界高山草甸到了冬天变黄而得名,黄茅界流下来的水形成江,故名黄江。全村总面积9.6平方千米,下辖15个自然村组,黄江、荷莲塘、佳圳、瑶仔下、小佛岭、雪梨山、石冲、中榨、寨下、黄土埂、小源、老榨、长冲、大壁、高台埂。人口371户,1270人,共有24个姓氏,其中周、蔡、谢、易姓人口较多。

自然环境与资源 黄江村四面环山,自然资源丰厚。黄江河发源于武功山、青龙山,汇入袁河。万亩南方翠竹,山山相连。大壁河三叠瀑布,飘如雪、断如雾、缀如流、挂如帘。在佳圳组、大壁组都存有第四纪冰期遗留下来的古老树种——红豆杉群、银杏群。石头资源丰富。黄江村平均海拔350米,土地肥沃,山清水秀,森林覆盖率80%以上,生态优良,天然氧吧,宜居宜游。2021年荣获"江西省森林乡村""萍乡市水生态文明村"称号。

经济概况 耕地面积2323.1亩,林地面积11000亩。主要种植水稻、油茶、油菜、红薯、茶叶、猕猴桃、杨梅、白枇杷等,养殖土鸡、鸭、猪、牛、羊等。为促进农业生产,村两委鼓励村民间采取资金资产、土地、劳动力等灵活多样的入社或入股方式成立农业发展专业合作社,规模较大的合作社有江宏合作社(种植杨梅30余亩,带动脱贫户土地流转、务工8户)、小佛岭家庭农场(主要种植白枇杷、杨梅、茶叶等,带动脱贫户土地流转、务工10余户)。同时,黄江村充分利用冬闲田,种植油菜300余亩,通过油菜的种植,不仅美了乡村,帮村民增收外,还吸引了不少游客前来黄江村观光旅游。通过利用荒地种植甘蔗,举办金秋甘蔗文化旅游节。充分利用本地特色资源优势——竹

黄江村

黄江村村委会

笋,兴办竹笋加工厂,带动村民就业上百余人。2022年集体经济收入为16.89万元。

基础设施 黄江村道路网基本形成,交通较为便利。芦万武旅游公路和龙华公路贯穿全村,均为沥青路面。村内生产道路约1.5千米,生活道路约7千米,均为水泥路面。有桥梁14座,其中大型桥梁2座、小型桥梁9座、涵洞型桥梁3座。村内有路灯17盏,其中高杆灯7盏、太阳能路灯10盏,建有垃圾集中处理中心2个。通信网络信号覆盖率100%。村内有兴盛优选和邮政物流配送点。有变电器7台,水力发电站1个,家庭通电率100%。村民日常做饭烧水使用的能源主要为电能和液化气,少数家庭使用蜂窝煤、木柴。村民主要生活用水来源于山泉水,有5个集中供水点,基本满足了全村村民日常生活用水需求。2019年,成功申报1个新农村建设点,获批30万元项目资金用于黄江新农村建设改造,有效提升了黄江村的村容村貌。

社会发展 村内建有黄江幼儿园、村卫生室、居家养老服务中心各1个、庙宇3座。黄江村新时代文明实践站采取"一室多区"形式建设,共设立2个集中活动室,包含图书馆、市民宣讲室等5个功能区域,为群众提供1个良好的学习娱乐场所。黄江村有40户73人享受了农村低保,9人享受五保。黄江村集中安置点占地面积240余平方米,内设房间、餐厅、厨房、活动室,可容纳孤寡老人10余人。

特色地情 每年3月,黄江组的龙王庙、佳圳组的福神祠、中榨组的二郎殿举办春祭,祈求风调雨顺、国泰民安。黄江古法造纸采用传统工艺,传承千年。现有完整的手工造纸作坊12处,仍然使用着东汉时期蔡伦所发明的造纸工序,堪称中国古代造纸术的活化石。

黄江村传统特色有杀猪饭、十大碗、五个占盘两碗。特产有茶叶、冬笋、春笋、明笋、烟笋、笋尖、猕猴桃、杨梅、玉米、白枇杷、白芨、老冬酒、红薯片、艾米古、糍粑、南花根、米麻片、米糕、番薯丸子、豆腐、魔芋等。

黄江村是革命老区,在大革命时期,涌现出李雪初、黄兴元等一大批革命志士,流传着许多可歌可泣的红色革命故事。

龙山村

村情概况 龙山村位于萍乡市东部,万龙山乡西南方向,距乡政府驻地12千米。东有万龙山,南临安福东江,西北部与黄江毗邻,区域面积10.5平方千米,属于万龙山乡的一个偏僻山区小村。这里群山巍巍,层峦叠翠,黄茅界、木马坳、杨角尖、杉木岗海拔都在千米以上。几条峡谷的水流在一块小盆地里汇聚,青龙河被北面水口的大坝拦截,形成一个碧波荡漾的小湖泊,四面群山起伏,盆内河床蜿蜒如带,乱石似磷,水流向

龙山村银链瀑布

龙山村

西北方。全村有8个自然村,凉伞、新屋、水口、梅子、仓下、石屋、二字头、老屋场。共有153户515人。居住人口以汉族为主,以周、唐、钟、易、4个姓氏为主。

自然环境与资源 龙山村位于武功山发云界脚下,最高海拔1627米,森林覆盖率95%,富含负氧离子。龙山村发云界山岩蕴藏着大量的钨钞,早在19世纪50年代,曾一度形成开采钨砂的热潮,年产钨砂数百吨。茅店公社、万龙山垦殖场曾多次先后在此建矿开采,但对生态环境破坏大,现已停止采挖。该村是武功山反穿的起点,山上野生动物和植物资源丰富,有野猪、猴子、红豆杉、石楠、槐树等。

经济概况 以种植业和养殖业为主,主要种植水稻、油茶、茶叶、红薯、杨梅树、西瓜等,养殖业包括土鸡、羊、牛、猪、鸽子、蜜蜂等,其中茶油、土鸡、谷酒是家喻户晓的"东源三宝"。2022年,水稻种植面积约200亩、种植户约48户,黑山羊养殖户3户,年末存栏80头。土鸡、牛、鸽子、蜜蜂等为家庭散养。同心合作社成立于2015年,2017年种植果树(杨梅树)20亩,茶油树200亩,带动脱贫户6户19人。龙山村发云界是武功山四大景区之一,每逢节假日时期,游客络绎不绝。村内小卖部3家,农家乐14家,诊所1个。2022年至2023年,通过资产资源盘活收入、建华电站管理费、公益林收入、武实公司利息分红,村集体经济收入共15.487万元。

基础设施 村境内柏油路共1条,共计2.1千米;水泥路共6条,共计3千米;可通行的砂石路共1条,共计0.6千米。通信网络信号覆盖率100%,供电用户153户,村内未接入天然气管道,村民日常做饭烧水使用的能源主要为电能和液化气,少数家庭使用木柴。农田灌溉面积约120亩。2022年投入11万元完成乡村振兴饮水工程的修建,完成可蓄20吨水量的蓄水池1座,水池容量20立方米。有自来水储水池8个,自来水已通入所有村民家中。1998年在洲上设立新农村建设点,上级拨款50万元,1999年在梅子组设立新农村建设点,上级拨款30万元,2000年,在凉伞组、新屋组设立新农村建设点,上级拨款30万元,有效提升了龙山村的村容村貌。

社会发展 龙山村内原本设有龙山小学,于2000年停止办学。文化活动场所主要是村委会(党群服务中心)约200平方米、新时代文明实践站约700平方米、文化健身广场约200平方米,其中新时代文明实践站采取"一室多区"形式建设,共设立4个集中活动室,包含图书馆、健身服务点、市民宣讲室等功能区域。有1家卫生室,居民医疗保险参保人数为500人,参保率为97.1%。龙山村是省定"十三五"乡村振兴的重点村,目前有脱贫户29户93人,监测户3户12人,低保户30户50人,五保户3人,残疾人18人,其中残疾人中享受政策补助的10人。低保人员的资金按时按量发放。

特色地情 土地革命战争时期,龙山村为苏区。1930年,新安一区苏维埃政府在青龙山创建,驻地龙溪乡(今茅店龙庄)。龙山村不少有志之士投身革命行列,有革命烈士唐中余、唐香生、唐乙发等。

三星村

村情概况 三星村,位于万龙山乡东南部,四面环山,东邻龙山村,南接黄江村、茅店村,西面毗邻桂花村,北面翻山与下村村接壤,区域面积5.16平方千米。距万龙山乡政府10千米,距武功山约15千米,距离萍乡市区50千米,是一个交通闭塞的高山偏僻村落。新中国成立后,成立瑶峰合作社、野猪龙合作社、下瑶峰合作社3个合作社。1958年合并为1个大队,因区域地形突出5个角,故把由3个合作社合并的大队取名为三星大队,20世纪80年代以后逐渐改为三星村。全村共有112户343人,居住人口以汉族为主,以周、刘等6个姓氏为主。全村共6个自然村,夜珠垄、江下、瑶垱、边垱、瑶峰、下瑶峰。由于地形限制,村庄在空间上分布较为分散,其中北部居民点更为突出,而位于夜珠垄、江下等自然村在空间联系上相对紧密,且与外界联系更为便利。

自然环境与资源 属高山山地地形,地势呈西部高,东部低的态势。最高海拔701.9米,最低海拔313.6米。属亚热带湿润季风气候,气候温和,四季分明。森林覆盖率达90%。境内有千年古树红豆杉。村内居民住宅较为分散,平坦用地少,土地利用率较低。

经济概况 三星村2021—2022年发展毛豆种植基地20亩,猕猴桃种植基地30

三星村毛豆种植基地

亩。在村"两委"和驻村工作队的带领下,积极探索本地适宜的产业项目,2022年村集体经济收入15.18万元。

基础设施 全村境内有1条主干道,长5千米,从769乡道分岔路口起至609乡道至三星村村委会处,属水泥路面,其中三星村境内3.5千米,其余道路兼具生产和生活双重功能。通信网络覆盖率100%,112户家庭均实现供电,村里未接通天然气,生活用火主要依靠煤气、煤炭。全村依托茅店村菜鸟驿站快递集散点接收和发送快递。村委会周边只能接收邮政快递。三星村辖区内无河流流经,村民主要用水依靠本地天然的山泉水和地下水,已建成完善的自来水管道和蓄水池,自来水通入所有村民家中。

社会发展 2018年,在三星村夜珠垄组设立新农村建设点,上级拨款5万元,在沿线打造了一幅幅展现家风家教和习近平新时代中国特色社会主义思想深度融合的文化墙。可供村民休闲娱乐的场所有夜珠垄组健身场地。居家养老服务中心占地250平方米,配备休息室、图书阅览室等休闲娱乐设施,为老人提供居家养老服务。村境内有1家卫生室,居民医疗保险参保人数为342人,参保率为99.7%。三星村是省定"十三五"乡村振兴的重点村,目前有脱贫户24户75人,低保户24户31人,五保户8人,残疾人11人,其中残疾人中享受政策补助的7人。低保人员的资金按时按量发放。

东坑村

村情概况 东坑村位于在万龙山乡中心地带。万龙山四面环山,山环水绕,山连着山,山套着山。东坑村面积约12.6平方千米,其中耕地面积616.72亩,林地面积11324亩。全村共有23个村民小组,420户1400人。

自然环境与资源 东坑村属半丘陵地形,地势四面环山,气候温和,四季分明,村庄地势坡度变化大,村内居民住宅较为集中,平坦用地少。东坑村多处勘探出有温泉资源,出水温度高达63.8度,具有丰富的旅游开发潜力。

经济概况 主要以旅游产业为主,距离武功山风景名胜区金顶25.4千米,距离羊狮慕景区11.7千米,距离明月山风景区16.4千米,距离万龙峡漂流1千米。311省道纵穿村内,交通方便,山间四季常青,河流淙淙。政府开发温泉项目,规划建设的温泉小镇,房屋排序整齐,巷道错落有致,开发建设的君澜酒店和璞园温泉酒店的建筑文化主题是返璞归真,亲近自然,很好地融合在村庄里,与民居、山林、溪流,绘成一幅美丽的山村画卷。东坑村位于温泉小镇中心地带,有东坑村老街和温泉小镇新街,能满足游客不同的购物需求。当地农户根据当地特色,在家经营农家乐,游客可以在这里吃

东坑村温泉小镇

到地道的农家菜,享受到家庭式居住模式。村级没有优势产业,未产生能强大村集体经济的收益。

基础设施　村域内道路形成道路网。311省道纵穿村内,为东西向的对外交通干线,也是连通武功山与明月山两个AAAAA级景区的主要道路,是环鄱阳湖自行车赛主赛道之一。各村小组内部亦有道路连接,规划道路宽度3~4.5米。村庄入户道路连接村庄次要道路。游步道因地制宜,依山就势,充分利用现有旅游资源开发设计,方便游客旅游观光。

社会发展　东坑村委会(党群服务中心)占地面积约798.98平方米、新时代文明实践站占地面积约266.3平方米、花漫里文化健身广场占地面积约1500平方米。其中东坑村新时代文明实践站采取"一室多区"形式建设,共设立4个集中活动室,包含图书馆、宣讲室、市民教育室等6个功能区域,为群众提供一个良好的学习娱乐场所。村内建有1个乡卫生院门诊部,1个村级卫生室,服务东坑村及周边5个村的村民。有脱贫户37户98人,监测户2户4人,有48户71人享受了农村低保。

长岭村

村情概况　长岭村位于万龙山乡东北部,村委会距乡政府所在地4.5千米,与宜春市相邻,面积12平方千米。1967年由长岭大队、黄泥塘大队、石前大队合并为长岭大队,1984年由长岭大队改为长岭村。全村共有10个村民小组,彭子坑、石前、横路上、石背、园背、河背、黄泥塘、刘家源、武安山、二加岭。人口208户660人。共有22个姓氏,以刘姓村民人数最多。

自然环境与资源　属山地地形,地势北低南高,村庄地势坡度变化大,平地少,呈现纵向狭长态势。村内有1条袁河支流。毛竹资源较为丰富。绿化率达90%,林地面积为7810.5亩,退耕还林面积为1372.22亩,主要为竹林。长岭村交通便利,S311省道穿村而过,将明月山与武功山相连,村口万龙山大桥,高入云端,势若飞虹,村内青山叠翠,村中2棵千年红豆杉和横路上楠木群是国家一级保护树种。龙溪秘境景区入口也在境内,是人们徒步休闲旅游的好去处,更有千年石拱桥,现小河石斑鱼成群结队,河水清澈,绿水潺潺,处处鸟语花香,民风淳朴,社会和谐,村民安居乐业,到处呈现"小桥流水人家"的自然美丽风光,是乡村旅游、休闲宜居之地。

经济概况　主要产业是林业和农业,包括毛竹、杉林、茶叶种植、水稻以及养殖业。水稻种植200亩,油茶种植340余亩,茶叶种植120余亩。村境内有沐枫民宿、溪缘农家饭店、隐溪山庄等。2022年村集体经济收入15.65万元。

基础设施 长岭村庄道路网基本形成,311省道穿村而过,交通较为便利,均为沥青路面。村内生产道路约1千米,生活道路约6千米,路宽3.5～5.5米,主要为水泥路面。有小型桥梁6座。通信网络信号覆盖率、家庭通电率均为100%。村内未接入天然气管道,村民日常做饭烧水使用的能源主要为电能和液化气,少数家庭使用木柴。村民主要生活用水来源于山泉水,有8个集中供水点。有自来水储水池8座,可蓄水200吨,铺设自来水管道约0.6万米,基本满足了全村村民日常生活用水需求。有石前、河背、园背、石背等具有水利灌溉功能的水渠,主要采用沟渠引水,可灌溉耕地200余亩。

社会发展 长岭村文化活动场所占地面积约240平方米,主要是村委会(党群服务中心)约120平方米、新时代文明实践站约120平方米。其中长岭村新时代文明实践站采取"一室多区"形式建设,共设立3个集中活动室,包含图书馆、理论宣讲室、村民教育室、健身场所4个功能区域,为群众提供一个良好的学习娱乐场所。建有一个卫生室。2022年度农村医保参保率100%,16户32人享受了失地农民保险,27户42人享受了农村低保。

特色地情 长岭村石下庙始建于清朝末期,重修于20世纪90年代。千年石拱桥

长岭村

龙溪秘境景区

修建于清朝中期,历史悠久。该村有着光荣的革命传统,红色文化底蕴深厚。1928年冬,共产党员姚斌山以修帘床(一种造纸工具)为掩护,在长岭村开展革命活动。1930年5月,长岭乡苏维埃政府成立,为萍乡县新安区第六乡,为建设和保卫苏区,长岭人民在党的领导下,开展了艰苦卓绝的革命斗争,作出了巨大的牺牲,登记在册的烈士有16名。

龙上村

村情概况 龙上村位于万龙山乡北部,宣风和宜春交界处,与长岭村相邻,村部距乡政府6千米,距S311省道2.6千米,全村总面积8.9平方千米。1958年以前隶属于茅店公社,1966年以前隶属于沂源公社。1968年隶属于万龙山垦殖场。1984年成立陇上村委会,2016年将"陇"字更改为"龙",也就是现在的"龙上村委会"。全村共8个村民小组,分别为应坵组、中佈组、龙上组、大坪组、大冲组、小枧组、大塘组、石枧组。村民都为汉族。总户数176户,人口618人。

自然环境与资源 该村属丘陵地形,生态环境保持良好。村境内有龙溪谷景区,为AAA级乡村旅游景区,景区徒步线路全长2.8千米,主要树种为千年红豆杉、樟树、楠木树、椰树、桂花树等,并挂牌进行保护,有瀑布群、百年惜字亭、石拱桥和景观河。

山上野生动物主要有兔子、野猪、竹鼠、麂子、蛇。自然灾害以山体滑坡为主。

经济概况 经济以农业为主，耕地面积1004.9亩，林地面积7134.1亩，粮食播种面积310亩。无工业，无商贸，村集体经济薄弱。

基础设施 龙上村主路交通便利，一条宽7米、长2.6千米的柏油路直通村委。龙上村组公路弯多路窄，存在交通安全隐患。通信网络户户通，供电供水正常。龙上组建立了污水处理设施，各个村民小组建设了饮用水蓄水池、灌溉水渠。

社会发展 村上村无学校，从幼儿园至初中在万龙山乡上海隆波学校上学。村委会设有图书室、棋牌室、医疗卫生室。村民的社会保障有农村医保、农保。全村建档立卡脱贫户36户135人，监测对象3户11人。

特色地情 龙上村名胜古迹有百年惜字亭、石拱桥、莲花观。有2座惜字亭，一座位于中佈组，一座位于龙上组。惜字亭又名敬字亭、文峰塔。康熙年间（1662—1722），龙溪（即龙上）文风极兴，文人辈出，数人考取贡生。在村庄门口不远处建造惜字亭，凡读书人写过的字纸一律在惜字亭中焚化，以示对文化的敬重。几经沧桑，因信奉风水，曾数度搬迁改建。1914年，夏氏乐善者将亭搬迁改建于今址。龙溪桥保存良好，是古代龙溪（即龙上村）与附近村民通往的石砌石板桥梁，南通东坑、大安里，北往里山、宣风主干步道桥梁。清康熙二十九年（1690）始建，清道光六年（1826）被洪水冲毁，清光绪二十五年（1899）重建，是目前方圆百里保存最为完好的原始古桥。莲花观即莲花峰寺，始建于中佈组莲花峰界上，原貌和古迹所剩无几。后经过中佈、应垅组村民捐资重建，现位于应垅组，面积400多平方米。

刘芝生（1898—1933），芦溪县万龙山乡人。1929年10月加入中国共产党。不久，垅上乡党支部成立，刘芝生任支部书记。他深入贫苦农民之中，秘密宣传打土豪、分田地等革命道理，组建了一支13人的农民自卫队。1930年5月中旬，刘芝生任新成立的中共新安区委书记，10月，当选为萍乡县苏维埃政府主席。1931年冬，因文化程度较低，刘芝生辞去县苏维埃政府主席，转任内务部长。1933年9月，在一次阻击敌人任务中，刘芝生不幸中弹牺牲。

南岭村

村情概况 南岭村位于万龙山乡东南部，地处万龙山乡与宜春市袁州区交界处，村部距乡政府12千米，新S311省道直达村部，总面积6.3平方千米。全村共有7个村

南岭村

小组,总户数92户,人口289人。

自然环境与资源 地处万龙山乡山区,属丘陵地形,工业化相对滞后,生态环境保持良好。属北亚热带湿润季风气候,四季分明,温暖湿润,雨量充沛,光照适中,年平均气温15℃,无霜期240天,年平均日照1559小时,年平均降雨量1000.9毫米。

经济概况 南岭村主要产业是林、农(包括毛竹、杉林、茶叶、水稻以及养殖业),其次是外出务工经商,年人均收益达到1.5万~2万元,村级集体收入7万元/年。南岭村地理气候条件优良,景色秀美是著名云雾茶产地,全村现有茶园面积约千余亩,现有31户村民种植茶叶。村里有"一户一亩茶"扶贫产业基地,出产"武功山熙春""武功玉叶""万龙山松针""南岭松针"等著名品牌茶叶,全村80%村民直接或间接涉足茶叶产业。

基础设施 南岭村村庄道路网基本形成,交通较为便利。S311省道途经南岭村彭家沅组、环鄱阳湖自行车赛主赛道经过本村,村内生活道路约9.1千米,路宽3~5米,主要为水泥路面。通信网络信号覆盖率、家庭通电率均为100%。村内未接入天然气管道,村民日常做饭烧水使用的能源主要为电能和液化气,少数家庭使用木柴。村民主要生活用水来源于山泉水,有4个集中供水点。有蓄水池4座,基本满足了全村村民日常生活用水需求。有2个新农村建设点,有效提升了南岭的村容村貌。

社会发展 南岭村委会(党群服务中心)占地面积约400平方米、新时代文明实践站占地面积约266.3平方米。南岭村新时代文明实践站采取"一室多区"形式建设,共设立4个集中活动室,包含图书馆、宣讲室、市民教育室等6个功能区域,为群众提供一个良好的学习娱乐场所。村内设有1个卫生所(室),服务范围辐射到南岭村各个小组。目前有脱贫户13户,享受低保人口23人。

特色地情 南岭村文化底蕴深厚,资源丰富,四季分明,观赏四季不同的风景:春来赏花草,采摘野菜;夏来玩水避暑,后山摘野果;秋来赏红叶树景,看丰收场面;冬来赏雪景,烤柴火暖身。

南岭是一块红色沃土。土地革命战争时期,南岭是萍乡东南地区最早燃起革命烽火的地方之一。1929年初,安福党组织派姚斌山等以打纸帘为掩护,来到龙上、南岭等地秘密开展革命活动,建立了大坪冲党支部和南岭乡苏维埃政府,继而革命烽火蔓延新安乡全境,相继成立了南岭、东坑、槽下、长岭、龙上、茅店、青龙山、鸾仔脑、沂源、京口十个乡党支部和苏维埃政府,并于同年6月成立了新安区苏维埃政府,1930年9月成立了萍乡县苏维埃政府。南岭村地处萍乡、宜春、安福交界处,革命活动和斗争非常活跃,经常遭到国民党地主武装的疯狂反扑和残酷清算,带来的破坏也最为惨烈,仅南岭村被敌人杀害的赤卫队员就有30余名,烧毁的房屋达365间,被迫外逃人员117人,减少户数79户。

南岭地区革命历史陈列馆于2021年6月30日开馆,位于武功山风景名胜区万龙山乡南岭村人形组,由传统民居改建而成。占地面积420平方米,建筑面积200平方米,展示主要介绍南岭地区建立红色政权、开展革命活动的历程以及当年历史文化背景,收录记载25位南岭地区的革命英烈生平事迹。

槽下村

村情概况 槽下村位于万龙山乡东部,村域总面积为13.47平方千米。距乡政府所在地11千米,距芦溪县城约30千米。东南、东北分别与吉安市、宜春市毗邻,西南侧与下村村接壤,西侧与万龙山乡东坑村相邻,西北侧与南岭村相邻。下辖8个村小组,分别为王家源、荷树下、大坪、河背、槽下、中布垅、杨家岭和对冲,村委会驻地为槽下村。2020年底,槽下村户籍人口425人,总户数125户。

自然环境与资源 村域海拔在650～1700米之间,森林覆盖率达89%,红豆杉等名木古树数不胜数。萍乡"十大树王"中就有最大的金丝楠木和银杏树两大"树王"在槽下境内。白鹇、锦鸡、水鹿、短尾猴、娃娃鱼等珍稀动物也时常可见。溪流遍布,清澈甘甜,村庄常年云雾缭绕,堪比仙境。村里雨量充沛,全年平均气温14.9度,夏季凉爽,全村无蚊,最高气温在28.5度以下,昼夜温差较大,被称为"天然空调""森林氧吧"。

经济概况 产业主要以茶叶种植、茶叶加工、毛竹、笋制品加工、民宿、餐饮等为主。茶叶种植面积800亩,种植户约125户,"万龙松针茶"已初有名气。槽下村大部分为林地,约占村域用地的92%,其中竹林地面积647.7公顷,约占村域面积的48%,村里大力发展笋制品加工,打造武功山特色竹产业旅游产品。开展民宿、餐饮等旅游服务。近年来,随着武功山游客量的增加,槽下村民宿产业发展势头较好,目前有农家乐40余家,700余床位,如栖云山居、牧云山庄、云海避暑山庄、山夏民宿、仲夏之夜等,2022年避暑经济超过300万元。成功打造1个竹海槽下村项目建设,投资3000万元项目资金,用于提升打造槽下村村容村貌。

基础设施 槽下村已形成各村小组相互联系的道路网,可分为五级。1.对外交通道路:村域中部有766乡道,为东西向的对外交通干线,也是联系武功山与明月山两个AAAAA景区主要道路,是环鄱阳湖自行车赛主赛道之一,道路宽度6米。2.村庄次要道路:主要是各村小组内部连接道路,规划道路宽度3~4.5米。3.村庄入户道路:连接村庄次要道路。4.机耕道:现状机耕道大部分为没有硬化的田间道路,宽度为1.5~2.5米。5.游步道:因地制宜、依山就势,充分利用现有道路设计。沿瀑布、槽下河、竹林、梯田等主要景观修筑沿河步道,形成游览环线,包括千年银杏—槽下组—二十八岩瀑布—红豆杉林—中布埂、千年银杏—竹林、杨家岭组—彩虹瀑布、杨家岭组—槽下河—茶园—红豆杉林等,提升改造羊狮幕步行登山入口游步道,道路宽度为1~2米,以素土、块石铺筑,总长度约16千米。在杨家岭组新增停车场3处,总面积为3500平方米;槽下组新增停车场1处,总面积为667平方米。新增活动广场4处、总面积为2100平方米。该村通信网络信号覆盖率100%。有自来水储水池6座,可蓄水300吨,铺设自来水管道约4.6万米,基本满足了全村村民日常生活用水需求。

社会发展 村内集中活动场地主要是村委会(党群服务中心),占地约600平方

槽下村秋景

米,新时代文明实践站,占地约200平方米,文化健身广场,占地约1500平方米。其中槽下村新时代文明实践站采取"一室多区"形式建设,共设立4个集中活动室,包含图书馆、市民宣讲室等6个功能区域,为群众提供一个良好的学习娱乐场所。村内建有1个卫生所(室),服务范围覆盖本村。2022年度农村居民医保参保率100%。槽下村有12户21人享受了农村低保,分散供养6户6人。

特色地情 槽下村杨家岭乌龟山莲花庵始建于道光年间(1821—1850),占地面积约1400平方米。槽下村河背组中华庵建于清嘉庆五年(1800)、面积约700平方米。

1930年4月底,中共新安区委在茅店潭头小学成立,周荣其任书记,下辖石溪、坳上、南岭等支部。随后,长岭、茅店、青龙、槽下、东坑、龙溪、弯仔脑、沂源、京口等乡党支部、苏维埃政府也相继成立。

下村村

村情概况 下村村位于万龙山乡东南部,距万龙山乡政府4千米,处羊狮慕风景名胜区脚下,北面距离明月山风景名胜区20.1千米,东面距离武功山风景名胜区16.2千米,离芦万武公路5.9千米,辖区面积22.2平方千米。下村村原来叫霞村村,后因谐音而简化为现名。全村有9个村民小组,共有174户539人,主要姓氏为谭姓。由于地形限制,村庄在空间上分布较为分散。

自然环境与资源 下村村平均海拔470米,最高海拔为1435米,以高山为主,四面环山,森林覆盖率90%。境内的小溪小河有葡潭瑶河、大王庙河,由东南方向流向西北方向。全村的大小水塘19个,水库4处,分别为千丈岩、双龙、小江州、且江水库,分布在谭家坊组及坪岭组,水域面积20余亩。灌溉面积110余亩。土地矿藏主要蕴藏有钨矿。钨矿同时还伴生有锡、钼、铋、铜、铍、铌、钽等许多矿产。有丰富的山泉水及红豆杉、枫、樟、杉、松、桂等多种古树名木,白术、天麻、黄柏、杜仲、厚朴、黄精、野山参、黄连、灵芝等多种药材,村内有野生娃娃鱼、野猪、石蛙、果子狸、山羊、野兔、山鸡、竹鸡、蛇等野生动物栖息。谭家坊组至大王庙可沿河道溯溪赏景,还有高山无污染有机茶园等乡村旅游景点。

经济概况 全村耕地面积1232.68亩,山林面积14082亩。主要种植水稻、大豆、油菜等农作物,水稻种植面积约为150亩,大豆约为150余亩,油菜约为30亩。有发电站2家(双河发电站、双龙发电站)和茶叶加工厂2家(萍乡市万龙山茶场、江西武功春生态农业发展有限公司)。2023年村集体经济收入16.19万元。

基础设施 全村境内有1条主干道,长3千米,从万槽公路分岔路口起至下村村委会,属柏油路面。境内有水泥路5条,共计长13千米。生产道路1条,从谭家坊组到刘桂华茶叶基地,这也是一条便于森林防火的林内公路,全长1.6千米。通信网络覆盖率100%,全村176户均实现供电,供电、安全饮水率100%。村里未接通天然气,生活用火主要依靠煤气、木柴。全村依托东坑村驿站快递集散点接收和发送快递。2022年,在下村谭家坊组、上屋组设立新农村建设点,上级拨款30万元,修建了从主要入口到屋场的水泥路面,修缮了原有用于灌洗的井池,并将精神文明建设融入其中,在沿线打造了一幅幅将家风家教和习近平新时代中国特色社会主义思想深度融合的文化墙。

社会发展 下村村可供村民休闲娱乐的场所共有2处,分别位于谭家坊组和上下屋组,配套了健身器材、羽毛球场地等,可供附近村民运动健身。2020年,筹资10万元建设居家养老服务中心,占地140平方米,中心配备休息室、图书阅览室等休闲娱乐设施,为老人提供居家养老服务。有1家卫生室,设立在村委会,村医每周固定2天坐诊。居民医疗保险参保人数为545人,参保率100%。目前有脱贫户20户67人,脱贫不稳定户1户,突发严重困难户2户,低保户15户26人,五保户5人,残疾人9人,其中残疾人中享受政策补助5人。低保人员的资金按时按量发放。

特色地情 在武功山羊狮慕景区的山脚下,有一座位于葡潭瑶河与大王庙河之间的山坡,那就是下下村的坪岭。清朝年间,由福建、浙江迁徙而来的谭姓客家人就在坪岭定居,以造纸、种药谋生,后来人数越来越多,并建有谭姓祠堂8座。1930年,国民党

下村村

萍乡第四大队派出两队人马40多人赶走部分世居坪岭的村民，并将谭姓宗祠一把火烧掉，拆砖建立后山碉堡，修筑战壕一百余米，扼守萍乡大安里、宣风去往安福的主要通道。1931年冬，红军某师经过坪岭时，遭到国民党驻坪岭守军的猛烈阻

下村村大王庙溯溪

击，100多名工农红军壮烈牺牲。经过一天的激战，最终红军消灭国民党守军，并炸毁碉堡。现在后山上仍然完整地保留着当年战斗的战壕和碉堡遗迹。

贡元桥，全长约32米，桥梁皆由大型麻石砌成，是因为明清时期谭家坊组出了个贡元，当时为其修建了这座石拱桥，命名为贡元桥。

大王庙，修建于清末时期。当年药农将药物卖给游商，双方都需要在大王庙上香启誓公平交易。现古庙已被毁。但因大王庙一带还保留着最原始的生态环境资源，河道内石头被河水常年冲刷得雪白透亮，河道溯溪独树一帜，加上极具观赏性的三叠泉瀑布群，吸引了很多户外爱好者前来徒步，被人们称为"萍乡九寨沟"。

"万龙松针"茶出产于谭家坊组，为省优质名茶，入选中国名茶录。

新龙社区

社区概况　新龙社区成立于2005年9月。全社区总住户数826户，总人口1834人。社区居委会位于硒苑小区内。社区设有7个居民小组，辖13个行政村，区域管辖内居民包含原万龙山垦殖场各企业下岗职工、家属，原华云乡上山下乡的知识青年和区域内所有非农户口人员。现集中居住点有建场自然村、东坑街、附件厂、五七村、麦坪、茅店街等。社区地势平坦，气候光热充足，雨量充沛，四季分明。周边紧邻花漫里度假酒店、君澜度假酒店，整体环境优美，交通便利，是宜居宜游的胜地。

基础设施 社区交通较为便利,均为沥青路面。社区完成了农垦记忆馆周边道路改造项目,改善提升了公共卫生间及道路两边的卫生环境,完成沥青铺设工作。解决了西山下雨水倒灌、五七村路面漫水问题。完成了东坑集镇的亮化工程,安装高杆路灯32盏,均为太阳能路灯。通信网络信号覆盖率和家庭通电率均为100%。社区内建有垃圾分类亭3个,自来水管网、污水管均已覆盖。

社会发展 社区文化活动场所占地面积约1500平方米,可供居民休闲娱乐的场所共有2处,一处是花漫里广场,供人们散步、跳广场舞等;另外一处是社区的居家养老服务中心,室外配备了健身器材,室内配置了厨房、餐厅、电视休息室、读书室、棋牌室等,充分满足社区居民的活动需求。社区低保户共67户76人。为11名80岁以上的高龄老人办理了高龄补贴,为31户困难户办理了临时救助等。

特色地情 中共萍乡县委于1959年12月决定成立国营万龙山垦殖场,由萍乡县各公社人员、本地农户、18个省市的副业人员、上山下乡知识青年组成一支2000多人的农垦大军。在党的领导下,万龙山农垦人发扬"艰苦奋斗、勇于开拓"的农垦精神,开荒造田、植树造林、筑桥修路、开矿办厂,使这个小山乡成为同时拥有钨矿厂、茶厂、建筑公司、养殖场、水泥厂、电扇厂等有近20家企业的萍乡四大垦殖场之一,谱写了一曲万龙山农垦人的创业之歌。万龙山电扇厂从一个乡间小厂成为驰名全国的企业,该厂生产的"飞碟牌"吊风扇于1981年成为省经委和农垦部认定的优质产品,供不应求。

后 记

历时三载,这部承载着萍乡各村(社区)风貌与底蕴的《萍乡概览》终于付梓,这是迄今为止萍乡市第一部覆盖全市所有行政村的地情资料丛书,填补了萍乡地情资料的空白。

近年来,中央和省地方志工作机构越来越重视地情资源收集整理及开发利用工作。《江西省地方志事业发展"十四五"规划》提出要"整理利用地情资源""做好地方志资料工作"。《萍乡概览》的编纂积极响应了中央和省地方志工作机构的号召,秉持对历史负责、为现实服务、替未来着想的理念,深入挖掘、细致整理了各方面的资料,最终编纂成书。全书系统记述了全市各县(区)、乡(镇、街)和村(社区)各级的自然、政治、经济、文化、社会的历史和现状,可以说载述了一方地情,对于传承中华优秀传统文化、开展红色文化教育、树立文化自信等都具有重要意义。

《萍乡概览》编纂工作从启动到成书,大体上经历了四个阶段。2022年3—6月是组织准备阶段。其间,经萍乡市人民政府同意,成立了《萍乡概览》编纂组,下发编纂方案至各县(区),逐级组建编纂机构和人员,使编纂工作逐步走上正轨。6—12月是收集资料阶段。动员和组织各级编纂人员通过查阅档案、古籍、旧志以及走访、调查、核实等多种方式进行资料收集,广征博采,整理文字500余万字,各类照片2600余幅。2023年是编写初稿阶段。组织各级编纂人员对收集到的资料进行分类、整理,撰写初稿。由于各地编纂进度不一,编纂组收到一稿即审阅一稿、反馈一稿,由主编、副主编分头带队赴各乡(镇、街),召开审稿反馈会,面对面交流探讨,对初稿提出详细修改意见并进行具体指导,大大提高了稿件质量。到2024年1月,转入总纂阶段。同时,还邀请专家进行评审,依据专家意见,进一步完善编纂成果。7月交付出版社,进入出版流程。

市委、市政府对《萍乡概览》编纂工作高度重视,市财政保障了编纂经费,市政府分管领导多次调度。编纂过程中,省地方志研究院给予悉心指导,市档案馆以及各县区委、县区政府等给予大力支持和协助,在此一并致谢。然各村(社区)历史源远流长,虽竭尽心力,但因年代跨度长,涉及内容广,兼之编者能力有限,难免存在疏漏、错讹或未尽妥帖之处,望广大读者不吝批评指正,以便我们在后续的修订中不断完善,使本书能够更加精准、全面、客观呈现萍乡各村(社区)的真实风貌,不负这片土地的厚重底蕴与读者的殷切期待。

《萍乡概览》编纂委员会

2025年1月